정부가 없다

정부가 없다

이태원 참사가 우리에게 남긴 이야기   정혜승

PRAY
FOR
ITAEWON

메디치

나는 왜 기록하는가

나는 서울 용산구 주민이다. 늦은 밤 재난 경보 메시지가 잇따라 떴다. 이태원 해밀턴 호텔 주변이 혼잡해 교통을 통제하고 있으니 그쪽으로 오지 말라고 했다. 이태원에서 큰 교통사고라도 났나 싶었다. 더 궁금해하지 않았다.

자정 좀 넘어 친구들 카톡방에 속보 링크가 공유됐다. 인파 탓에 수십 명이 실신했다는 속보다. 대체 무슨 일이람. 속보에 강한 트위터 앱을 열어 검색했다. 이미 난리였다. 단순 실신 사태가 아닐 수도 있다는 불안감이 엄습했다. 이날 늦는다고 예고했던 둘째에게 전화를 했지만 받지 않았다. 연락 좀 하라고 카톡을 남겼다. 카톡에서 숫자 1이 없어지지 않았다. 별일 없을거라 생각하면서도 세 번째 전화까지 받지 않자 피가 마르기 시작했다. 이태원은 집에서 가까웠다. 둘째는 이태원 골목에도 가끔 놀러갔다.

일단 이태원으로 가야겠다고 결심했다. 일찍 잠든 남편에게 말은 하고 가야겠다 싶어 깨웠다. "이태원에 사고가 생긴 모양이야.

그런데 애가 연락이 닿지 않아. 거기 있을지 없을지 모르지만 그래도 일단 나가봐야겠어." 내 목소리는 이미 떨리고 있었다. 그는 잠결에 몇 마디 듣더니 벌떡 일어났다.

남편과 함께 일단 집을 나섰다. 차를 해방촌 골목 초입에 세우고 이태원 방향으로 걷기 시작했다. 거리에 사람들이 여전히 많았다. 지친 표정으로 길바닥에 앉아 있는 이들도 보였다. 늦은 시각인데도 깊은 밤 같지 않았다. 거리에 사람들이 많았다. 온갖 불빛 속에 헬러윈 차림의 사람들이 아무 말없이 걸어갔다. 축제의 여운이 아니라 혼돈의 시간이 지나가고 있었다.

나는 영혼이 덜덜 떨리는 기분이었다. 혹시, 혹시, 혹시, 이 거리가 내일부터 다르게 보이면 어떡하지? 이 공기를 내일도 같은 기분으로 느낄 수 있을까? 아무리 마음을 다잡아도 겁에 질려 머리속이 하얘졌다.

녹사평역 부근부터 경찰과 구급차들이 줄을 이었다. 얼어붙은 표정으로 거리를 빠져나가는 이들과 정신없이 할 일을 하는 이들로 현장의 분위기는 비현실적이었다. 둘째가 저 거리 어딘가에 실신해 있다면 어떡하지? 아닐 거라고, 절대 아닐 거라고 생각해도 머리 속은 이미 지옥이었다. 경찰이 접근을 통제했다. 아이 찾으러 나왔다고 말하니 젊은 경찰도 당황한 눈치를 숨기지 않았다. 워낙 혼란스러워 얼결에 더 들어갈 수 있었다. 뭔가에 걸려 넘어져 발목이 살짝 꺾였다. 어느새 나는 제 정신이 아니었다.

그때 남편의 휴대전화가 울렸다. 발신자를 확인한 남편은 다짜고짜 왜 전화를 받지 않았냐고 버럭 소리를 질렀다. 아들이었다. 그도 격한 감정을 숨기지 못했다. 나는 갑자기 눈물이 쏟아졌다. 아이가 괜찮다니 그저 고마웠다. 동시에 내 아이만, 나만, 우리만 안녕하다는 사실이 끔찍한 공포로 다가왔다. 옆에서 구급차로 실려가는 이들의 모습은 최악의 상상을 불러냈다. 미칠 듯이 안도하는 내가 미안하고 미안했다. 나만 괜찮아서, 내 아이와 내 가족이 안전해서… 지옥에서 벗어난 기쁨보다 지옥을 경험하게 될 다른 이들 생각에 다시 겁에 질렸다.

새벽까지 속보에서 눈을 떼지 못했다. 언론인이었던 남편은 한숨도 자지 못하고 일요일 아침에 사무실로 나갔다. 오랜만에 신났을 젊은이들은 아무 잘못이 없다. 내가 고통받은 시간은 고작 1시간 남짓. 끝내 사랑하는 이를 잃은 그 가족들의 고통을 헤아릴 수 없다. 애도한다. 애도한다. 애도한다. 뉴스를 보면서 함께 울어드리는 것 말고 할 게 없었다. 어떤 이들은 아침에서야 가족 누군가 지난밤 귀가하지 않았다는 걸 알았을 테고, 황망한 소식에 설마, 설마하며 혼돈의 시간을 보내고 있을 거라 생각하니 가슴이 무너졌다. 또 다시 미안하고 미안했다. 다시는 이런 미안함을 겪고 싶지 않다고 날마다 눈물 흘린 게 8년 전 세월호 아이들을 떠나보냈을 때의 일이다.

하루 이틀 아무것도 할 수 없었다. 8년 전과 마찬가지로, 뉴스

정부가 없다

를 꾸역꾸역 챙겨봤다. 고통스러운 시간이라도 함께해야 했다. 비통한 마음이 분노로 바뀌는 데 오래 걸리지 않았다. 막을 수 있었던 참사라는 사실이 밝혀졌기 때문이다. 2023년 10월 29일, 그날 정부가 없었다. "경찰을 미리 배치함으로써 해결될 문제가 아니었다", "특별히 우려할 정도로 많은 인파가 몰린 것도 아니었다"고, 행정과 안전을 책임지는 행정안전부 장관, 정부의 안전 최고책임자는 말했다. 마치 '정부의 부재'를 확인해준 천둥소리 마냥 크게 울렸다. 이관후 님의 칼럼을 읽으며 이 무정부 상태를 어찌해야 하나 암담했다.*

> "150여 명의 희생자가 수도 한복판에서 축제를 즐기다가 사망했는데 국가는 할 일이 없었다고 답하는 정부라면, 그곳에는 이미 정부가 존재하지 않는 것이다. 주최자가 없어서 매뉴얼이 없었다고? 단풍 든 산과 해수욕장에 사람들이 모이는 것에는 무슨 주최자가 있어서인가? 중앙정부의 관료든 지방정부의 단체장이든 그런 철면피 같은 발언을 하는 곳에는 이미 정부는 존재하지 않는다."

그런데 이후 정부는 자못 유능했다. 책임은커녕 참사를 사고로 덮고, 제대로 된 사과도 추모도 없이 사람들의 기억에서 몰아내는

---

* [이관후 시론] 이 '무정부 상태'를 어찌할 것인가, https://firenzedt.com/24581 (2022.11.3)

데 어느 정도 성공했다. '기승전 수사'에 올인하면서, 하위직 희생양을 찾아냈고, 법적 공방으로 뭐가 뭔지 헷갈리게 만들었다. 대대적 수사와 국정조사에도 불구, 문제가 다 해결된 걸까? 피해자 보호에도, 재발방지를 위한 구조적 문제 해결에도 관심 없는 수사가 끝이라고? 앞으로 이런 일은 반복되지 않을 것이라 안심할 수 있을까?

결과에 누구도 만족할 수 없는 것이 세월호 참사와 비슷하다. 피해자 가족들이 진상 규명을 요구하다가 어느새 '불순한' 시민 대우를 받기 시작한 것도 닮았다. 10·29 참사는 오래됐으나 답하지 않은, 여러 가지 질문을 다시 꺼내게 했다. 왜 정부가 움직이지 않았을까? 정부가 없다는 불안은 괜찮을까? 한때 일 잘하던 공무원이 지금 공무원과 다른가? 공무원은 영혼이 없다는 변명을 당연하게 받아들이는 것이 당연한가? 우리는 정부에게 무엇을 기대하는가? 정부는 어떤 일을 할 수 있는가? 평범한 우리에게 정부의 존재 이유는 뭔가? 유능한 정부를 갖기 위해 시민이 할 수 있는 일은 없는가? 정부란 무엇인가?

정부가 대응을 잘못해 오히려 위기를 키우고, 그 과정이 정권의 트라우마로 남아 스텝이 더 꼬이는 악순환을 목격하고 있다. 보수정부는 위기가 본질을 잡아먹고 정권 차원의 문제가 됐던 광우병 트라우마, 세월호 트라우마를 갖고 있다. 이태원 참사도 정부에게 악몽이 될 가능성이 높다. 정부가 위기 관리에 실패한 탓에 국민도 함께 괴롭다. 우리는 세월호 이후 또다시 애꿎은 목숨들을 잃었다는 사실에, 국민을 지켜주지 않는 정부의 배신에 트라우마를 갖게 됐다. 그새 우리는 촛불로 대통령을 탄핵하면서 권력을 심판한 초유의 경험을 가진 시민이었다. 달라진 줄 알았는데, 달라지지 않은 것인가?

참사를 막지 못한 구조적 문제들을 쫓아가는 이 기록은 일단 나의 고통을 달래기 위한 이기적 욕심에서 비롯됐다. 다만, 나만의 고통이 아니라 우리의 고통일지도… 트라우마에서 회복되기 위해 우리는 뭐라도 해야 한다. 정상적 질서를 되찾고, 일하는 정부를 당연하게 받아들이는 날을 앞당기기 위해 참사가 남긴 질문들을 따라갈 수밖에 없다. 솔직히 정부에게만 맡겨놓기에 불안했다는 내심을 밝혀둔다. 수사를 통해 법대로 처벌하겠다는 의지 외에 어떤 책임도 보여주지 않는 정부를 경험하는 것도 우리의 교훈, 자산이 되어야 한다.

정부를 탓하는 건 간단하지만, 질문을 이어가다 보면 문제는 더 복잡해질 수 있다. 골치 아픈 정치에 관심을 끄는 데 성공했지만, 갑자기 정치에 뒤통수 맞는 기분도 느낄 수 있다. 어쩌면 우리 사회의 철학이 빈곤하고, 당신과 나, 우리 모두 영혼을 찾지 않았던 탓에 벌어진 일일 수도 있다. 우리 사회가 추구하는 가치에 대한 공감이 부족한 탓일 수도 있다. 시대가 변하고 있다. 과거의 방식으로 더이상 안녕하지 않다면 새로운 도전에 나서야 한다. 유능한 정부는 어떤 것인지 다르게 상상할 수 있어야 한다.

2022년 10·29 이후 분노로 시작된 탐색이었으나, 2023년 여름까지 정부가 각 분야에서 보여준 행태는 엉망진창이다. 아르헨티나가 한때 세계 7대 강국이었던 것을 아느냐고 한 선배가 물었다. G7이든 G8이든 들어가긴 어려워도 밀려나는 건 한순간이다. 일본이 한때 세계 제2강국이었다. 국가주의에 빠져 부국강병만 따질 시대도 아니지만 뭔가 불안하지 않은가? 일을 그르치는 정부를 갖지 않으려면 어떻게 해야 할까?

이태원 참사 유가족들은 2023년 8월 분향소가 있는 서울광장에서 국회까지 3일에 걸쳐 삼보일배, 세 걸음마다 큰절을 하며 움직였다. 희생자들을 기리고 진상규명을 위한 특별법 제정을 촉구하기 위해 폭우 속에 고통스러운 걸음을 이어갔다. 참사 365일이 다 되어가도록 우리는 사실 아무것도 못했다. 애통하고 미안하다.

이 기록은 그분들에 대한 위로와 사과다. 또 피해자들을 비롯해 다음 세대에게 전하는 사과이기도 하다. 이런 시대를 만들어온 어른으로서 젊은 세대에게 미안해서 어찌할 바를 모르겠다. 아무 잘못 없는 아이들이 진도 앞바다에서, 이태원에서 희생됐다. 정말 미안하다. 윗 세대로서 할 수 있는 일이 대신 묻고 파고 들고 답할 것밖에 없었다. '내 새끼'만 챙기는 것이 아니라 아이를, 다음 세대를 위한 어른의 마음을 고민한다. 아무도 책임지지 않는 비상식이, 아이들에게 당연한 상식이 되지 않았으면 한다. 책임지지 않는 어른들이 잘못한 것이고, 사회가 잘못한 것인데 피해자 탓으로 돌리는 것은 비겁하다.

이 작업을 내가 해도 되는 것일까? 의문이 들었다. 꼭 내가 해야만 할 일도 아니고, 그런 당위도 책무도 없다. 다만 나는 기자 출신으로 비판적으로 질문하고 해법을 찾도록 훈련받았고, 기록하는 습성이 있다. 일반 회사로 옮겨 기업이 작동하는 방식, 인재의 역량을 키우고 성과를 내도록 하는 프로세스를 경험했고, 그것이 왜 중요한지 배웠다. '어쩌다 공무원,' 어공으로 일하면서 정부가 일하는 방식에 의문점을 갖기도 했고, 이해를 넓히기도 했다. 민간과 공공이 일하는 방식과 평가하는 시스템이 어떻게 다른지, 장단점이 무엇인지 바라볼 기회가 있었다. 한때 고위직 공무원으로서 비교적 어렵지 않게 귀한 인터뷰 등을 할 수 있었다는 점도 밝혀둔다. 32명의 인터뷰를 녹취하고 정리했다. 그들의 고민에 숟가락을 얹었고, 더 많은 이들과 나누고 싶다.

분노와 절망 대신 해답, 희망을 찾기 위한 일이다. 막을 수 있는 참사를 앞으로도 막기 위해 뭐든 해야지. 그뿐이다.

2023년 10월
정혜승

추천의 글

세월호 참사, 그리고 이태원 참사로 또래를 떠나보낸 청년의 한 사람으로서 정혜승 작가의 '정부가 없다'는 절규에 뼈아프게 공감했다. 재난관리체계를 비롯한 국가 시스템이 무너진 현실을 담담하게 기술한 것을 보고 있자니, 다시 가슴이 쓰라렸다.

《정부가 없다》는 저자의 공직사회에 대한 풍부한 경험을 바탕으로, 정부의 실패 원인을 찾는다. 절망에서 나아가, 우리에게 있어야 할, 필요한 정부의 모습을 길어낸다. 저자는 "정부 조직의 말초신경까지 깨우는 것은 리더십"이라고 지적하며, 정부가 다정하고 유능한 리더십을 갖춰야 한다고 조언한다.

저자는 끝까지 정치와 민주주의를 포기하지 않고, 국민들에게 손을 내민다. 이태원 참사의 진상규명을 위해 거리에서 싸우고 있는 시민 활동가부터, 국가행정의 밑알이 되는 공무원들, 정치의 한복판에서 국정운영의 철학을 고민해온 핵심 책임자들까지 만나 이야기를 듣는다. 절망에 지쳐 있던 사람들에게, 그럼에도 정치에 관심을 가지고 대화를 시작할 것을 권유한다. 참으로 다정한 용기다.

반복되는 사회적 참사로 정치에 대한 신뢰를 잃어버린 모든 분에게 이 책을 권한다. 이 책을 통해, '유능하고 다정한 정부는 가능하다'는, '정부를 만드는 것은 결국 주권자인 국민들'이라는 위로를 얻을 수 있기를 바란다.

– 용혜인(21대 국회의원, 기본소득당 상임대표)

정혜승 작가는 기록광이다. TV 드라마를 시청하는 동시에 폰으로 요약과 리뷰를 작성하는 신기神技를 목격한 적도 있다. 그만큼 현상을 빨리 파악하고 정리하는 사람이다. 《정부가 없다》는 그런 정혜승이 10·29 이태원 참사 이래 연쇄적으로 맞닥뜨린 도무지 이해할 수 없었던 현상에 대해 기록을 넘어 원인과 해법까지 헤아리고자 '폭주'한 결과다. 어찌 보면 정혜승 작가 안의 정혜승 기자가 쓰지 않고는 견딜 수 없었던 긴 기획 기사로 보이기도 한다.

지루한 직업이라는 유서 깊은 평판에도 불구하고 나는 공무원을 존경해 왔다. 일희일비하지 않는 단단한 심지를 지닌 사람들의 직업임을 경험으로 실감했고, 유능하게 작동하는 행정 시스템에는 훌륭한 건축물이나 교향곡에 비할 만한 아름다움이 있다는 사실도 깨달았다. 그런 내게 지난 2년은 공무원들에게 무슨 일이 일어나고 있는지 궁금하고 걱정스러운 시간이었다.

저자는 국민 안전에 대한 대응을 포함해 최근 자주 목도되는 행정의 역기능이 어디에 기인하는지, 언론보도와 데이터를 해석하고 공직사회 내부자와 관찰자를 인터뷰해 설명한다. 그리고 최종 책임의 무게를 조직 상부에 싣는 일종의 '고중심 설계'를 개선책의 하나로 제안한다. 책의 문체는 저널리즘의 건조한 그것이지만 나는 저자가 이 책을 쓰는 내내 2022년 10월 29일 밤의 위협적 사이렌 소리를 듣고 있었다고 느낀다.

─ 김혜리(〈씨네21〉 편집위원)

차례

1장 2022년, 정부의 부재를 기록한다

2장 정부의 실패, 왜 움직이지 않았을까

3장 정부의 실패, 정치가 문제다

4장 정부의 존재 이유, 무엇을 해야 할까

5장 공무원들이 영혼을 갖고 일하려면

6장 정부란 무엇인가

1장

2022년, 정부의 부재를 기록한다

팬데믹 이후 첫 노마스크 축제였다.

그런데 인파가 어느 정도 몰릴 것인지, 어떻게 대응할 것인지,

아무 대책이 없었다고 실토했다.

정부가 할 수 있는 일이 없었다는 말을 안전 최고책임자가

비극적 참사 다음 날 무심하게 해버렸다.

황망한 가족들과 국민들의 마음을 달래주는 것도

정부의 소통 책무 중 하나인데 저 발언을 보면 아무 생각이 없었다.

일단 국민들을 안전하게 보호하지 못한 정부로서

근원적 책임을 인정하고 사죄하는 태도도 전혀 보이지 않았다.

고민은 아랫사람 몫이 아니다

　　　　　　　　한밤중에 장관을 깨워야 하는 큰
일이란 건 뭐지? 이게 그럴 만한 일인가? 괜한 일로 호들갑 떨었
다고 찍히면 어떡하지? 이건 누구나 할 만한 고민이다. 그런데 이
고민은 아랫사람 몫이 아니다. 모든 경우의 수에 맞는 매뉴얼을
갖추는 게 시스템이고, 저런 고민할 시간에 신속 대응하도록 해주
는 장관의 평소 태도가 중요하다.

　"장관님, 고성에 산불이 났습니다."
　No. 이건, 맞지 않는 보고였다. 적어도 그에겐 그랬다. 산불이
났다? 그래서?
　"장관님, 지금 고성으로 가셔야겠습니다."
　"아, 5분 내로 나갈게요."

　문재인 정부 초대 행안부 장관을 지냈던 김부겸 전 장관의 일화

다. 행안부 장관으로서 2년 가까이 그 자리를 지킨 그는 휴대폰에 집착하는 것으로도 유명했단다. 요즘 사람들 다 그렇겠지만 폰 배터리도 꼼꼼하게 챙겼고, 폰 자체를 멀리 두지 않았다. 한마디로 그는 자다가도 벌떡 일어나 5분 내 출동하는 대기 상태를 유지하는 데 애썼다. 대체 무슨 일이 벌어졌고, 어떤 상황이길래 장관까지 호출하게 됐는지 묻지도 따지지도 않았다. 일단 출동했다. 그런 보고는 이동하면서 들어도 충분했다. 사고 현장에 먼저 달려가는 것이 급선무였다. 장관이 이미 잠들었든, 뭘 하고 있든 보고는 불시에 이뤄졌다.

"신속한 초기대응 덕분에 큰 일을 막은 경우도 있고, 처음부터 그렇게 대단한 일이 아닐 수도 있었겠죠. 결국 별일 아닌 것으로 밝혀질 수도 있잖아요. 그러나 그에 상관없이 장관은 잠을 깨운 보고 라인의 실무자와 상급자를 칭찬했어요. 사건사고와 재난 대응에 장관의 촉이 날카롭게 곤두선 상태에서 우선순위는 '만약의 가능성'으로부터 안전을 챙기는 데 있었습니다. 무엇이 됐든, 일단 신속하게 보고한 사실을 장관이 높이 평가했어요. 알고 보니 별일 아닌 것으로 장관을 불러냈다는 염려는 전혀 할 필요가 없었어요. 일을 제대로 한 것으로 인정받았기 때문이죠."

행안부 장관 시절 김 전 장관을 모셨던 측근에게서 들은 이야기

정부가 없다

다. 국민 안전에 관련된 일이라면, 크든 작든, 대체 상황 파악도 잘 안 되더라도 일단 장관을 깨우는 것이 칭찬받는 매뉴얼이었다. 이건 장관이 그렇게 일하면 된다. 즉 리더가 작심하면 된다. 아랫사람들이 전전긍긍 눈치 볼 일이 아니라는 얘기다.

인사권자가 무엇을 바라보는가? 어떤 일을 무엇으로 평가하는가? 조직은 바보가 아니다. 조직은 모두 인사권자를 바라본다. 같은 시선을 유지하고, 같은 촉을 세울수록 기회가 생긴다는 것을 모를 리 없다. 장관의 태도가 조직을 사건사고에 예민하게 만들었다는 것은 사실이다. '행정안전부' 장관은 그래야만 한다고 했다.

김부겸 장관이 유능했는지, 다른 일도 잘했는지 여부는 내가 평가할 수 있는 문제가 아니다. 다만 그는 조직의 공무원들을 유능하게 만들었다는 이야기를 들었다. 일을 잘할 수 있도록 칭찬과 비판을 적절하게 사용했다고 한다. 세월호 참사의 트라우마를 가슴 깊이 담아두고 출범한 정부였다. 국민을 재난과 재해, 사건과 사고에서 보호하지 못하면 후폭풍이 올 게 뻔하지 않겠나? 그는 안전 최고책임자로서 감당해야 했다. 어쩌면 무서웠을지도 모른다. 국민의 안전은 무시무시하게 무거운 과제다. 국민이 뽑아서 그 자리에 앉았든, 원래 그 일을 하든 그게 책무다. 최선을 다하는 것 외에 도리가 없다.

김 전 장관에게 안전 관련 보고를 혹여 놓치는 일은 있을 수 없었다. 그는 조직을 그렇게 운영했다. 안전을 위협할 수 있는 조짐이 있다고? 지금 어떻게 대응하고 있는가? 상황 통제가 이뤄지고 있는가? 무엇이 필요한 상황인가? 집요하게 파고들었다. 정부 일이란 게 별일 없으면 조용히 지나간다. 일한 티도 안 난다. 사실 별일 없는 게 큰일을 해낸 거다. 보이지 않아 몰랐다. 김 전 장관의 이야기를 전해주던 이는 잠시 시선을 돌렸고, 나는 듣다가 눈시울이 뜨거워졌다. 10·29 참사는 막을 수 있었다.

기업에 있는 지인 A는 한 외국계 화학기업의 안전 책임 기준을 전해줬다. 무조건 보고했는지 여부가 책임을 좌우한다. 40년간 안전 업무만 해온 이가 만든 원칙이라는데, 사고가 나거나 날 것 같을 때 보고하지 않은 사람이 책임지는 것이 핵심이다. 무엇이든 괜히 보고했다고 혼나거나 질책 받는 것이 아니라, 보고를 하지 않았을 때 혹시라도 문제가 생기면 책임져야 한다. 보고를 잘하면 칭찬과 격려를 받게 되고, 보고를 늦추거나 피하면 오히려 손해를 볼 수 있다. 이 경우, 크든 작든 무슨 염려가 있다면 무조건 윗선에 보고하는 것이 개인의 안위에 도움된다. 일단 보고한 이는 책임에서 자유롭고, 결국 안전의 여러 가지 신호에 대해 최종 의사결정권자가 책임지는 구조다. 신속한 판단과 대응이 필요한 재난 재해 현장에서는 이 같은 정리가 필수적이다. 직급이 낮은 실무자에게 책임을 떠넘겨서도 안 되지만, 촌각을 다퉈 다수의 생명을 구해야 할 때, 판단과 결정의 무게를 덜어주도록 책임자급 리더에게도 최고책임자가 든든한 '뒷배'가 되어줘야 한다.

장관이 현장에 달려가는 것은 그가 엄청나게 유능해서 온갖 대

정부가 없다

응을 진두지휘하기 위한 것이 아니다. 예컨대 장관이 산불이든 재난 현장에 달려간다고 한들, 직접 현장 대응을 지휘하는 것은 적절하지 않다. 그 지역, 재난과 재해 현장을 가장 잘 이해하는 관할 소방서장, 경찰서장, 지자체장 등이 분명히 있다. 한참 바쁘고 경황없는 시간에 굳이 장관이 의전 챙기면서 보고 받으러 달려갈 이유도 없다. 그건 오히려 민폐다. 그렇다면 왜 장관은 보고 즉시 현장으로 달려간 것일까?

평소에도 그렇지만 리더의 일은 의사결정이며 책임지는 역할이다. 재난 재해 현장에서는 특히 신속하게 판단하고 결정해야 할 일들이 줄줄이 이어진다. 예컨대 화재 현장에서 관할 소방 인력을 총동원하는 것으로 충분할지, 전국 단위에서 소방차를 총동원해야 할지 여부를 누가 결정할까? 현장의 컨트롤 타워다. 대신 부처 책임자인 장관이 확실하게 책임을 질 때 일이 더 빠르다. 현장 지휘관에게 그 모든 결정과 대응에 대해 책임지라고 하는 대신 "내가 책임질 테니 염려 말고 신속 대응하라"고 하는 게 서울에서 달려가 현장 책임자 옆에 앉아 있는, 잠시 방문한 장관의 역할이다.

김부겸 전 장관이 책임지고 내렸던 의사결정의 정점은 사실 2017년 수능시험 연기 판단이다. 포항 지진 직후 현장에 달려갔다가 수능시험을 연기하자고 곧바로 국무총리와 대통령에게 의견을 물었다. 안전을 앞세우면 그런 결단이 나온다.

정부가 할 수 있는 게 없었다?

어쩌면 태도가 전부다. 매너가 사람을 만든다는 말은 과장이 아니다. 고위공직자의 인식과 태도는 공직사회를 움직인다. 10·29 참사 이후 행정안전부 수장인 이상민의 행적을 보면, 장관 자리가 뭐하는 것인지 모르는 게 분명하다. 장관으로서 자각, 인식이 있다면 그런 태도는 나올 수 없다. 그는 대체 뭐하던 사람이지?

그는 대학교 4학년이던 1986년 사법고시에 합격한 자타공인 수재였다. 충암고 4년 선배인 윤석열 대통령이 사법고시 9수를 했으니, 그는 선배를 앞질러 먼저 법률가가 됐다. 1992년 판사로 임용될 당시 스물여섯 살. 사법시험 성적과 사법연수원 성적을 종합해서 2등으로 임관했다. 법전 잘 외우는 능력으로 사회 지도층이 되는 사회에서 그는 초특급 에이스다. 판사 임용 후 법관으로 15년, 변호사로서 이후 커리어를 이어갔고, 사회에 나온 지 30년 만에 장관으로 임명됐으니 완벽한 성공신화의 주인공이다. 서울대

법대 등에 출강까지 했던 법률가로서는 이례적으로 고려대 경영전문대학원까지 졸업했다. 대체 그는 어떤 열정과 욕심을 가졌던 것일까? 그는 이 사회에서 어떤 역할을 하고 싶었던 것일까?

2012년 검사 출신 안대희 새누리당 정치쇄신특별위원장이 대법관 시절 눈여겨봤던 그를 정치쇄신특위 간사로 발탁했다. 그는 박근혜 당선인의 인수위 전문위원이었고, 민주평통 자문위원, 방송통신위원회 보도교양방송특위 위원도 역임했다. 전문성이 있나 싶지만, 역시 법률가는 온 동네에서 모셔간다. 국민권익위원회 부위원장까지 지냈으니 온갖 영예를 다 누린 셈이다. 아무리 대통령의 고등학교 후배라는 끈이 장관 자리로 이끌었다 해도 이력으로 볼 때 그를 낙하산이니 뭐니 할 수준은 아니다. 한국 사회 보통의 기준으로는 그렇다.

그런데 2022년 가을부터 겨울까지 그의 언행은 도저히 이해할 수 없는 수준을 드러냈다. 그는 일단 행정안전부 장관으로서 자신의 조직이 무엇을 할 수 있고, 해야만 하는지 몰랐다. 취임 후 반년 가까이 지났기 때문에 업무에 익숙하지 않은 탓이라고 변명하기도 부끄럽다.

"저희가 파악하기로는 예년의 경우하고 그렇게, 물론 코로나라는 게 좀 풀리는 상황이 있었습니다마는 그전과 비교할 때 특별히 우려할 정도로 많은 인파가 몰린 것은 아니고… 원인에 대해서는 여러 가지 얘기가 있는데 통상과 달리 소방, 경찰 인력을 미리 배치하는 것으로 (해결)할 수 있는 문제는 아니었던 것으로 지금 파악을 하고 있고요."

바로 참사 다음 날인 10월 30일 정부 서울청사에서 열린 정부 대응 방안 브리핑이었다. 다시 봐도 놀랍지 않은가? 팬데믹 이후 첫 노마스크 축제였다. 그런데 인파가 어느 정도 몰릴 것인지, 어떻게 대응할 것인지, 아무 대책이 없었다고 실토했다. 정부가 할 수 있는 일이 없었다는 말을 안전 최고책임자가 비극적 참사 다음 날 무심하게 해버렸다. 황망한 가족들과 국민들의 마음을 달래주는 것도 정부의 소통 책무 중 하나인데 저 발언을 보면 아무 생각이 없었다. 일단 국민들을 안전하게 보호하지 못한 정부로서 근원적 책임을 인정하고 사죄하는 태도도 전혀 보이지 않았다.

장관의 거짓말이 드러나는 데는 오랜 시간이 걸리지 않았다. 그의 말과 달리 소방, 경찰 인력을 미리 배치하는 것으로 달라질 수 있었다는 사실이 속속 밝혀졌다. 해마다 해오던 대응조차 빼먹었다는 사실이 드러났다. 주무 장관이 일을 수습하기커녕 잘못된 대응으로 일파만파 논란을 부추겼다.

이 장관은 입만 열면 사고가 이어졌다. 그는 11월 국회에서 "자꾸 거짓말을 한다고 생각하는지 모르겠지만 행안부에서는 (유족들) 연락처는 물론 명단조차도 가지고 있지 않다"고 말했다. 차라리 모르면 모른다고 했으면 좋았겠지만, 결과적으로 그는 진짜 거짓을 말했다. 알고 보니 행안부는 참사 이틀 뒤인 10월 31일 서울

정부가 없다

시로부터 유족 이름과 연락처 명단을 받았다. 행안부가 희생자 주민등록번호를 중대본에 제공했다. 부처 담당자가 보고를 누락했을까? 무엇을 챙겨야 하고, 어떤 일이 문제가 되는지 담당자가 빠뜨린 걸까? 취임한 지 6개월이 지난 장관은 업무 파악을 어디까지 하고 있어야 하나? 거짓말이 아니라고 말할 정도면 팩트 체크는 하고 국회에 출석해야 하는 것 아닐까?

초기 대응은 처참했다. 현장도 엉망이었지만, 재난 대응 주무장관인 그는 윤석열 대통령보다도 거의 20분 늦게 사건을 인지했다. 국정조사에서는 당시 정황이 좀 더 상세히 드러났다. 그는 보고를 받은 뒤 이태원 현장을 찾아가는 데 85분이 걸렸다. 압구정동 자택에서 일산 사는 수행비서의 관용차량을 기다렸다. 그동안 응급의료체계 가동을 위해 보건복지부 장관이나 의료기관에 연락하는 수고도 전혀 하지 않았다. 마땅히 해야 할 조율과 조정 역할이 자기 몫이라 생각을 못한 것일까? 당시 현장에서 구급활동에 나선 소방관들은 "너무나 외로웠다"고 국정조사에서 토로했다. 소방관들이 그 안에서 할 수 있는 것들이 많이 없었고, 구조한 사람들을 위한 장소조차 마련되지 않을 정도로 인파가 통제되지 않았다고 전했다. 이 장관은 주무부처 장관으로서 할 수 있는 일, 해야 하는 일을 하나도 하지 않았다.

이날 그의 발언에 문제의 실마리가 다 담겨 있다는 것도 인상적이다. 10만 명이 모여드는 좁은 거리 대신 경찰은 다른 곳을 지키고 있었다. 물론 평시와 비슷한 수준의 병력 배치란 것도 사실과 달랐지만, 정부가 뭘 놓쳤는지 처음부터 다 알고 있었다.

"상당수 (경찰)병력이 광화문 쪽에 배치됐고, 지방에 있는 병력까지 동원할 계획 등이 유사시를 대비해 짜여 있었던 것 같습니다. 종전의 수준에서 크게 벗어나지 않는 거였기 때문에 그쪽에는 평시와 비슷한 수준의 병력이 배치됐던 것으로 그렇게 파악하고 있었습니다."

경찰·소방인력 배치 부족이 이태원 핼러윈 참사 원인이 아니었다는 그의 문제 발언 다음날 국민의힘 내부에서 "국민의 아픔을 이해하고 여기에 동참하는 것이 아닌 행태의 언행은 조심해야 한다"(김기현 국민의힘 의원), "일반 국민이 듣기에 적절한 발언 아니었다"(김종혁 국민의힘 비대위원) 등의 반응이 곧바로 나왔다. 사실상 '꼬리 자르기' 수순으로 보였다. 이상민 장관이 책임을 지고 물러나겠구나, 그 바닥 생리를 조금이라도 이해한다면 그렇게 이해할 수밖에 없었다. 이런 상식조차 기대할 수 있는 정부가 아니었다는 것을, 이상민 장관은 그런 양식이 없었다는 것을 이제 모두 알고 있다. 아직도 버틴다고? 무책임에 대한 분노는 뜨거웠지만 정부측 메아리가 없었다. 그의 해임을 둘러싸고 야당과 시민사회의 목만 아팠고, 공방으로 시간을 소모했다. 탄핵까지 밀어붙였으나 무산됐다. 이 모든 과정에서 유족들의 애끓는 분노는 외면당했다.
공직자가 직무집행 과정에서 헌법이나 법률을 위반했을 때 파면할 수 있는 절차가 탄핵이다. 이상민 장관은 국무위원이 탄핵심판을 받는 최초의 사례가 됐다. 이태원 참사 이후 사임이나 경질은커녕 그 어떤 책임도 지지 않자 더불어민주당은 이 장관 해임건의안에 이어 탄핵을 추진했다. 정의당과 기본소득당도 함께했다. 이 장관이 참사 관련 적절한 조치를 하지 않아 국가의 국민 보호 의무를 명시한 헌법과 재난안전법을 위반했다는 이유였다. 2023년 2월 국회의 탄핵소추안이 통과되면서 그의 직무가 정지됐다.

그러나 국정책임자 윤석열 대통령은 아랑곳하지 않았다. 이 나라 행정과 안전의 최고책임자 자리를 그리 비워놓아도 되는 것인지…. 그리고 탄핵소추안이 통과된 날로부터 1,167일 후 7월에 헌법재판소는 그의 탄핵안을 기각했다. 9명 전원 일치 의견이었다. 헌재는 그가 최적의 판단과 대응을 하지 못했더라도 재난안전법과 국가공무원법을 위반해 헌법상 의무를 중대하게 위반했다고 보기 어렵다고 했다. 다만 김기영·문형배·이미선 재판관은 별개 의견을 통해 늑장 대응과 부적절한 발언 등으로 국가공무원법상 성실의무와 품위유지 의무를 위반했다고 지적했다. 경찰이나 소방 인력을 미리 배치함으로써 해결될 수 있는 문제는 아니었다는 발언은 근거가 없으며 사실에 부합하지 않는다는 것이 헌법재판관들의 판단이었다.

공감할 줄 모르는
꽃길만 걸어온 에이스

논란이 지나간 뒤, 이상민 장관은 여전히 안녕하다. 일 잘한다는 유능한 존재감도 없었고, 직무정지 상태 공백이 티가 나지도 않았지만 그는 상관하지 않을 듯하다. 2023년 8월 새만금 잼버리 공동 조직위원장으로 그의 이름이 또 등장했고, 역시 일하지 않는 것이 드러났지만 아무도 놀라지 않는다. 그러나 이상민 장관은 스스로 시대의 상징, 질문이 됐다. 그는 좋은 스펙이 유능한 인재를 만들지 못한다는 증거다. 스펙 사회에서 심각한 문제 제기다. 장관이 무슨 일을 하는 자리인지, 리더가 어떤 존재여야 하는지 질문도 남겼다.

초특급 에이스 이상민 장관은 기본적으로 업무 이해도가 너무 떨어졌다. 그는 행정안전부 수장으로서 부처 이름에 왜 '안전'이 들어가는지, 정부 행사, 주최측이 있는 행사가 아니라 해도 모든 사건사고 재난참사가 자신의 일인지 전혀 이해하지 못했다. 안전 최고책임자가 안전에 대한 개념이 없으면, 실무자들은 무엇을 목표로 일하게 될까? 그는 부처의 보고 프로세스도 제대로 몰랐다. 경찰이든 소방청이든 모두 자신의 관할인데 주무부처 장관도 모르게 어떻게 대통령에게 먼저 보고된 것인지, 그 경위도, 절차도 몰랐다. 국가 재난관리시스템은 곳곳에 구멍이 나 있었다.

참사 3일 만에야 국회에 불려가서 사과했고, "할 수 있는 게 없었다"는 자신의 부적절한 발언에 대해서는 '사과' 대신 '유감'을 표명한 장관이었다. 국회의원들의 질타에 "(대통령에게) 사의를 표명한 적 없다"고 했다. 거취를 대통령실과 의논하지 않았다고 했다. 스스로 논란의 중심에 서면서 장관으로서 대통령과 정부의 부담을 덜어주기 위해서라도 '설마 사의 표명은 했겠지, 대통령이 잡았겠지, 아니 최소한 대통령실의 비서실장에게 상의라도 했겠지', 이렇게 생각했던 나는 정말 순진했다. 기업에서 한때 위기 대응 업무를 했고, 청와대에서 정무적 경험도 더했던 내 이력이 부끄럽다.

이상민 장관의 행보는 정부 소통 차원에서 봐도 경이로울 지경이다. 차라리 정부의 안전 최고책임자로서 자세를 한껏 낮추고 '상황을 파악하고 있는 중이다', '참사 원인 규명과 피해자와 유가족 지원에 최선을 다하겠다'는 모범답안에 머물렀다면 어땠을까? 답답한 답변이지만 그게 필요한 답일 때가 있다. 장관이 똑 부러진 답을 하도록 이끌어내는 것은 질문자의 몫이고, 기자들이 할 일이지만 최소한 어리석은 답을 하지 않는 것은 답변자의 몫이다. 그는 조직의 수장이고, 부처 공보 인력과 정무 담당자의 지원을 받을 수 있었다. 무엇보다 참사 규모로 볼 때, 전 정부 차원의 대응이 필요했다. '재난의 컨트롤 타워는 청와대'라고 분명히 밝힌 전 정부와 입장이 달랐다고 해도 용산 대통령실에 '강 건너 불'일 수 없었다.

예전에는 청와대와 행안부 주도로 이른바 PG$^{Press Guidance}$, 언론 대응지침을 마련하고 정부 브리핑에 나서는 것이 상식, 아니 보통의 관행이었다. 어디든 문제가 발생했을 때, 천편일률적인 답이 나오는 것도 이유가 있다. 상황을 파악하면서 팩트를 챙기는 게 먼저다. 그전에는 '확인 중'이라고 끊을 수도 있다. 그는 어쩌자고 전 국민이 납득하지 못할 수준의 답을 내놓았을까? 아랫사람이든 누구에게든 제대로 물어보지도 않고 어처구니없는 답변을 내놓은 것은 똑똑하지만 오만한 이들의 실수에 해당한다. 부처의 메시지 관리도 안 됐고, 대통령실과 조율도 안 됐고, 그 어떤 컨트롤 타워도 보이지 않는 깜깜이 답변, 대충 답변이었다. 실무자들이 장관을 바보 만들려고 한 것으로 봐야 할까? 혹은 실무자들의 진정성 담긴 조언을 듣지 않거나 무시하는 분위기일까?

"누군들 폼나게 사표 던지고 이 상황에서 벗어나고 싶지 않겠나"라는 발언도 오래 남을 망언이다. 결국 그는 근황을 묻는 개인적인 안부 문자라고 생각해 정제되지 않은 표현을 했다고 사과했지만, '폼나게' 같은 단어의 파장을 고려하지 않고 기자에게 문자 메시지로 보냈다니… 정무감각, 언론감각, 아니 그 어떠한 공인의 감각도 갖추지 못한 이가 장관이었다. 이쯤 되면 장관 청문회에 앞서 기본 상식과 교양, 공감력 테스트가 필요하다는 생각이 들지 않나? 다 갖춘 이를 장관으로 얻을 복이 없다면, 조직이 장관 트레이닝이라도 하면 좋으련만. 그를 비롯한 한국의 엘리트들은 혼자 잘났다.

"그는 정말 엘리트 법관의 길을 걸었습니다. 보통의 판사들은 고등법원 부장판사로 승진하고, 대법관까지 가는 길을 최고로 쳤지만 그는 그것보다 더 멀리 가고 싶어했어요. 다만 젊어서부터 꽃길만 걸은 이들은 대중과 공감하는 능력이 부족한데 그가 딱 그랬어요. 뭐가 문제인지 판단하는 기준도 다르고, 지금 왜 국민들이 분노하는지 이해도 잘 못할 겁니다."

한때 이 장관과 같은 법원에서 근무했던 판사 출신 변호사 B의 말이다. B는 이 장관과 마찬가지로 공감 능력이 떨어지는 윤 대통령 역시 이 장관을 비판하는 것을 부당하다고 느끼는 것 같다고 말했다. 유족들을 부추기는 정치 세력에 맞서 이 장관을 보호하는 것이 대통령에게는 공정이란 얘기다.

선출직이든 임명직이든 어떤 공직자들은 선민의식을 굳이 감추지 않는 엘리트들이다. 다들 똑똑한 맛에 사는 것처럼 보인다. 하지만 공부 잘하는 것과 '일머리', '생활 머리'는 다른 얘기다. 정부와 협업하는 민간 연구자 C는 보통 사람들의 일상을 모르는 엘리트의 한계를 지적했다.

"소위 엘리트들은 전문가 바보 같아요. 사람들이 다들 하고 사는 송금하고, 영수증 챙기고, 살림하고, 마트 가고, 그런 일상을 엘리트들이 얼마나 알까 싶습니다. 다들 1등만 해서 자기 손으로 일반적인 경제생활을 제대로 해봤는지 모르겠어요. 민원이나 서류 떼러 관공서에 갔을 때의 어려움과 당혹감 같은 것도 잘 모릅니다. 일반인들과 경험치가 너무 달라요. 사회는 그들을 1등으로 포장해왔지만 무슨 1등인지 잘 모르겠습니다. 사람이 되는 일도 해보고, 안 되는 것도 해봐야 좌절감과 효능감을 느끼는데, 실제 일을 해본 적 없는 엘리트들은 경험 근육이 하나도 없어요."

마침 하버드 출신 한덕수 총리가 2023년 9월 국회에서 "택시 기본요금은 1,000원쯤, 시내버스 요금은 2,000원"이라고 틀리게 말해 망신을 산 것은 고위 공직자들의 드물지 않은 실수다. 엘리베이터 버튼을 한 번도 직접 눌러본 적 없어서 오랜만에 혼자 탔을 때 엘리베이터가 움직이지 않아 당황했다는 어느 정치인의 에피소드도 실화다. 국민의 삶을 모르니 어디가 가려운 곳인지 모르는 것은 물론, 누구나 느끼는 문제에 공감이 쉬울 리 없다. 엘리트란 것만 믿고 리더 역할을 맡기는 것이 이렇게 위험하다.

정부는 참사를 막을 수 있었다

우리는 왜 10·29 참사에 이토록 분노하는가? 정부의 후속 대응도 문제지만, 처음부터 참사를 막을 수 있었다는 걸 모두가 알게 됐기 때문이다. 〈뉴욕 타임스The New York Times〉는 아예 기사 제목을 '확실히 막을 수 있었다Absolutely Avoidable'고 뽑았다.*

차례로 드러나는 진실은 막연한 짐작보다 훨씬 끔찍했다. 상식 있는 시민들이 다 그랬겠지만, 경찰에 급히 도움을 구하는 112에 압사 위험 신고 11건이 참사 4시간 전부터 이어졌다는 사실을 알고는 정말 견딜 수 없었다. 개인적으로 분노가 터져버렸고, 정부의 행태를 쫓아 기록을 시작한 이유가 됐다. 수사가 진행되면서 당일 경찰에 접수된 112 신고 가운데 일부가 허위로 처리된 사실도 드러났다. 용산경찰서와 용산구청이 10만 명이 몰려들 것으로 예상

---

* Halloween Crowd Crush in Seoul Was 'Absolutely Avoidable,' Experts Say 〈뉴욕 타임스〉(2022. 10.31)

되는 행사의 안전관리를 사전에 신경 쓰지 않았다는 점은 분명해 보인다. 참사 며칠 전 인파 관리가 필요하다는 경찰 내부 보고는 묵살된 정황이 드러났다.

우리가 어떤 나라인가? 〈뉴욕 타임스〉는 "한국은 군중 진압에 대해 전문 훈련을 받은 경찰 대대를 운영한다"고 했다. 참사 당일 서울경찰청은 81개 기동대 약 4,800명 인력을 배치하면서 대부분 집회 및 시위에 대응하도록 했다. 용산 대통령실 주변 촛불시위를 비롯해 총 21개 집회를 '주요 상황'으로 보고 경찰 기동대를 배치했으나 이태원은 언급조차 되지 않았다.

심지어 이태원에서 도로를 통제하던 경찰에게도 중요한 일은 따로 있었다. 경찰은 차도를 사수했다. 인도의 안전 대신 차도의 원활한 통행이 중요했다. "'대형사고' 무전에도… 경찰은 참사 당일 차로 확보만 집중했다", 〈한국일보〉 11월 29일 보도에 따르면 경찰은 차도로 사람들이 밀려나오지 않도록 그들을 인도로 다시 올려 보내느라 애썼다. 이태원 파출소 건너편에 순찰차를 고정 배치해 인파가 차도로 못 내려오도록 하라는 지시까지 내렸다. 현장에서 상황을 파악하던 112상황실장이 한 일이라고 믿기지 않는다.

박원순 시장 시절 서울시 정무부시장을 지냈던 임종석 전 청와대 비서실장은 서울시의 역할 부재에도 유감을 표했다.

"진짜 잘못한 건 서울시죠. 여의도 불꽃축제나 퀴어퍼레이드처럼 일정 규모 이상 인파가 모일 것이 예상되면 박원순 시장이 직접 회의를 주재했어요. 회의를 얼마나 많이 했는지 몰라요. 인파 얼마나 예상하냐, 지하철 무정차는 몇 군데 할 거냐. 서울시가 경찰에 협조도 요청해 경찰 배치하고, 예산 지원도 하고 그랬죠. 민간 행사라 해도 그만한 행사인지 인지 못했다면 부작위(마땅히 해야 할 것으로 기대되는 행위를 하지 않은 것)의 책임은 분명합니다."

대통령실 용산 이전의 나비효과

                           모든 건 우선순위의 문제다. 경찰에게는 무엇이 중요했나? 대통령실 이전으로 인해 용산경찰서 업무 비중이 확 바뀐 것은 어쩔 수 없었다. 청와대 관할 종로경찰서는 청와대 경호인력과 협력해 대통령 관련 경호를 늘 해오던 곳이다. 하지만 용산경찰서에게는 예전에 없던, 생각 못했던 새로운 업무다. 종로경찰서장은 정무와 경비, 행정을 두루 거친 이가 가는 자리였고, 용산경찰서는 아니었다. 8월에 다른 적임자로 경찰서장 인사를 하려고 했는데 밀렸다고 한다.

  안 하던 일, 안 해본 일을 하는 것, 이게 그렇게 위험한 일인가 싶지만 모든 변수는 연결된다. 사고 이전 용산경찰서의 주파수는 대통령실 경비에 예민하게 맞춰져 있었다. 윤 대통령 사저와 대통령실 경비에 동원된 서초경찰서와 용산경찰서에서는 기존 업무에 더해 추가 근무가 크게 늘어나면서 '살려달라'는 호소까지 나올 지경이었다. 경찰이 국민을 지키는 게 아니라 대통령만 지킨다는 불만이 이어졌다.

"대통령이 청와대라는 구중궁궐에서 나와 용산처럼 공개된 장소에서 집무하고 거주하는 사상 초유의 상황에서 관련 기관들이 혼란스럽고 힘들어했던 것 같습니다. 빌미를 잡혀 시범 케이스로 당하면 안 된다, 틈을 보여서는 안 된다, 찍히지 말자는 마음으로 경찰병력을 대통령에게 과하게 투입했다고 봐야죠. 모든 주파수가 오로지 대통령에게 향해 있으니 국민은 안중에 없었던 것이고요. 축제에 투입할 병력은 없다고 판단했잖아요. 관련 매뉴얼이 없으니까 우왕좌왕 허둥지둥했고, 용산경찰서에게는 용산 대통령실이 시위대에 뚫리는 것은 상상할 수 없는 일이었을 것입니다."

장성철 공론센터 소장은 단호했다. 결국은 대통령 눈치보기, 대통령실 이전의 나비효과 라는 얘기다.

〈동아일보〉 송평인 논설위원은 '대통령실 이전의 나비 효과'(2022.11.16)라는 칼럼을 통해 "용산서에 임무가 늘어난 만큼 인력 보강이나 조직 강화가 이뤄졌는지, 용산서장의 유임이 용산서가 맡게 된 막중한 임무를 고려한 인사인지에 대한 진상조사가 이뤄져야 한다. 그것은 검사가 다루는 형법적 인과관계에는 들어가지 못한다 하더라도 그 이상으로 중요한 인과관계다. 대통령이라면 그런 인과관계까지 보고 정무적 책임을 물어야 한다"고 지적했다. 대통령실 이전을 신중하게 결정했는지, 다양한 영향을 충분히 고려했고 그에 대한 대비책을 마련하고 진행한 것인지, 따져봐야 한다는 얘기는 부질없다.

청와대를 광화문으로 옮긴다는 문재인 정부의 공약은 1년 넘게 토론에 토론을 거듭한 결과, 득보다 실이 많다는 이유로, 돌이킬 수 없는 문제가 많다는 이유로 좌초했다. 더 큰 문제를 일으킬 수 있다면 차라리 공약을 이행하지 못한 책임을 지는 게 낫다고 했다. 반면 대통령실의 용산 이전은 대선 직후 다른 이슈를 다 뭉개버린 블랙홀 같은 사안이었다. 공약에도 없었고, 어떤 준비도 없이 갑자기 튀어나왔다. 관저에 대한, 집무실에 대한 호불호를 '청와대를 국민에게 돌려준다'는 정치적 명분으로 포장해서 밀어붙인 사안이다. 유일한 원인은 아니겠지만, 태풍을 일으킨 나비의 날갯짓이 아니었다고 누가 단언할 수 있을까?

재난과 참사에 대응하는 청와대 국가위기관리센터가 용산 대통령실에서 어떻게 작동했는지 여부도 언젠가 밝혀지기를 바란다. 문재인 정부 청와대 안보실에서 근무했던 최종건 전 외교부 차관은 "위기관리센터 재난재해 실무진들이 이전 정부와 일했다는 이유로 싹 바뀌었다"고 전했다. 그들은 사실 박근혜 정부부터 일하던 이들이었다. 센터의 각종 장비를 운영하는 기술직들이라 그대로 업무를 이어갔으나 이 정부에서는 교체됐다. 또 다른 예전 청와대 관계자는 "국가위기관리센터 시스템은 문재인 정부 초기에도 세팅과 운영에 익숙해지는 데 몇 달이 걸렸다"며 "용산 이전 후

정부가 없다

세팅은 시간이 훨씬 더 걸릴 수밖에 없어 10·29 무렵 제대로 작동하고 있었는지 궁금하다"고 했다.

하기야 이태원 참사 당시 국가위기관리센터가 제대로 컨트롤타워 역할을 했다면, 현장의 구호 작업이 좀 더 체계적이었어야 하지 않을까? 명확한 지침을 전달하고 리더십을 발휘했던 것일까? 뒤늦게 경찰과 소방관이 사람들을 구하러 달려갔지만, 우왕좌왕하면서 기관 간 협조가 이뤄지지 않았다. 현장을 통제하고 지시할 책임자도 명확하지 않았던 것으로 보인다. 경찰이 일부 구조대원을 현장에서 막고 있다고 응급 의료진이 소방당국과 서울시 관계자에게 항의한 통화기록이 남아있다. 현장은 구급차, 보행자, 자동차로 혼잡했고, 최우선적으로 조치가 필요한 환자들 분류도 제대로 이뤄지지 않았다.

경찰의 행태는 여러 가지로 악운이 겹쳤다. 경찰이 이태원 핼러윈 축제에 대응하는 방향조차 과거와 달랐다. "경찰 '시민보다 대통령실' 올인… 참사는 그때부터 시작됐다"(2022.11.7)는 〈한겨레신문〉 보도에 따르면 용산경찰서는 2019년까지 '인파 운집과 안전사고'에 초점을 맞춘 핼러윈 대응 보고서를 작성하곤 했다. 코로나로 핼러윈 행사가 중단된 동안 대응 매뉴얼을 잊은 것인지, 바꾼 것인지 2022년에는 '불법·무질서에 대한 엄정 대응'에 무게를 실었다. 경찰은 국민 체감 전략과제 1호로 '마약과의 전쟁'을 선포했다. 윤석열 정부는 국정과제에 '범죄로부터 안전한 사회 구현'을 담았다. 사회적 참사나 대형 사고와 관련한 내용은 국정과제에 포함되지 않았다. 이 와중에 경찰은 10·29 참사 직후 대통령실에 보고한 대외비 문건에서 '정부 부담 요인에 관심 필요'라고 적시해 참사가 정권에 부담이 될지 여부부터 걱정했다.

정부가 없다

법만 앞세우는 정부의 불통

"원래 행정부는 시민의 일상과 관련해 사전에 조치를 담당. 윤석열 정부, 검사와 판사 등 사법세력이 현정부의 대세를 이루면서 사후적 처치만 함. 수사하고 판단하는 데만 능숙하지, 무에서 유를 만들어 삶의 질을 개선하는 세력이 아님. 그 가운데 책임은 민형사 문제로 보는 탓에 정무적 책임을 지지 않음. 정부가 거대한 유사 사법기구화 하면서 검찰의 수사권만 비대해지는 중. 그런 중에 나만 똑똑하고 내 판단만 옳다는 오만함이 짱!! 국가와 정부의 균형과 견제 시스템 붕괴 중."

오랫동안 정부를 취재해온 언론계 선배의 페이스북 글은 절규에 가까웠다.*

수사하는 데 가장 유능하고, 법적 책임을 피하는 데 뛰어난 정

---

* https://www.facebook.com/soyoung.moon.399/posts/pfbid0fG2vNXTSUiKf2o6HG3ua79jWFB dBXAzNV1r9G4ptTNqNCdQzm5nqpH5LCcz3ik32l 문소영(2022.11.11)

부다. 윤 대통령은 참사 직후 여느 때처럼 솔직하고 직설적인 말을 쏟아냈다.

"엄연히 책임이라고 하는 것은 있는 사람한테 딱딱 물어야 하는 것이지, 그냥 막연하게 다 책임지라는 것은 현대사회에서 있을 수 없는 이야기입니다."*
"과학에 기반한 강제 수사를 신속하게 진행해 실체적 진상을 규명하고, 그에 따른 법적 책임을 명확하게 해야 합니다. 철저한 진상과 원인 규명, 확실한 사법적 책임을 통해 유가족 분들에게 보상받을 권리를 확보해드려야 합니다."**

한마디로 수사가 전부다. 강제 수사를 과학적으로 하면 실체가 규명되고 법적 책임 소재가 분명해질 테니, 그전에는 정무적 도의적 책임을 이상민 장관 등 정부 책임자에게 넘기지 말라는 강력한 방어다. 그가 아는 것은 사법적 책임이 전부다. 참사를 미리 막지 못했고, 신속하게 대응하지 못한 책임은 현장을 관리하고 통제하는 실무자들의 대처 문제였으니 철저히 수사로 밝혀내겠다는 국정 최고책임자의 의지. 주무장관과 총리, 대통령은 도의적 책임 외에 어떤 법적 책임도 없을 것이라는 자신감마저 엿보인다. 참여연

* 국가안전시스템 점검회의(2022. 11.7)
** 대통령실 수석비서관회의(2022.11.10)

정부가 없다

대는 이를 '재난대응의 검찰사법화'라고 명명했다.* 보통 '법적 책임'을 추궁하면 상위 책임자보다 말단 책임자에게 더 큰 책임이 돌아간다. 윗사람은 직접적 원인제공자가 아니라서 처벌할 수 없다는 검찰다운 논리 덕분이다. 이상민 장관은 이런 논리로 사실상 아무도 책임지지 않는 결과를 만들어냈고, 법적 책임은 고사하고 행정적, 정치적 책임도 지지 않았다.

높은 자리에 있을수록 책임이 큰 것은 상식이다. 영화 속 영웅 스파이더맨조차 "큰 힘에는 큰 책임이 따른다"는 것을 아는데, 한국의 장관, 경찰청장은 책임을 하나도 지지 않고 빠져나갔다. 이렇게 되면 시스템 전환이나 제도 개선을 통한 재난안전법 상 재난대비 시스템은 공허하게 방치된다. 윗사람 대신 책임을 다 떠안아야 하는 일선 공무원들은 법적 관점에서 재난 책임을 회피하는 데 집중하게 된다.

수사의 칼날이 들이닥치자 경찰은 자기들끼리 다퉜다. 국민 무서운 줄 모르지만, 희생양이 될 수 있다는 공포는 더 현실적이다. '경비 병력 배치가 필요하다고 요청했다', '아니다 요청 받은 적 없다', 경찰 내부 조직끼리 격렬한 내부 갈등을 드러냈다. 책임지는 고위직 없이 실무책임자에게만 잘못을 추궁하면 이처럼 발뺌하고 변명한다. 왜 나만 책임을 져야 하는지 억울할 수도 있겠다. 500명 규모의 특별수사본부가 꾸려져 줄줄이 압수수색한 끝에

* 〈윤석열정부 검찰보고서 2023〉, 참여연대

이임재 전 용산경찰서장, 박희영 용산구청장 등 6명을 구속했고, 최성범 용산소방서장 등 17명을 불구속 송치했다. 그 과정에서 용산경찰서 정보계장이 스스로 목숨을 끊었다.

참여연대는 〈윤석열정부 검찰'보고서 2023〉에서 "이 같은 행정적, 정치적 무책임은 피해자들을 납득시키지 못하며, 시스템 전환이나 제도 개선을 통한 재발방지 대신, 사법적 관점에서 재난 책임을 회피하려는 동기만 강화한다"고 지적했다. 재난과 참사 대응에는 쩔쩔매는 정부였지만 책임을 모면하는 데는 국가공권력이 체계적으로 움직였다. 국민이, 피해자들이, 가족들이 무엇을 요구하는지 정부는 듣지 않는다. 왜 수사가 하위직만 겨냥하는지 정부는 답하지 않는다. 그저 법대로 하겠다는 으름장만 서늘하다.

그런데 윤 대통령 뜻대로 수사가 원인도 규명하고, 모든 문제를 해결할 수 있을까? '기승전 수사'로 해결되는 것은 무엇인가?

정부가 없다

책임 따지고 처벌만 하면
재난은 다시 발생한다

"세월호 참사뿐만 아니라 많은 참사들에서 이미 확인되었다시
피 수사와 형사처벌의 한계는 뚜렷하다."*

세월호 사건 이후 구성됐던 '사회적참사특별조사위원회' 오지
원 전 사무처장은 단호하게 말했다. 세월호 참사 당시 검찰 수사
를 통해 법원에서 처벌된 공무원은 가장 먼저 현장에 도착했던 해
경 123정 정장 한 사람뿐이었다. 해경 지휘부와 당시 청와대 관
계자들 역시 기소되지 않거나 무죄였다. 청와대가 컨트롤 타워라
는 내용의 국가위기관리지침을 볼펜으로 그어 수정한 것도, 국회
에 제출하는 답변서에 확인하지 않은 내용을 쓴 것도 전부 무죄였
다. 오 전 사무처장은 "범죄구성요건이 성립해야 하고 개인적·미
시적·직접적으로 인식을 요구하고 엄격하게 증명할 것을 요구하

* '10·29 참사, 국가의 역할을 다시 묻다', 국회 생명안전포럼 토론회(2022.11.30)

는 형사책임은 책임을 지우기도, 재발방지책을 도출하기도 어렵다"고 지적했다.

더 큰 문제는 수사 중심의 사후 대응이 재발 방지를 위한 교훈을 남기지 않는다는 점이다. 수사기록, 재판기록은 피고인들과 그 변호인들, 검찰, 법원의 캐비닛 안에만 남는다. 사회적 교훈을 위해 공개되지 않는다. 오 전 사무처장은 "수사에 앞서 또는 동시에 독립적인 재난조사가 행해져야 한다"고 주장했다. 구조적 책임을 확인하는 재난조사는 현장 대응자들의 의견을 경청하여 위기대응 리더십 문제와 체계, 교육훈련 방식의 변화를 이끌 방법을 조사한다. 재난조사는 수사와 질문의 내용과 초점이 다르다.

> "왜 예방하거나 대비하지 못했는지, 어떤 이유 때문인지, 그 문제점을 개선하려면 어떤 노력을 기울여야 하는지, 그 주체와 협업체계는 어떠한지, 또 참사가 발생했을 때 긴급 상황에서 얼마나 신속하고 적정하게 대응했는지, 신속하지 못했다면 그 이유는 무엇인지, 조직 간의 역할과 협업체계, 실제 협업 등의 과정에서 어떤 문제가 있었는지, 그 문제를 해결하려면 어떤 노력을 기울여야 하는지 관련 부처들과 담당자들에게 구체적이고 세부적으로 질문해야 한다."

오 전 사무처장은 '참사의 직면' 없이 대한민국의 상처는 오래가고 반복될 수밖에 없다고 지적했다. 참사의 직면은 첫째, 정부와 지자체 등 재난관리 책임자들이 자신의 역할과 책무가 무엇인지 명확히 인식하고, 무엇을 어떻게 했으면 참사를 막거나 최소화할 수 있었는데 그러지 못했다고 확인하고 구체적으로 사과하는 것으로 시작한다. 둘째, 수사와 재난조사를 함께 진행해서 보다 정확한 원인규명 결과와 재발방지책을 제시하고 실제 개선해서 국민들에게 알려줘야 한다. 셋째, 피해자들이 회합하고 연대하여 서로를 위로하면서 목소리를 내고 그것을 왜곡하거나 비하하지 않고 사회가 경청할 수 있게 하고, 넷째 피해자들의 일상 회복을 위해 국제적으로 인정되는 인도적 지원이 필요하다.

참사 이후 우리는 무엇에 직면했는가? 첫째, 정부는 자신의 역할과 책무를 부인했다. 둘째, 수사만 하고 재난조사는 없었다. 셋째, 정부는 피해자들의 연대를 방해했고, 2차 가해를 방치했다. 넷째, 정말 무엇을 했는지 모르겠다. 일각에서는 생명안전기본법을 제정해야 이 같은 문제를 체계적으로 풀 수 있다고 한다. 정부가 왜 그런 실수를 반복하는지, 앞으로 그런 일이 일어나지 않도록 하기 위해 무엇을 바꿔야 하는지 답을 구하지 않는 수사만으로는 부족하다는 건 분명하다. 심지어 수사를 앞세우면 재난이 또 일어날 수 있다는 무서운 경고도 있다.

"재난이 발생하면 누구 책임인지를 먼저 따지고, 처벌하거나 사표를 받는다. 새로운 조직을 만들거나 조직 간판을 바꾸기도 한다. 이는 소를 잃고도 외양간을 고치지 않는 꼴이다."

많이 익숙한 풍경인데, 저게 재난이 재발하는 이유라고 한다. 이재열 서울대 교수는 하버드 경영대학원 크리스 아지리스 Chris Argyris 교수의 이론을 소개하며 저런 방식으로 대응하는 내부화, '단일 순환 학습'이 문제라고 지적했다. 반대로 재난의 재발을 막기 위한 '이중 순환 학습'은 외부화다. 실패의 원인을 점검할 수 있게 내부의 실패 요인을 과감하게 외부 전문가들에게 공개하는 방식이다. 대응 전략을 마련하며 가정이나 전제에 잘못된 것이 없는지 검토하고, 시스템을 바꾸는 개선책을 찾는 과정이다.

이 교수는 "선진국에서 '이중 순환 학습'은 대체로 백서를 만드는 형태로 나타난다"며 "스리마일 아일랜드 원전 사고나 9·11 테러 때 미국 의회에서는 여야 합의로 조사단을 만들고 방대한 조사보고서를 만들어 청문회를 거친 후, 여기서 제시된 처방을 법제화하여 재난의 재발을 막는 방향으로 갔다"고 했다. 한국에서는 감사원 감사보고서를 제외하면 제대로 된 백서가 만들어진 경우가 거의 없다고 이 교수는 지적했다. 그는 "세월호 참사 후 여러 차례 조사위원회가 만들어지곤 했는데, '비난의 정치'만 증폭됐다"며 "누구 책임인지 따지는 정치적 갈등은 커졌는데, 정작 8년이 지나고도 시스템은 개선되지 않았다"고 했다.*

* '복합적 사회재난의 최전선에 놓인 한국', 이재열, 서울대학교 아시아연구소 〈아시아브리프〉 (2022.11.14)

정부가 없다

책임 회피를 위한 희생양 찾기

참사 다음날 정부는 국가애도기간을 지정하면서 전국 지자체와 공공기관에 '검은색 리본 패용'을 지시했고, 5시간 뒤 추가 지시를 통해 '글자 없는 검은색 리본'을 착용하라고 했다. '근조謹弔'라는 글씨가 보이지 않아야 한다는 세심한 지시는 대체 누가, 왜, 어떤 맥락에서 결정한 것일까? '참사'를 '사고'로, '희생자'를 '사망자'로 이름 붙이고 '근조'조차 내비치지 말라는 지시에는 신속하고 민첩했다. 이렇게 일 잘하는 정부를 보았나?

서울시가 참사 유족 사이에 연락처를 공유하지 못하도록 지시를 내렸다는 사실은 한 달이 지나서야 밝혀졌다. 개인정보라서 보호했다고? 유족들로 하여금 '소집단이 모여 슬픔을 나누고 대처하게 한다'는 지침도 동시에 내려놓고, 모이고 뭉치는 일을 막겠다는 의지를 숨기지 않은 셈이다. 이 모든 지침도 쉬쉬하고 부인하다가 뒤늦게 밝혀졌다. 용혜인 기본소득당 의원이 서울시로부터 자료를 받고서야 확인됐다.

　서울시의 이 같은 대응 덕분에 유가족들은 몇 달 뒤에야 함께 목소리를 내기 시작했다. 곧바로 견제가 들어왔다. 유가족 첫 기자회견 날 권성동 국민의힘 의원은 자신의 페이스북에 "'재난의 정쟁화'라는 국민적 의구심이 있는 것", "이태원이 세월호와 같은 길을 가서는 안 된다"고 주장했다. 유가족들이 항의했다.

　"세월호가 가는 길이 대체 어떤 길입니까? 어떤 길인데 거기로 가면 안 된다는 겁니까? 저희는 모르겠습니다, 그 길이 어떤 길인지. 세월호 유가족들이 반정부세력입니까? 저희가 반정부 세력입니까? 세월호 유가족들도 자식을 잃고 그 슬픔과 비통함 때문에 정부에 수많은 억울함을 풀어달라고 요구했었고, 저희도 마찬가지입니다. 그런데 정부에서 저희한테 손을 내밀어 줬습니까… 참사로 가족을 잃은 유가족들이 도대체 무엇 때문에 정쟁을 하겠습니까? 왜 하겠습니까?"*

　참사가 정부를 공격하는 빌미가 된다는 식의 트라우마가 세월호 참사 이후 굳어진 것은 분명해 보인다. 그렇다고 해서 참사 희생자들에게 비판을 떠넘기려고 하다니… 정부가 각종 페트병과 사탕, 젤리 등 희생자들의 유류품 400여 점에 대해 마약 성분 여

* "이태원 참사 유가족들 '우리가 반정부세력입니까'", 〈오마이뉴스〉(2022.12.10)

정부가 없다

부를 검사한 사실이 뒤늦게 밝혀졌다. 마약 성분은 단 한 건도 검출되지 않았다. 정부가 희생자들 유가족에게 개별 접촉해 마약 사용 여부를 확인하기 위해 부검을 제안한 사실도 함께 밝혀졌다. 희생자에게서 혹시라도 마약 성분이 나오면, 뭐라도 그들 탓을 해보려고 한 걸까? 희생자들을 잠재적 마약 사범으로 보고 있다는 뜻을 내비치며 남겨진 가족들의 가슴에 대못질한 것은 경찰일까, 검찰일까? 대체 누가 이런 지시를 내렸는지, 정부가 밝힐 수 있을까?

책임을 회피하기 위해 엉뚱한 희생양을 찾고 진심 어린 애도를 생략하는 일은 비슷한 패턴을 보인다. 영국 힐스버러 참사 사례는 세월호 참사를 계기로 국내에서 새삼 주목받았다. 1989년 영국 힐스버러 스타디움에서 1,600명 남짓 입석 관중석에 3,000명이 들어갔다. 압사와 후유증으로 사망자 97명, 부상자 760여 명을 기록한 사건이다. 진상조사 보고서는 23년만인 2012년에 나왔다. 그때도 축구장에 놀러간 탓으로 돌리면서 경찰이 조직적인 책임 전가를 시도했고, 응급구조대 초기 대응에도 실패, 구할 수 있던 이를 구하지 못했다는 사실이 밝혀졌다. 데이비드 캐머런 총리는 그때 사과했지만, 경찰은 2023년 1월에야 사과했다.

일본에서 107명이 숨지고 562명이 다친 2005년 열차 사고 이후를 기록한 《궤도 이탈》은 놀라운 논픽션이다.* 부제는 '후쿠치야

---

* 《궤도 이탈》, 마쓰모토 하지무, 글항아리 (2023)

마선 탈선 사고와 어느 유가족의 분투'. 참사를 겪은 이들에게 이 책은 다르게 다가온다.

"참사의 원인은 제각기 다르지만 참사가 발생하고 유가족이 투사가 될 수밖에 없었던 과정은 놀랍게도 비슷하다는 것을 알 게 됐다. 정부는 책임이 없다고 말하고, 희생자를 '사망자'로, 참사를 '사고'로 바꾸며 처음부터 참사를 축소하려는 모습을 보였다, 희생자와 유가족을 조롱하는 2차 가해를 방치하고 지 금은 참사에 관심조차 보이지 않는 행태가 내 마음을 더더욱 고통스럽게 한다."

10·29 참사 생존자이자 희생자 박지혜의 동생 박진성이 쓴 책 추천사다. 참사 이후의 이야기는 20년 가까이 흐른 세월의 격차 도, 일본과 한국이라는 지리적 거리감도 무색하게 만든다. 소름 끼 치도록 닮았다.

당시 철도회사 'JR서일본'은 '성의 있는 개별대응'이라는 미명 하에 유가족과 부상자들을 단절시켰다. 그들은 슬픔과 분노 속에 정보도 없이 정신적 고립으로 고통받아야 했다. 그때도 사고 발생 직후 실체를 축소한 '오보'가 먼저 나왔다. 희생된 가족을 만나기 까지 40시간이나 걸린 우왕좌왕 사고수습 과정, "아직 잘잘못이 가려지지 않은 단계에서 사과하는 것은 적절치 않다"고 사과를 회 피했던 JR서일본 사장, 에피소드마다 익숙해서 놀랍다. 번역 출간

된 이 책의 추천사는 박진성을 비롯해 세월호 참사 유가족, 대구 지하철 참사 유가족이 썼다. 다들 이 기록에 놀라움을 표했다. 너무 닮아서, 너무 똑같아서 괴로워했다.

보상금 받을 테니 됐잖냐, 심보를 그렇게 쓰니까 자식이 사고를 당했다는 식의 2차 가해조차 닮았다. 책임을 져야 할 이들은 사고 원인을 JR의 안전경시 문화 대신 사망한 운전사 개인 실수로 몰아갔다. 하지만 상명하복 분위기에 징벌적 직원 교육 등 JR서일본의 조직문화가 안전보다 정시운행을 우선하게 만들었던 이야기는 구체적이다. 끼리끼리 끌어주고 밀어주는 배타적 집단, 독재적 리더십은 공공기관의 독이 됐다. 그들은 반성하지 않았고, 책임 회피에 급급했다. 당시 상황을 허위 조작하려고 했다. 문제를 인식할 징조와 신호는 여럿이었으나 막지 않았다. 새로운 신호 시스템 도입 후 보고와 연락 체계를 정비했어야 했는데, 반성할 부분이 많다는 발언은 사고 후 10여 년이 지나서야 나왔다.

일관되게 부인했던 회사 책임을 인정하는 데 그렇게 오랜 세월이 걸렸다. 당일 역장, 시설과장, 신호기사 등 실무자들이 과실치사로 유죄 판결을 받았으나 사장과 경영진은 7년 걸린 형사 재판에서 최종 무죄였다. 10년 더 걸려 그나마 책임 인정 발언이 나온 건 아사노 야사카즈 등 유가족이 손해배상 민사소송까지 걸어 싸운 덕분이다. 법의 구멍이 적나라하게 드러났다.

"가해자가 사고를 진지하게 반성하고 원인을 검증하며, 그 결과를 유가족과 피해자에게 제대로 설명하도록 해야 한다. 그것을 요구하는 게 우리 유가족들의 사명, 사회적 책임이라고 생각한다."*

일본에서 참사 유가족 모임인 '4·25 네트워크'를 이끈 아사노 야사카즈의 말이다. '재난의 사회화' 과정이다. 진심 어린 애도와 위로에 앞서 자신들이 속한 집단의 이해득실에 따라 진실을 왜곡하고 숨기고 침묵하는 방식으로 참사를 대하는 사회에서 어쩔 수 없는 과정이다.

재난이 일상화된 시대, 피해자 중심주의를 다시 생각해야 한다. 그런데 피해자를 비판하는 움직임에 이유와 맥락이 있다는 연구에 가슴이 답답해졌다. 정지범 울산과기대 교수는 피해자 비난 현상은 자기 방어의 일환이라 설명했다.** '방어적 귀인 이론'이라고 한다. 피해자들이 우리와 다르지 않다는 사실을, 우리도 언제든지, 누구든지 피해자가 된다는 사실을 못 견디는 심리 탓이다. 피해자를 비난하며, 피해자들과 우리가 다르다는 점을 강조하고 안심하려는 경향이 있다고 한다. N번방 사건에 성폭력 피해자를 비난하고, 세월호 참사의 유가족을 비난하고, 코로나 확진자를 비난하고, 이제는 10·29 참사 피해자를 거론한다.

* 《궤도 이탈》 75쪽, 마쓰모토 하지무, 글항아리(2023)
** 국가재난안전 및 위기관리 대응체계에 대한 국회 세미나(2022.11.28)

정부가 없다

"저 여자는 행동이 문제가 있었어."

"아니 왜 그러니까 마스크를 쓰지 않은 거야?"

"왜 그렇게 사람이 많은 곳에 갔어?"

"왜 헬러윈 파티를 갔어? 남의 나라 축제에."

이 모든 것은 "나는 달라, 나는 저런 사람들이 아니야"라는 소리 없는 외침을 담고 있다. 피해자 비난 현상에는 정치적 정당화 이론도 함께 등장한다. 현재 권력구도를 지키기 위해 피해자를 비난하는 전략 역시 맥락이 있다는 얘기다. 1984년 미국 메인대의 사회심리학 박사 사라 윌리엄스는 '피해자들이 현재 권력을 해롭게 한다'는 인식을 가지고 현재 권력을 지키기 위해 피해자 비난에 참여하는 경우가 많다는 연구를 발표했다. 이 연구는 보수적 성향을 가진 사람들이 현재의 권력 관계를 지키기 위해 피해자 비난에 참여하는 경우가 진보주의자보다 더 많다고 했다.*

정부는 책임과 비난을 회피하는 방식으로 세월호 참사 당시에는 청해진 해운의 탐욕과 적폐 문제를 앞서 거론했고, 10·29 참사에는 주최가 없는 행사라고 강조했다. 세월호 때는 청와대가 컨트롤 타워가 아니라 했고, 이번에는 이상민 장관이 경찰과 소방을 미리 배치해서 해결할 문제가 아니라고 했다.

정 교수 발표에 따르면 세월호 참사 이후 2개월가량 여론은 희

---

* Left-Right Ideological Differences in Blaming Victims https://www.jstor.org/stable/3791228 Political Psychology Vol. 5, No. 4 (Dec, 1984), Sarah Williams

생자 가족에 강하게 감정 이입하면서 안타까워했지만, 이후에는 '특례', '특별법', '특혜'라는 키워드가 눈에 띄게 늘었다고 한다. 피해자들의 보상을 둘러싼 비난은 해마다 4월이면 다시 불거지는데, 2020년 이후 노골적 비난의 빈도수는 줄어들었으나 담론 네트워크상의 결집력은 오히려 커졌다고 했다.

재난이 벌어지면, 국민 대다수는 아픔에 공감한다. 하지만 직접적 연대에는 머뭇거린다고 한다. 어느 순간 정치적 이해에 따라 피해자 비난 현상이 나타나는 것도 안타까운 수순이다. 정 교수는 피해자에 대한 혐오 표현을 금지하는 적극적 혐오표현 금지법이 필요하다고 했다. 전적으로 공감한다. 또 피해자를 이해하는 (정치권 말고) 제3자 지원을 확대해야 한다며, 예로 '프랑스 재난과 테러 희생자 연합'(FENVAC, Fédération Nationale des Victimes d'Attentats et d'Accidents Collectifs, https://www.fenvac.org)을 들었다.

FENVAC은 1982년 최악의 교통사고라는 본Beaune 참사, 1988년 리옹역 참사, 에어프랑스 A320기 추락사건, 1991년 목욕탕 화재 참사, 1992년 2,300여 명이 다치고 18명이 숨진 축구장 붕괴 사건 등 여러 재난 재해 희생자 단체 8개의 연합으로 출발했다. 그런데 법이 FENVAC 활동을 단단하게 뒷받침한다. 민사소송 당사자 자격을 부여했고, 수사과정에 관여하고 기소할 수 있는 권리 등을 갖췄다. 일종의 재난피해자 지원을 위한 든든한 연대 기구로 성장한 셈이다.

국내에서 1985년 양심수 후원을 위해 만들어진 민가협(민주화

실천가족운동협의회), 1986년 시국 사건과 관련해 숨진 자녀를 대신해 그 부모들이 자녀의 명예를 회복시키고, 자녀의 뜻을 이어가기 위해 만든 유가협(전국민족민주유가족협의회) 생각이 났다. 시대가 그런 조직을 자연스럽게 남겼다면, 이제는 연대의 시간이다. 참사 후 사회적 논의를 거쳐 필요한 법 제도를 바꾸는 일은 정치의 영역이 될 수 있지만, 이 같은 행위는 정쟁이 아니다. 피해자와 그 가족들을 위한 최소한의 버팀막이다. 정부의 책임 회피 본능에 맞서는 시민사회의 자구책이다.

실제 10·29 이태원 참사 유가족들이 국회 통과를 원하는 특별법의 핵심 중 한 가지는 독립적 조사기구다. 수사로 엄밀한 형사 책임을 묻는 데 머물지 않고 정치적 책임이든 도의적 책임이든 따져보려면 조사가 더 필요하다.

과거 세월호 참사는 4·16세월호참사 특별조사위원회(특조위), 세월호 선체조사위원회(선조위), 사회적참사특별조사위원회(사참위) 등 공적 조사위원회가 여러 차례 구성됐다. 첫 특조위는 17명 위원 중 무려 15명이 변호사, 법학자 등 법률 전문가들로 마치 형사 사건 수사하는 마냥 조사를 진행해 사회구조적 원인을 파헤치는 데 한계가 있었다. 특조위의 경우, 당시 박근혜 정부 청와대 차원에서 전문가 임용 절차 및 공무원 파견을 중단하는 등 직권남용이 이뤄졌다는 혐의로 이병기 전 청와대 비서실장 등이 기소되는 등 논란도 불거졌다. 이 전 실장 등은 1심에서 증거 부족으로 2023년 2월 무죄가 선고됐으나 재판부는 "특조위 설립 과정에서 안건

정하는 과정까지 상식적으로 쉽게 납득하기 어려운 사건들이 있었다"고 지적했다.

재난과 참사 이후 매번 조사기구 발족을 둘러싸고 갈등을 빚기보다 FENVC 형태의 상설 독립기구를 두는 것도 이제는 고려해야 하지 않을까? 특조위와 사참위 활동 내내 세금 얼마 썼는데 결론이 미비하다고 비판했던 일부 보수 언론이 있다. 세금 아깝다는 평계는 참사의 구조적 원인에 대해 시민들이 따져 묻는 것이 불편한 이들의 전형적 논리다. 재난과 참사가 반복되지 않도록 제대로 된 조사에 세금을 쓰는 것이 정부의 역할이다.

정부가 없다

사회적 애도와 거리가 먼
정치와 언론

　　　　　　　　세월호 참사가 이전의 온갖 대형
사고와 다르게 시대의 비극이 된 배경에는 사실 보수(라기보다 극우)
정권과 보수(를 넘어선 극우) 언론의 역할이 있었다. 과거 다리가 무
너지고, 건물이 붕괴되고, 비행기가 떨어지고, 지하철에서 불이 나
는 사고가 있었지만 누군가 사과했고, 자리를 내놓았고, 시민들은
함께 애도했다. 그러나 세월호 참사는 달랐다. 그들은 과거와 달리
대놓고 책임을 회피했다. 사과를 거부했고 진상규명을 방해했다.
당시 박근혜 정부와 보수 여당은 유가족을 빨갱이로 몰아붙이며
사회적 애도조차 방해했다.

　10·29 참사에서 정부는 그 잘못을 반복했다. 언론은 변질된 핼
러윈 운운하며 피해자 탓에 한몫했다. 유가족들은 어느새 '우리도
빨갱이냐'를 외쳐야 했다. 헌법재판소가 이상민 행안부 장관의 탄
핵소추안을 기각하자 국민의힘은 탄핵을 주도한 야당에게 사과를
요구했다. 탄핵이 되지 않았으니 책임지지 않은 것이 당당한가?

돌이켜보면 세월호 참사 당시 가장 어이없었던 것은 유병언 전 세모그룹 회장에 대한 보도 열기였다. 2014년 4월 16일부터 딱 1년간 그의 이름으로 포털 다음에서 검색하면 약 6만 7,100개의 기사가 뜬다. 세월호 참사의 원인을 밝히고, 재발 방지를 위해 문제를 해결하는 데 6만 개 넘는 기사가 조금이라도 도움이 됐나? 그가 주범이긴 했나?

세월호 참사의 경우, 침몰 자체의 진상 규명과 더불어 구조 과정의 대응이 적절했는지 여부를 놓고 충분히 논의했어야 마땅하지만 당시 정부는 쉬운 결론을 내버렸다. 유병언과 함께 해경이 희생양이 됐다. 책임을 물어 해경을 해체한 정부의 판단은 적절했던가? 그 어떤 희생양도 재발 방지를 위한 사회 시스템을 재정비하는 데 도움이 되지 않았다. 박근혜 당시 대통령의 7시간을 둘러싼 공방 역시 국민을 지키는 대통령의 무한 책임에 대한 인식을 이끌어내긴 했지만 정치적으로 소모된 측면이 없지 않다. 처음부터 투명하게 공개했으면 문제가 안 될 수도 있던 7시간 경위를 당시 청와대가 거짓말로 국민을 속이면서 문제가 더 커지기도 했다.

진짜 중요한 질문 대신 유병언을 쫓아다닌 언론은 대체 무슨 일을 한 것일까? 정부와 정치권에서 핵심 이슈 대신 유병언 등 '달을 가리키는 손가락' 수준의 안건을 던졌을 수 있다. 한마디 보태면서 설전을 벌였을 수 있다. 그렇다고 해서 매번 '달' 대신 '손가락'에만 매달리는 것은 언론의 자세가 아니다. 기레기 논란이 그 어느때보다 뜨거웠고, 신뢰를 잃어버린 비용은 계속 불어나고 있다.

정부가 없다

〈시사인〉 조사에 따르면 가장 신뢰하는 언론매체는 없거나 모른다는 대답이 2018년 13.4%에서 2022년 28.1%로 늘어났다.*

10·29 참사 직후 〈조선일보〉, 〈중앙일보〉, 〈동아일보〉 등 일부 언론은 미국 〈월스트리트저널WSJ〉을 인용해 "WSJ, 이태원 참사에 "한국에선 젊은이들 클럽 가는 날로 변질"됐다고 보도했다. 그랬을까? 실제 원문에는 '변질'됐다거나 한국 문화를 '꼬집은' 문장 자체가 없었다.** 언론이 '변질'된 문화 탓을 핑계로 피해자 탓을 하는 건 책임 소재를 바꿔버리는 기만이다.

참사 직후 언론과 경찰이 합작해 일제히 '토끼 머리띠'가 주범이라는 식으로 몰고 갔던 것을 기억하는가? 변죽만 울리던 이 사건은 잊혀지고 묻혔다. "토끼 머리띠 남성 등 5~6명이 '밀어라' 외쳐" 같은 목격담 형식의 기사가 쏟아졌으나 결국 모두 오보였다. 토끼 머리띠 남성은 네티즌과 경찰의 추적으로 신원이 알려졌고, 참사 당시 현장에 없었던 것으로 확인됐다. 무고한 사람을 희생양으로 몰고 간 자체가 심각한 인권침해다. 경찰은 '토끼 머리띠' 수사로 헛발질을 한데 이어 '각시탈'을 쓴 이도 수사한다고 했지만 역시 성과는 없었다. 참사의 구조적 원인과 행정 부재 대신 개인을 희생양 삼아 마녀사냥에 나섰다는 오명만 남겼다.

자극적 가십에 치중하는 행태도 반복됐다. '이태원 참사 조롱? 베트남 핼러윈 코스프레 논란'(〈조선일보〉), '이태원 참사 원인 분석

---

* [신뢰도 조사] 신뢰하는 언론매체 '없거나 모르겠다,' 〈시사인〉(2022.9.16)
** "핼러윈 변질' 외신 왜곡하며 피해자 탓하는 한국 언론, 〈미디어오늘〉(2022.11.3)

한 日방송…비탈길에 마네킹 세웠다'〈중앙일보〉, '구찌·디올 "이태원 참사 추모"에…해외 네티즌 뜻밖의 역풍〈중앙일보〉, "'바지 한 번 벗자"…용산경찰서, 근조리본 달고 생일파티'〈서울신문〉. 이런 종류의 기사가 원인 규명에, 피해자를 위한 애도와 연대에 도움이 될까? 참사의 실체를 알리는 것이라 할 수 있나?

우리 언론은 어느새 주변 쟁점을 놓고 다투는 걸 중계하느라 마땅히 따져 물어야 할 것도 하다 말았다. 요상한 프레임에 질질 끌려가는 언론은 어젠다 세팅에서 자신의 역할이 뭔지 잊었다. 뭐가 문제인지 따지지 않고, 공방이네 논란이네 수준 낮은 싸움만 전한다. 무엇이 진짜 문제인지 따지지 않으면 프레임에 빨려들어가 길을 잃는다. 야당이 그렇고, 언론이 그렇다.

물론 언론은 여전히 이 사회의 보루다. 경찰이 예년과 달리 제대로 인력을 배치하지 않았으며, 당일에도 집회 시위 대응에만 기동대가 투입됐다는 사실, 4시간 전부터 이어진 112신고 11건을 무시한 사실 등은 국내 언론의 취재를 통해 드러났다. 하지만 시민들은 국내 언론에 대한 불신을 거두지 않았다. 특히 과거보다 훨씬 쉽게 접근할 수 있는 해외언론과 대비되면서 외신은 정론이고 국내 언론은 기레기라는 온라인 반응이 이어졌다. 실제 세기적 비극에 대해 〈뉴욕타임스〉, 〈워싱턴포스트〉, BBC, CNN 등이 "막을 수 있었다"며 구조적 원인에 집중한 심층 보도를 이어갔고 일부 보도는 아예 한글로 번역해 공개됐다. 참사 직후 배우나 치어리더 등 유명인사만 다루던 국내 언론과 달리 해외 언론들은 평범

정부가 없다

한 희생자들의 아픈 사연을 자세히 보도했다. 희생자들이 숫자에 가려지지 않도록 어떤 삶을 살아왔고, 가족들과 친구들이 어떻게 기억하고 비통해 하는지 자세히 전했다.

참사 후 한 달여 정치권과 언론은 엉뚱한 이슈를 부풀리고 이어가느라 바빴다. 한동안 김은혜 홍보수석의 '웃기고 있네' 메모를 둘러싼 공방으로 뜨거워졌지만 다시 바로 식었다. 대통령실이 MBC 취재진 전용기 탑승을 거부한 논란이 확대되면서 다른 이슈 비중이 낮아지기 시작했다. 김건희 여사의 '빈곤 포르노' 사진 논란이 더 큰 비중으로 보도되기 시작했고, 정치권 공방이 이어졌다. 단 몇 명의 발언을 크게 인용 보도하는 속보가 이어졌다. 국민의힘 박성중 의원은 사고 책임이 경찰, 지방자치단체뿐 아니라 핼러윈 축제를 홍보해준 공영방송사에 있다는 주장까지 내놓았다.

정치권과 언론이 희생자의 이름을 공개하는 사안을 놓고 충돌한 것도 매우 유감이다. 억울하게 희생된 이들의 이름을 호명하는 것이 지극한 위로가 된다는 것은 세월호 참사에 빗대어 조선시대 선박 침몰 사건을 그려낸 김탁환 작가의 소설 《목격자들》을 읽으며 알았다.* 진실을 뭉개버리려 하는 이들에 맞선 격전 끝에 왕이 희생자 한 명 한 명 부르며 애도하는 데 눈물콧물 쏟으며 책장을 넘겼다. 세월호 참사 이후 얻지 못했던 위로를 조선시대 이야기에서 얻었다.

* 《목격자들 1, 2》, 김탁환, 민음사(2015)

그런데 현실은 아이러니하다. 참사를 참사라 부르지 말라 하고, 애도 주간 지정에도 애도에 진심이 느껴지지 않던 정부가 갑자기 명단 공개 논란을 통해 유가족과 희생자의 보호자가 됐다. 이름도 얼굴도 굳이 가려야 한다는 압박은 속보이는 일이었으나 야당과 일부 언론 덕에 분위기가 돌변했다. 유가족들에게 제대로 사과는 커녕 뭔가 설명해본 적도 없는 이들이 유가족 권리를 보호하는 수호자 역할로 바뀌었으니 이게 무슨 조화인가?

참사 책임을 회피하는 정부에 맞서 진상 규명을 통해 유가족을 지원해야 할 야당은 이름 공개 논란에서 어느새 비난 대상이 됐다. 그들은 유가족은 물론 이번 참사로 상처받은 모든 이들의 마음을 헤아리는 데 실패했다. 개인정보보호법 상 위법이네 합법이네 따지기 앞서 무엇을 목표로 어떻게 절차를 밟을지 먼저 고민했어야 한다. 경위를 밝히고 책임을 묻기에도 바쁜데 명단 공개 논란 탓에 중요한 이슈를 묻어버렸다. 선의라 해도 서툴었다. 희생자의 이름을 기억하는 것이 사회적 애도의 과정이라 생각하는 이로서 더욱 유감이다.

말 많고 탈 많고 실속 없는 국정조사

　　　　　　　　　　말 많고 탈 많았는데 실속은 많지 않았던 국정조사였다. 정치권은 부끄러운 줄 알아야 한다. 세월호 참사 당시 새누리당 반대로 50일 가까이 지나서 국정조사에 착수했던 것에 비하면 이번엔 24일 걸렸으니 좀 낫다고? 무엇이? 수사가 업무상 과실치사, 직무유기 등 형사 책임을 가리는 문제라면, 국정조사는 처벌이 목적이 아니라 왜 참사가 일어났는지, 왜 사전에 막지 못했는지, 대통령실과 행정안전부 등 재난 대응 컨트롤타워가 제대로 작동하지 않은 경위를 밝히는 데 기여할 것이라 기대했다.

　그러나 '윤핵관' 장제원 국민의힘 의원이 곧바로 "국정조사는 정권 흔들기, 정권 퇴진 운동에 불과하다"며 합의해줘서는 안 될 사안이었다고 반발했다. 국정조사위원회 국민의힘 의원들은 전원 사퇴를 결정했다. 야당의 이상민 행정안전부 장관 해임건의안 단독 처리가 빌미가 됐다. 국정조사는 활동 기간이 절반 지나도록 일정조차 잡지 못했다. 국정조사 특위는 첫 3주 동안 유가족 간담회만 간신히 한 번 가졌다. 그나마 야당만 참석한 반쪽짜리였다. 기간 연장을 놓고 여야는 다시 줄다리기에 들어갔고, 국정조사는 끝내 흐지부지 끝났다. 인터뷰했던 장성철 공론센터 소장은 이 말만은 꼭 기록해달라고 했다. 보수 정당 출신 전략가인 그는 단호했다.

"국정조사에 반대하거나, 참여하지 않는 이들은 정치인으로서 자격이 없습니다. 국민이 희생됐는데 국민의 대표인 국회의원이 진상규명 하고 대책 마련하는 것이 국정조사입니다. 여기에 참여하지 않는 것은 국회의원으로서 의무를 저버린 겁니다. 집권 여당 국회의원이기 이전에 국민이 뽑은 국회의원입니다. 모든 잣대는 국민이어야 합니다. 이상민 장관을 보호하려는 대통령이나 대통령실이 되어서는 안 됩니다. 국민을 보호하기 위한 일을 해야죠. 삼권분립 국가에서는 집권 여당 의원이라도 행정부를 견제해 균형을 잡도록 하는 것이 그의 책무입니다."

국정조사 55일 중 실제 조사를 위한 청문회는 단 두 차례. 따져보면 약 15시간 26분 남짓이었다고 한다.* 희생자 유가족 등 피해자들은 질문할 수 있는 청문회 대신 공청회 진술인 자격을 얻는 데

---

* "과제만 남긴 이태원 국정조사, '참사날' 의문점은 그대로", 〈오마이뉴스〉(2023.1.13)

정부가 없다

그쳤다. 12월 20일 이태원 참사 유가족협의회대표의 발언이다.

"국정조사가 동네 이장 회의입니까? 한다고 했다가 안 한다고 했다가 이거 뭐 하시는 겁니까? 저희 희생자들이 협상의 도구입니까? 심하다고 생각하지 않으십니까, 진짜? 예산안 처리와 이상민 장관 해임안 결의하시는 건 이태원 참사 국정조사와 무슨 관련이 있길래 이거 주면 이거 할 게, 이거 하면 이거 줘. 애들 장난입니까, 국회가? 우리가 그렇게 우습습니까?"

국정조사를 둘러싼 공방만 전하던 언론은 정작 실체적 진실에는 무심한 쪽에 가까웠다. 책임 있는 기관의 상급자들은 불성실한 자료 제출, 책임 회피성 발언으로 공분만 남겼다. 행정안전부 장관, 서울시장, 경찰청장, 소방청장은 참사의 예방 및 대비에 관해 아무런 법적 책임이 없다는 태도를 고수했다. 여당은 신현영 민주당 의원의 닥터카 논란에 집중했고, 야당은 허위 증언을 잡아내긴 했으나 역부족이었다. 참사의 구조적 원인을 답하지 못했고, 앞으로 무엇을 해야 하는지 정리하지 못했다. 시신 인도 과정에서 희생자를 존중하지 않은 문제에 대해서도 정부는 사과하지 않았다. 서울시 매뉴얼과 달리 유가족과 협의 없이 위패 없는 합동분향소를 설치한 배경도 설명되지 않았다.

그나마 국정조사를 통해 확인된 사실은 어이없는 책임 회피의 구체적 정황이다. 구체적 위험을 예견하고 인파와 교통관리 대책

수립을 요구하는 문서를 경찰이 참사 이후 삭제한 사실이 드러났고, 용산구청 관계자 10여 명이 휴대전화를 교체해 당일 대응을 확인할 수 없도록 증거를 인멸한 사실을 확인했다. 책임져야 하는 이들은 진실을 숨기려는 욕구를 숨기지 않았다.

유가족들은 2023년에도 특별법 제정을 요구하고 있다. "참사에 대해 원인 규명도 없고, 책임도, 희생자들의 상흔도, 재발 방지 대책도 어느 것 하나 제대로 이뤄진 것이 없다"고 했다. 수사는 꼬리 자르기 식으로 끝났고, 국정조사는 출석 기관들의 위증과 자료 제출 거부로 반쪽짜리로 마무리됐다는 게 유가족들이 분노하는 지점이다. 재난은, 참사는 일어날 수 있다. 다만 진상을 규명하고 재발방지 대책이 마련되는 과정 자체가 유가족과 피해자들, 사회의 다른 구성원들에게 치유의 역할을 한다. 각자도생이 아니라 사회를, 정부를 다시 신뢰하는 과정이 필요하다. 이 부분은 누구의 책임인가?

그날 이후, 무슨 일이 벌어졌나

"이태원 참사는 북한 짓이다. 북한의 소행이다", "그만 좀 해라", "이미 다 끝나지 않았느냐."

믿기지 않지만 이게 실화란 걸 먼저 인정하자. 2023년 헌법재판소가 이상민 행안부장관의 탄핵 소추 관련 재판을 진행하던 날마다 그들이 몰려왔다. 엄마부대, 대한민국애국순찰팀 등 대단한 이름의 활동가들이다. '시체팔이 족속들'이라는 표현까지 나왔으니 진정 막장이다. 극도의 증오와 광기를 아무렇지도 않게 쏟아냈다. 저런 말들이 유튜브 곳곳에 올라온다니 해도 해도 너무 하지 않나? 옮겨 적는 나도 숨이 턱턱 막히는데 유가족들은 오죽할까? 저들은 이 장관 탄핵을 촉구하는 유가족 옆에서 소리를 질렀다. 어쩌다 하루가 아니었다. 유가족협의회를 돕고 있는 천주교 인권위원회 김덕진 활동가는 "헌법재판소에서 열린 네 차례 변론, 두 번의 준비기일, 마지막 선고까지 항상 극우 유튜버들이 몰려왔다"

고 전했다. 앞서 2022년 이태원 녹사평역 부근에 분향소가 생겼을 때도 그들은 날마다 자리를 지켰다. 2023년 2월 서울광장 부근에 분향소가 생기자 이번엔 현수막 공세를 펼쳤다. 저열한 말들이 난무했다.

이들은 사실 장소를 바꿔 다니면서 괴랄한 이야기를 한다. 문재인 전 대통령의 평산마을 앞에서도 진을 쳤고, 예전에는 세월호 유가족들을 조롱했다. 정치적 의견을 넘어선 혐오의 선동을 자유롭게 하고 있다. 자유주의 국가 대한민국의 진정한 자유라 기록될거라 생각하니 '자유'라는 단어도 오염됐다는 사실이 슬프고, 혐오가 점점 커지는 현실이 무섭다. 대다수 국민들은 어이없어 하는 극소수의 의견이라고 마냥 폄하하지 말자. 이들 극우 유튜버들의 영상을 현직 대통령과 대통령실 관계자들이 종종 본다는 소문이 계속 흘러나온다. 그리고 이들은 생계형이다. 악다구니를 쓰면 후원금이 나온다. 즉 보이지 않는 지지자가 꽤 된다.

어쩌다 이렇게 됐을까? 그저 함께 애도하는 것이 그리 힘든가? 사실 힘들 게다. 자연재해가 아니라 '인재'라 그렇다. 정부에 책임을 묻기 때문에 그렇다. 책임 추궁당하는 것을 막으려면 맞불집회라는 핑계로 유가족들을 괴롭혀야 한다. 끔찍한 얘기 듣기 싫으면 목소리 높이지 말고 집구석에 있으라는 협박이다. 조용히, 가만히 있으라는 폭력적 요구다.

2022년 11월 말 이태원 참사에서 가족을 잃은 이들은 최소한의 조치를 요구했다. △ 진정한 사과, △성역없는, 엄격한, 철저한

정부가 없다

책임규명, △피해자들의 참여를 보장하는 진상 및 책임규명, △참사 피해자의 소통 보장, 인도적 조치 등 적극적인 지원, △희생자들에 대한 온전한 기억과 추모를 위한 적극적 조치, △2차 가해를 방지하기 위한 입장 표명과 구체적 대책의 마련 등 6가지 요구다.

첫 번째, 진정한 사과는 무엇일까? 윤석열 대통령은 참사 직후 날마다 애도를 표했다. 하루는 절에 가서 법회에 참석했고, 하루는 교회에 갔고, 다음날에는 성당에 갔다. 애도는 극진했다. 안타까움을 표시하고, 수사에 전력을 다해 진상을 밝히겠다고 했다. 그러나 국정 책임자로서 사과는 없었다. 1년이 되어가도록 이태원 참사 유가족들을 만나지 않았다. 박근혜 전 대통령도 세월호 참사 딱 한 달 뒤인 2014년 5월 16일 피해자 가족들을 만났다. 야단도 맞고 원망도 듣고 눈물도 흘리면서 공감하는 것이 국정책임자 아닌가? 이태원 참사 유가족들은 왜 자신들이 냉대받는지, 왜 정치적 해석만 난무하는지 이해하기 어려운 상황이다. 이상민 행정안전부 장관도 사과하지 않았다. 어떤 일이 국가의 책임이고, 어떤 일을 하지 못했고, 어떤 일을 해나갈지, 아무런 설명이 없었다. 정부가 막을 수 있었던 참사에 대해 누구도 사과하지 않았다.

두 번째, 성역없는, 엄격한, 철저한 책임규명. 이렇게 단순명료한 것이 '미션 임파서블', 불가능한 도전이 될 줄 누가 알았을까? 성역이 없기는커녕 너무 분명해서 실소가 나온다. 법적, 정무적 책임을 모두 피한 이상민 장관뿐 아니라 김광호 서울경찰청장의 경우, 경찰청 특별수사본부가 2023년 1월 업무상과실치사상 혐의로 검찰에 사건을 넘겼으나 이후 감감무소식이다. 검찰은 "의견 수렴이 더 필요하다"며 반년 넘도록 뭉개고 있다. 시간 끌기는 정부 차원의 책임자 처벌이 무위에 그칠 것이라는 우려만 남겼다.*

세 번째, 피해자들이 참여하는 진상 및 책임규명은 현재 진행형이다. 어렵게 성사된 국정조사에서 유가족들은 질문할 권리를 얻지 못했다. 그들이 참사 1주기를 앞두고 특별법 제정을 요구하는 이유는 여기에 있다. 직접 하든 적임자를 추천하든 진상 규명을 제대로 할 수 있도록 참여권을 보장해달라는 요구다.

네 번째, 참사 피해자의 소통을 보장해달라는 당시 요구는 그 무렵 무참한 상황을 돌아보게 해준다. 행정안전부는 유가족들에게 일방향 메시지만 보냈다. 다른 유가족들과 만날 수 있도록 연결하거나 자리를 만드는 노력은 하지 않았거나 오히려 거꾸로 막은 셈이었다. 천주교 인권위원회 김덕진 활동가는 이렇게 전했다.

"당시 한 피해자 어머니는 다른 유가족을 만나겠다고 결심하고 이태원역 1번 출구 앞에 하염없이 앉아 있었다고 합니다. 혹시 다른 유가족이 올까 봐 계속 기다린 거죠. 사나흘이 지난 뒤에 간신히 다른 유가족을 만났습니다. 그분이 또다른 유가족을 납골당에서 만났다고 하더래요. 그렇게 셋이 만났고, 넷이 되고 차례로 이어졌습니다. 참사 피해자들은 모일 수 있는 권

* '이태원 참사' 서울청장만 반년째 처분 지연...대검 "의견수렴 더 하라", 〈한국일보〉(2023.7.10)

정부가 없다

리, 설명을 들을 수 있는 권리가 있다고 국가인권위원회도 권
고하는데, 정부가 그리 안 해준 거죠."

행안부는 지금도 10·29 참사 159명 피해자 명단을 유가족협의
회에 전달하지 않았다. 다른 유가족들과 만나는 것을 원하지 않는
가족이 있을 수 있다는 이유다. 그럴 수 있겠다. '놀러갔다가 죽었
다'는 식으로 손가락질하는 이들이 여전히, 엄연히 있기 때문이다.
　우리는 '피해자다움', '약자다움'의 프레임이 작동하는 사회다.
실업급여 받으러 갈 때 선글라스라도 써서 조금이라도 있어 보이
면 돌 던지고 싶어하는 이들이 꼭 있다. 우리가 학교에 가는 것과
마찬가지로 에버랜드를 가든, 이태원을 가든, 비행기를 타든, 배
를 타든 어디서든 안전할 권리가 있다는 것을 깜빡하는 이들이 꼭
있다.
　놀러갔다가 사고를 당해도 피해자 잘못이 아니라 인재를 막지
못한 책임을 따져야 하는데 엇나간 얘기만 한다. 피해자가 발생할
때마다 그가 생전에 얼마나 전도유망했는지, 돈 잘 버는 직업에서
잘 나가고 있었는지, 잘 생겼는지, 예뻤는지, 그래서 안타깝다고
떠드는 뉴스에 익숙하다. 가족들은 우리 애가 놀러가지 않았다고,
거기에 일터가 있었다고, 어제까지 일하다가 어쩌다 하루 간 거
라고, 어느 대학을 나왔다고 무너지는 가슴을 부여잡고 항변해야
한다.
　축제를 즐기다가, 터널을 지나다가, 지하차도를 지나다가 사고

를 당한 이 중 누구도 잘못한 것이 없거늘 왜 그럴까? 나도, 당신도, 우리 모두 언제든 일상 속에서 사고를 당할 수 있다. 피해자의 잘못이 결코 아니라고, 아무것도 변명할 필요가 없다고, 당신 잘못이 아니라고 왜 우리는 지켜주지 못하는가? 아직도 참사로 희생된 가족이 있다는 사실을 숨기게 만드는 것은 누구인가?

다섯 번째, 희생자들에 대한 온전한 기억과 추모를 위한 적극적 조치가 얼마나 이뤄졌는지 잘 모르겠다. 한때 사람들이 찾기 힘든 녹사평역 지하 4층에 추모공간을 제공하겠다고 했던 서울시는 지난 2월에 급히 차려진 서울광장 부근 분향소를 인정하지 않는다. 이태원역 1번 출구 주변에는 여전히 시민들의 포스트잇 추모가 이어진다. 코로나 이후 본격적으로 관광객들이 들어오면서 외국인들이 남긴 포스트잇도 쌓여간다. 유가족 측에서 매주 수거해 정리하는 포스트잇이 벌써 수십 상자 규모라고 한다. 그곳에 조형물이든 기념비든 무엇이 됐든 온전히 기억하고 추모할 수 있는 조치는 필요하다. 여전히 현재진행형 요구다. 1주기 즈음에는 달라질까?

여섯 번째, 2차 가해를 방지하기 위한 입장 표명과 구체적 대책을 요구했으나 유가족들은 참사 직후부터 지금까지 극우 유튜버들에게 계속 괴롭힘을 당해야 했다. 관련 보도 댓글창도 혐오로 가득했다. 연예인 보도처럼 댓글창을 막은 언론과 그렇지 않은 언론이 나뉘었다. 2차 가해는 끔찍하게 이어지고 있다. 여기에 정부가 할 수 있는 일은 진정 없었나? 수사에 유능하고, 가짜뉴스를 싫

정부가 없다

어하는 정부인데 명백한 명예훼손과 모욕, 가짜뉴스에 대해 관대할 때도 있다.

그날, 무려 159명의 청년들이 어이없이 목숨을 잃었다. 현장에서 살아남은 이들은 지옥에서 돌아온 이들 마냥 힘겨운 나날을 보내고 있다. 피해자 가족들은 두 번 다시 예전의 일상으로 돌아가지 못한다. 가슴에 피딱지가 앉을 정도로 상처에 상처를 거듭 안고 살고 있다. 대체 왜 이렇게 된 것일까? 어쩌다 이 지경에 온 것일까? 그 일은 정말 그렇게 진행될 수밖에 없었을까? 계속 질문하고 질문하고 질문한다.

2장

정부의 실패, 왜 움직이지 않았을까

법치주의자 윤석열 대통령이 2022년 10월

'마약과의 전쟁'에 관심이 있던 것은 팩트다.

대통령실과 법무부, 검찰, 경찰이 일제히 관련 대응에 나섰다.

서울경찰청은 10월 28~31일

이태원과 홍대 일대에서 마약 단속을 계획했다.

한편에서는 이태원 축제를 앞두고 코로나로 침체된 거리 상권이 살아나고

경제활성화로 이어질 것이라는 기대가 회의 주제였다는 애기가 들려왔다.

역시 관심사 문제다.

단 한 명의 장관이라도 정신 차렸더라면

고백하건대 정부의 실패, 왜 움직이지 않았던 것인지 사례를 챙기다가 지쳤다. 정부는 계속 새로운 사례를 만들어냈다. 썼던 내용을 계속 지우고 더 어마어마한 새로운 사례를 추가하다가, 이게 무슨 짓인가 자괴감이 들었다. 2023년 8월 잼버리 사태는 실패 사례의 정점에 가깝다.

"잼버리 운영이 왜 이런가요?"

"아…주무부처가 일을 못해서."

"그 주무부처는 왜 일을 못했나요?"

"대통령 공약으로 폐지가 예정되어 있는 부처라서요."

"뭐하는 부처인데, 왜 폐지되나요?"

"아 그게 성평등…"*

* https://twitter.com/beingsince/status/1687484422776573952?s=20

트위터에서 1만 번 이상 리트윗된 내용이다. 1년 전 잼버리 관련 폭염, 감염 등 대책 철저하게 점검해달라는 야당 의원 질의에 대해 김현숙 여성가족부 장관은 "책임지고 태풍 폭염에 대한 대책을 다 세워 보고드리겠다"고 했다. 그러나 폭염 대책은커녕 화장실, 샤워실 위생 관리도 안 됐고, 코로나 감염 등 의료보건 대책에도 구멍이 뚫렸다. 대체 무슨 일이 벌어진 것인가?

잼버리 조직위원회 공동위원장은 당초 김현숙 여성가족부 장관, 김윤덕 의원(더불어민주당, 전북 전주갑) 2인 체제였으나 2023년 2월 이상민 행정안전부 장관, 박보균 문화체육관광부 장관, 강태선 한국스카우트연맹 총재까지 추가해 5인 체제로 바뀌었다. 곧이어 어릴 적 스카우트 대원 출신이라는 윤석열 대통령이 한국스카우트연맹 명예총재 직을 맡았다는 소식이 전해졌다. 이전 정부 사업이라고 홀대 받다가 대통령이 스카우트 출신이라는 이유인지 갑자기 장관들을 더 붙인 대형 국가행사가 됐다. 결과적으로 사공들만 늘었다. 여가부는 조직의 불확실한 미래 속에 역량을 집중할 수 없는 구조였다. 다른 두 장관은 공동 조직위원장 자리만 챙겼을 뿐 주도적으로 사안을 챙기지 않았다.

사실 우리 공무원들이 일을 하기는 했다. 2019년 미국 잼버리를 참관하고 돌아온 공무원들은 '출장 보고서'를 썼다. 여성가족부, 농림축산식품부, 새만금개발청, 전라북도 공무원들이 각각 다녀와서 비슷한 보고서를 내놓았다. 그늘이 없어 열사병 우려가 있다거나 얼음 부족, 그늘막과 내부 쉼터 필요성, 샤워시설과 화장실 문제까지 시시콜콜하게 점검했다. 그런데 왜 대비를 못했냐는 질문에 여가부는 "갔던 사람들이 은퇴해서 잘 모르겠다"고 했다.[*]

기자에게 저렇게 답변한 여가부 누군가도 참 걱정이다. 뭘 모르고 답한 것일까? 설마 인수인계도 없었던 것일까? 2019년에도 대책이 필요하다고 보고를 올렸으나 윗선에서 무성의하게 대응했거나 묵살했거나 필요한 예산을 확보하는 데 실패했을 것이다. 조직위원회에서 점검하면서 몰랐을 리 없는 내용이다. 조직위에 잼버리를 이해하고 세심하게 살펴본 장관이 정말 단 한 명도 없었나? 누구라도 정신 차리고 챙겼다면 이렇게 꼬이지는 않았을 것이다. 잼버리 사태가 터지자마자 문재인 정부 탓이라는 평계부터 댄 것은 어느덧 게으른 습관 같다. 집권 후 1년이 지나도록 전 정부의 잘못을 정상화하는 데 집중했다고 했는데 또 그 평계라니.

"문재인 정부 출범 후 곧바로 평창올림픽 점검에 나섰을 때, 우리는 큰 충격에 빠졌다. 허허벌판에 주 경기장 공사는 지지부진하고 조직위와 강원도는 교통정리가 안 되어 그야말로 난맥상이었다. 청와대 사회수석을 단장으로 TF를 구성해 모든 의사결정을 집중시키고 일일 점검을 하면서 올림픽을 치러냈다. 지붕이 없었던 주 경기장 날씨가 걱정되어 TF 단장이 가장 추운 날을 골라 3시간을 덜덜 떨며 현장 체험을 하기도 했다. 그

[*] "화장실 커튼, 그늘막 부족"…문제점 알고도 방치한 새만금 잼버리, 〈아시아경제〉(2023.8.7)

런 정성으로 8개월 만에 성공적인 올림픽을 만들어낸 것이다. 탄핵 중이던 박근혜 정부가 준비를 잘했을 리가 있겠는가. 이 와중에도 전 정부 탓을 하는 모습을 보고 있자니 그저 슬프다."*

임종석 전 청와대 비서실장이 잼버리 유감을 토로한 페이스북 글이다. 평창올림픽 당시 문재인 정부는 경기장에 방풍막과 히터를 설치하고 자리마다 담요와 방석을 제공해 추위에 견딜 수 있도록 했다. 혹한에 대비하듯 폭염에 대비하는 건 당연하지 않은가? 정부에 대한 신뢰는 또다시 바닥이다. 역시 트위터에서 수천 번 리트윗된 내용이다.

"잼버리 참가자들 중 국가에서 구출해 데리고 간 나라의 청소년들은 '우리가 위험할 때 국가가 구출해준다'는 것을 체험하고 자국에 대한 믿음과 애국심도 생기겠지. 안정감은 덤. 우리는 더욱 국가와 정부를 불신하겠고, 불안은 덤."**

불과 얼마 전까지만 해도 우리 공무원들이 얼마나 일을 잘하는지 뿌듯한 마음에 '국뽕이 차오른다'는 것을 실감하곤 했다. 코로나19 대응 이야기다. 너무 희생자가 많은 인류의 재난이라 뭐

* https://www.facebook.com/myjsstory/posts/pfbid02fUMrfv1gvm3D3wN2iVuNeDaNQbiCDePDA4wESoTSw8MvK87d2CAMjSTqRbBPQtPJI 임종석(2023.8.7)
** https://twitter.com/kittysister/status/1687752538144247808?s=20

정부가 없다

라 말 보태기 어려웠지만 조용히 자부심을 쌓았다. 코로나19로 2022년 말까지 전 세계 사망자가 약 670만 명에 달하는 가운데 우리나라 희생자가 3만 1,000명에 그쳤다는 것은 공무원들이 유능했다는 증거다. 우리 정부는 일을 잘했다. 우리 공무원들이 국민을 지켰다. 그런데 잼버리 사태나 10·29 참사는 정부 조직 곳곳이 마땅히 했어야 할 일을 하지 않았다는 또 다른 증거다. 도대체 어찌 된 것인지 알고 싶었다.

일잘러 공무원들에게
무슨 일이 생긴 걸까

"새 정부가 들어서면 입맛 맞는 성과를 만들기 위해서 머리 좋은 이들은 열심히 합니다. 4대강이든, 녹색성장이든, 창조경제든, 디지털 뉴딜이든 뭐든 슬로건에 맞는 성과를 만들어냅니다. 그런데 내가 잘될 것이라는 기대가 있어야 움직이는 거잖아요. 지금은 그런 정부 장악력과 브레인이 없다는 것을 다들 눈치챘어요. 열심히 해봤자 줄타기도 어렵다는 것을 압니다. 어젠다도 보이지 않고, 자기들 부처 사업을 인지하고 있다는 사인을 주지 않는다고 합니다."

지난 정부 청와대에서 일했던 국회 보좌관 김선의 말이다. 실무자들을 탓할 수 있을까? 공무원들은 이제 여러 가지 눈치를 한꺼번에 봐야 한다. 줄을 타고 싶지만 여의치 않다면 몸을 사리는 것이 차선이다. 지난해 한 중앙부처에서는 실무자가 문건 작성을 거부하고 버티는 일이 벌어졌다고 한다. 사건의 내용은 이랬다.

정부가 없다

별일 아닌 것으로 웃고 넘어갈 수도 있었지만 감히 대통령을 비판하는 것처럼 보이는 현안이 발생했다. 대통령 심기경호를 위한 것인지, 충성심이었는지 해당 부처 장관은 평소 관행과 다르게 대응하도록 한밤중에 긴급 지시했다. 그러나 실무자가 못한다고 버티면서 결국 상급자인 간부가 대신 장관 지시 문건을 작성했다. 한밤의 긴급 지시도 이례적이지만, 상명하복 사회에서 문건 작성을 거부했다고?

공무원들은 요즘 문제적 문건을 작성할 때 누구 지시로 언제 만들었다는 것을 문서 파일 제목으로 남겨두고 있단다. 혹시라도 나중에 문제가 된다면 '쟤가 시켰어요'라고 떠넘기기 위한 안전장치다. 그보다 최선은 아예 아무 일도 하지 않고 버티는 것이다. 정부가 제대로 작동하지 않는 상황은 또 어떤 파장을 낳을까? 한때 해외언론 관련 업무를 챙기던 고위공직자 출신 D의 말이다.

> "한 해외 유력 언론에 김건희 여사를 자극적으로 호명하는 이상한 허위 보도가 나왔어요. 국내에 자세히 알려지지 않았지만, 현지에 파견된 담당 공무원이 문제 보도를 국내 보고라인에 알린 뒤 대응하는 게 정석이죠. 그런데 국내에서 별다른 지시가 없었다는 이유로 다들 눈치만 보고 버텼다고 합니다. 조용히 넘어간 거죠. 덕분에 주변 다른 나라 언론들까지 그 보도를 받아 썼어요. 부끄러운 일인데 아무도 말하지 않아요."

위에서 무엇을 요구하는지 공무원들은 촉이 예민하다. 윗분 관심사가 무엇인지 눈치를 보면서도 딱 필요한 일, 책임이 따라오지 않는 일까지만 하게 됐다.

"우리나라 공무원들은 유능합니다. 특히 위에서 어디를 바라보고 있는지 기막히게 잘 알아요. 이건 나쁜 뜻으로 말하는 것이 아닙니다. 요즘 어느 주요 부처 장관은 (본인 업무보다) 포털에 검색되는 자신의 사진을 포토샵으로 멋지게 만드는 데 관심이 더 많다는 얘기가 들리더군요."

전직 장관 E는 이렇게 말했다. 사실 윗사람 눈치 안 보고 밥벌이하는 인간이 있을까? 정부나 회사나 어디든 마찬가지다. 대학인들 교수를 '갑'으로 모신 이들이 어디 한둘일까? 검찰은 검사동일체 원칙이니 뭐니 원래 상명하복 원칙이 분명한 동네이고, 법원도 본질적으로 다르지 않다. 밥 먹으러 갈 때조차 부장판사가 삼각편대 마냥 좌배석 우배석 판사들 거느리고 다니던 곳 아닌가? 상사에게 촉을 세우는 건 어느 정도 자연스럽다. 문제는 그 상사가 어디를 바라보고, 어떤 일에 관심을 두는지, '척하면 착 하는' 우선순위가 무엇인지에 달려 있다.

E 장관의 마지막 언급에 몇 년 전 내가 하던 일이 떠올랐다. 포털에는 별별 요청이 다 들어오는데 어떤 정치인들은 프로필 사진을 계속 바꿔달라고 했다. 조금 더 뽀샤시한 사진이었다. 어려운

정부가 없다

일은 아니었다. 다만 '그 분은 하는 일이 많으실 텐데, 정말 바쁘실 텐데 사진에 신경 쓰실 여유가 있나?' 싶었다. 그 일을 계속 대신 부탁하는 보좌진을 보면 딱했다. 날마다 자신의 이름을 검색하는 것으로 하루 일과를 시작하는 이들은 꽤 있다. 아무도 보지 않을 것 같은 내용, 아마 그 당사자와 참모 등 고작 몇 십 명만 봤을 법한 내용에 신경 쓰느라 아랫사람을 들들 볶는 이들이 있었다. 사람들이 신명 나게 일하도록 만드는 리더는 분명 아니다.

일 잘하던 이들도 장관이나 기관장이 엉뚱한 데 관심을 갖고 있으면 처음에는 속이 타겠지만, 금세 적응해서 쉽게 쉽게 시킨 일만 하게 될 것이다.

여가부 장관과 행안부, 문체부 장관의 관심사 우선순위는 어떻게 될까? 부처 폐지라는 미션으로 어깨가 무거운 여가부 장관에게 잼버리는 어느 정도 관심사였을까? 국회의 야당 질의에, 폭염도 질병도 아무 걱정 말라고 하던 그는 무엇을 직접 챙겼을까? 그런데 장관도 윗분 관심사를 더 챙기게 마련이다. 대통령의 관심은 장관으로 하여금 무엇을 챙기도록 했을까?

대체 왜 이렇게 된 것인지 공무원들에게 물어보면 열에 아홉은 리더십을 이야기했다. 어느 조직에서나 마찬가지라 새삼스럽지 않지만, 이게 국가 단위로 스케일이 커지면 일도 커진다. 리더의 관심사가 많은 것을 바꾼다.

대통령과 장관이 어떤 의제에 무게를 두는지 촉을 세운다는 것은 E 장관의 말마따나 결코 부정적인 얘기가 아니다. 정부의 리더십과 국정 기조, 국정 철학에 따라 공공 조직이 움직이고, 그 정부가 지향하는 가치를 구현하는 과정일 뿐이다. 리더의 관심이 안전 대응을 비롯해 공무원들의 움직임을 좌우한다.

대통령의 관심은 어떻게 작동하는가

문재인 정부 이진석 전 청와대 국정상황실장은 10·29 이태원 참사 이후 만약 자신이 현직 국정상황실장이었다면 어떻게 대응했을까, 여러 차례 생각했다고 했다.

"핼러윈 축제 안전관리는 대통령이 나설 사안은 아닐 수 있습니다. 다만 청와대 비서실장이라든지, 국정상황실장이라든지, 위기관리센터장, 행안부장관, 경찰청장, 하다못해 용산구청장 중 누구라도 한 명은 챙겼을 일입니다. '며칠 뒤 10만 명 이상 모이는 행사가 있는데 사고 나지 않게 단단히 챙겨라', 한마디만 나오면 됩니다. 우리 정부 같으면 아마 비서실장이 매일 아침 주재하는 청와대 현안점검회의에서 축제 2~3일 전에 챙겼을 사안이고, 최소한 국정상황실에서는 챙겼을 일입니다. 윗선에서 한마디만 했어도 이렇게 속수무책으로 손 놓지 않았을 것입니다.

의례적으로 한마디 하는 정도일 수도 있지만 '청와대에서 관심 갖고 있구나, 중요하게 챙기는구나, 혹시 문제 생기면 큰일이구나' 이런 메시지가 전달되면 달라집니다. 사람 많이 오는데 어떻게 대비하고 있냐고 물으면 답은 정해져 있습니다. 경찰이든 소방이든 매번 하는 일이잖아요. 기존 프로토콜만 챙기면 됩니다. 어떻게 대응하냐고 위에서 물었을 때, 기동대 몇 명 배치하기로 했다, 골목에는 몇 명 배치할 예정이다, 이렇게 답하면 되죠. 결국 현장에 왜 경찰들이 배치되지 않았냐고 경찰을 탓할 게 아니라, 윗선의 관심사와 우선순위가 중요한 겁니다."

말단의 실무를 놓고 잘했니 못했니 하면 본질을 놓친다. 용산경찰서와 용산구청, 용산소방서에 특별히 일을 못하는 이들만 모였을까? 그럴 리 없다. 아마 인근 다른 경찰서, 구청, 소방서에 발령받아 일하는 이들이 참사 후 가슴을 쓸어내리며, 재수가 좋았다고 할지도 모른다. 하필 그날 당직이 걸리지 않았다는 사실에 안도하는 이도 있을 수도 있다. 입건되거나 기소된 이들이 다른 공무원들에 비해 심각하게 직무유기를 해왔을까? 아마 다들 비슷하게 일하고 있었을 가능성이 높다. 하필 이번에 그 직위, 그 자리에 있던 이들이 걸렸다. 공무원들이 다 비슷하다면, 결국 통상적으로 일하는 이들, 평범한 실무자들이 어떻게 일하도록 하느냐, 그건 결국 리더십에 달려있다.

리더는 모든 분야의 전문가일 수 없다. 대신 각 분야 전문가, 담

정부가 없다

당자들에게 필요한 질문을 던지는 것이 리더다. 현재 상황은 어떤지, 현안은 무엇인지, 구체적으로 어떻게 진행되고 있는지 질문하면서 상대방이 업무를 제대로 하도록, 한계를 뛰어넘도록 이끌어주는 것이 리더다. 무엇이 필요한지, 최선이 안된다면 차선은 무엇인지, 차악까지 대비해야 하는지, 일할 수 있도록 판을 만들어주는 것이 리더다. 이진석 실장은 문재인 전 대통령에 관한 에피소드를 털어놓았다.

"문재인 전 대통령은 산업재해에 관심이 많았습니다. 매일 아침 현안을 보고해야 하는데, 전날 산재 사망자가 발생하면 엄청 신경이 쓰였어요. 또 물어보시겠구나, 예상할 수 있었습니다. 어떻게 된 사고인지, 왜 발생했는지, 어떤 조치가 이뤄졌는지, 지난번 예방대책 발표했는데 왜 또 비슷한 사고가 난 것인지, 대응시스템은 작동하고 있는 것인지, 하나하나 따져 묻는다는 것을 알고 있었죠. 그럼 국정상황실장인 저는 미리 이 모든 것을 파악하고 보고에 들어가야 합니다. 일단 청와대 고용노동비서관실부터 닦달해서 답안을 준비했습니다. 그런 닦달이 몇 번 반복되면 고용노동비서관실에서 먼저 정리를 싹 해서 가져옵니다. 그분들은 앞서 고용노동부 실무자들을 들들 볶았을 테고, 그러면 지방노동청까지 다 뒤집어졌다고 봐야죠. 알아서 더 챙길 수밖에 없어요. 리더의 관심과 우선순위가 말단까지 가는 방식입니다. 다른 정책들이야 청와대 관심이 아니더라도 부처 동력으로 돌아가는 게 많지만, 재난이나 안전사고는 최상위 리더십 영향이 훨씬 큽니다."

문재인 정부 초기 국정상황실장이던 윤건영 의원도 같은 말을 했다.

"안전에 대한 관심이 달랐다고 봅니다. 열일 제쳐두고 안전이 최우선이라고 하면 대통령부터 장관, 차관, 국장, 과장, 다 관심을 둘 수밖에 없습니다. 지시가 똑같이 내려가도 결과값을 다르게 만듭니다. 공직사회는 냉정하게 볼 때, '에이스' 몇 명이 끌고 갑니다. '루틴(일상 업무)'은 매뉴얼과 시스템으로 작동하는데 우리나라 공무원들이 잘합니다. 구청 프로토콜도 깔끔하고 국정원도 매끄럽습니다. 국가 시스템에서 안전 문제나 재난 등 '스팟(돌발 업무)'으로 벌어지는 상황은 리더십, 리더의 관심사에 따라 많이 바뀝니다."

대통령의 관심사 덕분에 개인적으로도, 공직자로서도 성과를 거둔 기억이 내게는 청와대 국민청원이다. '국민이 물으면 정부가 답한다'는 목표의 국민청원은 문 전 대통령 관심사였다. 즉 비서관으로서 내가 각별히 신경 쓸 수밖에 없었고, 답변 방식도 윗사람이 관심을 갖도록 설계했다. 청원을 통해 뜻을 모은 국민들이 효능감을 느끼도록 하려면 제대로 된 답변이 필요했고 핵심 열쇠

정부가 없다

는 답변자였다. 거의 모든 정부 부처의 신문고 코너가 잘 안 되는 이유가 '반듯하지만 예측 가능한 모범답안', 즉 하나마나한 답변 탓이라 생각했기 때문에 실질적 답변이 필요했다. 고심 끝에 부처 장관이나 청와대 수석, 비서관 급으로 답변자 위상을 확 올려버리고 서면 대신 직접 출연하는 영상 답변을 고집했다. 그렇게 하지 않으면 사무관이 서면으로 정리하고 국장이 결재할 답변을 받을 텐데 그런 내용에는 별 기대가 없었다. 장관을 불러내야 부처가 관심을 갖고 움직일 거라 생각했고, 실제 그랬다.

장관들은 청원 답변을 위해 영상을 찍는 데 관심을 썼고, 그만큼 사안을 충실하게 챙길 수 있었다. 초기에 대통령 관심사라고 하니 장관을 답변자로 진행하는 것이 그리 어렵지 않았고, 궤도에 오른 이후에는 해볼 만했다고 할까? 고작 국민청원 답변에 뭐 그리 큰 칼을 썼냐고 할 수 있겠지만, 국민에게 답하는 것보다 정부에게 중요한 것이 뭐 있겠나. 많은 장관들이 비슷한 마음으로 관심을 갖고 해법을 찾거나 소통에 나섰다. 그들이 움직이면 달라진다는 것을 생생하게 경험했다.

법치주의자 윤석열 대통령이 2022년 10월 '마약과의 전쟁'에 관심이 있던 것은 팩트다. 10월 24일 한덕수 국무총리와 주례회동에서 "전 사회적으로 마약과의 전쟁이 절실하다"며 특단의 대책을 강구해달라고 했다. 대통령실과 법무부, 검찰, 경찰이 일제히 관련 대응에 나섰다. 서울경찰청은 10월 28~31일 이태원과 홍대 일대에서 마약 단속을 계획했다. 용산경찰서는 10월 28일 마약단

속반을 15명에서 50명으로 늘렸다. 한편에서는 이태원 축제를 앞
두고 코로나로 침체된 거리 상권이 살아나고 경제활성화로 이어
질 것이라는 기대가 회의 주제였다는 얘기가 들려왔다. 역시 관심
사 문제다. 국민을 안전하게 보호하는 것이 최우선 과제였던 시절
이 있다. 세월호 참사 이후 다 그런 줄 알았다.

이전 정부 일은 버려라, 지워라

일 잘하던 이들 중 하나는 질병관리청이다. 그런데 질병관리청의 일잘러들도 어느 순간 달라졌다. 갑자기 일을 못하는 척이라도 하는 걸까? 새 정부는 이전 정부의 '정치방역'을 비난하면서 '과학방역'을 더 나은 카드로 꺼냈다. 성공적인 지난 몇 년의 방역이 과학이 아니었다는 주장이 무엇을 뜻하는지 난감하다. 이후 무슨 일이 벌어졌을까?

윤석열 대통령은 2022년 7월 코로나19 중앙재난안전대책본부 회의를 주재했다. 그는 "코로나 대응의 의사결정 거버넌스가 전문가들에 의해 이뤄지고 과학적 데이터와 근거에 기반해야 한다"며 민간 전문가로 구성된 '국가 감염병 위기 대응 자문위원회'의 정기석 위원장을 코로나19 대응 본부장으로 임명했다. 그 이전에는 전문가가 없었다는 얘기인지, 정은경 전 질병관리청장은 전문가가 아니란 말인지… 더 따지지 않겠다. 전문가들이 과학적으로 의사결정 하도록 한다는 취지는 좋지 않은가? 그런데 민간 전문가

본부장의 등장 이후 방역 정책의 중심이던 질병관리청의 존재감이 사라졌다. 대통령의 말 한마디로 출범한 '코로나19특별대응단'과 질병관리청장이 이끄는 중앙재난안전대책본부(중대본)의 역할 분담이 모호했다. 방역 거버넌스, 방역 관련 모든 의사결정 시스템의 중복 문제가 오히려 도마 위에 올랐다.

정권이 바뀌면 새로운 어젠다를 던지게 마련이지만 '과학방역'에 대해 아는 이도 없었다. 여준성 전 청와대 사회정책비서관은 코로나 시기 보건복지부 장관 정책보좌관을 거치며 방역의 현장을 가장 잘 아는 이 중 하나다.

"공무원은 똑같아요. 윗사람 관심사에 주목하죠. 코로나 관련 윤 대통령 주재 회의가 2022년 7월에 한 번 있었는데, 이후 관심을 보인 적이 없습니다. 사실 새 정부 인수위원회부터 코로나가 중요한 업무일 것이라고 예상했는데, 인수위 활동기간 중 아무도 물어보는 사람이 없었습니다. 국민들의 경계심이 많이 떨어져도 정부는 경계심을 갖고서 대응해야 바이러스를 종식시킬 수 있는데, 대통령 메시지 중에서 방역 관련해서 기억나는 것 있어요?

과학방역이라는 새로운 어젠다를 던지는 것은 새 정부가 할 수 있죠. 그런데 과학방역에 대한 새 정부의 생각이 어떤 것인지 알려줘야 공무원이 시행계획을 세울 텐데, 그냥 과학방역 할 테니 방안을 만들어 오라고 지시했어요. 도대체 그게 뭔지, 어떻게 해야 하는 것인지 잘 모르는 채 시작했습니다."

여기서 다시 공무원 특유의 유능함을 볼 수 있다. 과학방역? 구체적 지시가 없어도 뭔가 만들어낸다. 정부는 일단 공기정화를 통해 바이러스를 제거하겠다고 2022년 5월에 발표했다. 각급 학교에 바이러스 차단 효과가 있는 공기청정기 설치를 지원하겠다고 했다. 그런데 유감스럽게도 방침과 선언뿐이었다. 질병관리청과 식품의약안전처, 산업부, 환경부가 참여해 공기청정기 항바이러스 성능 인증 가이드라인부터 만들겠다고 했는데 몇 차례 회의에서 부처간 칸막이를 확인하는 데 그쳤다. 여름만 해도 바이러스 차단 공기정화가 과학방역의 중요한 성과가 될 것으로 보였으나 후속조치는 없었다. 겨울에는 아무도 그 이야기를 하지 않았다. 한국리서치 조사에서 '대통령과 정부가 코로나 대응을 잘하고 있다'는 응답은 윤 대통령 취임 직후 80% 대에서 7월 20% 대로 떨어졌다.

"이거 해라, 저거 해라, 현장 보건소에서 어떻게 해야 한다, 이런 얘기 자체가 아예 없어졌다고 해요. 예산 감축으로 코로나 검사를 최대한 줄였고, 지자체장들도 관심이 없어졌죠. 예전에는 지자체장들이 서로 뭔가 하려고 아이디어를 짜냈고 화제가 됐는데 사라졌어요. 감사원이 백신 도입 과정을 감사한 것도 영향을 미쳤죠. 사실 아무도 모르는 위기가 닥쳤을 때 뭐든지 하도록 해야 하는데, 그때 당신 왜 그렇게 했느냐, 왜 절차를 안 지켰냐고 추궁하면, 공무원은 지시 받은 일 외에는 하기가 어렵습니다."

의사 출신에 공직생활 20여 년으로 보건의료행정의 모든 걸 꿰고 있던 정은경 전 청장과 달리 의사 경력만 있던 백경란 질병관리청장의 업무 파악 문제도 거론됐다. 청장이 잘 모르니 덜 챙기고, 덜 챙기니 덜 일하는 게 당연한 분위기였다는 얘기가 나온다. 전 정부에서 해오던 일은 그냥 조용히 이어가거나 금방 지워졌다.

아쉽게도 과학방역에 대한 냉정한 평가는 어디에서도 보기 어렵다. 코로나19는 국내에 발생한 지 3년 4개월 만인 2023년 5월 '엔데믹(Endemic, 풍토병화)' 선언으로 끝났다. 윤 대통령은 중대본 회의를 직접 주재하며 "지난 정부는 K-방역이라 자화자찬했지만, 우리 국민의 자유로운 일상과 소상공인, 자영업자들의 영업권과 재산권, 의료진의 희생을 담보로 한 정치방역"이었다고 말했다.

절반은 맞는 말이다. 팬데믹 시기, 자영업자를 비롯해 수많은 이들이 고통을 집중적으로 떠안았고, 개인의 자유가 제한당한 것은 사실이다. 벼랑 끝 자영업자들을 위해 더 많은 재정 지원이 필요했으나 충분하지 않았다. 그렇다고 해도 과거의 성과는 모두 정치방역이고, 윤 정부의 방역은 과학적인가? 대통령실은 이념적 성향을 가진 인사들이 정부 컨트롤 타워에 있었던 것이 정치방역이라고 브리핑했다. 정치방역 대신 전문가 중심의 과학 기반 대응체계를 구축하는 것이 과학방역이라고 했다.

누군가를 이념적이라고 배제하는 것도 우습지만, 이념을 가졌다는 딱지를 붙여 전문성을 폄훼하는 것이야말로 이념적이고 정치적 행위다. '너 누구 편이냐, 너 이념적이냐'고 묻는 신종 '완장 권력'이다. 윤 대통령이 가장 열심히 휘두르는 권력이기도 하다. 윤 정부의 전문가들은 과연 이념적 성향이 전혀 없다고 볼 수 있을까? 전 정부는 정치적이라고 비난하는 정치적 언행이 비정치적이라고 믿다니 놀라운 내로남불이다.

이전 정부의 방역을 모조리 정치 방역이라 해버리면, 원래 하던 일도 조용히 할 수밖에 없다. 방역 선진국의 주역이라는 자부심을 갖고 하던 일이 부정당했다. 코로나 조기종식을 위해 무엇을 해야 할지 괜히 고민할 이유가 없어졌다. 똑똑했던 공무원들이 '사고만 안 터지면 된다'는 생각으로 버티기만 한다.

한때 보건복지부 공무원들은 '문재인 케어(보장성 강화 정책)'를 통해 OECD 최저 수준인 보장성을 높이는 정책을 추진했다. 의료 접근성을 높이는 데 주력했다. 임종석 전 청와대 비서실장은 당시 분위기를 이렇게 전했다.

"복지부 공무원들은 일을 잘했습니다. 의료접근성 높이는 방안을 찾으라 하니 신나서 일했어요. 우리도 인수위 없이 가야 하니까 대선 과정에서 준비했지만, 공무원들도 무척 빨랐습니다. 문재인 케어 구상은 출범 3개월 만인 2017년 8월, 치매국가책임제는 같은 해 10월에 나왔습니다. 이후 MRI 급여화 어디까지 할 것인지 구체적 내용에 대해 의료계와 1년여 협의에 집중했습니다. 처음엔 반대하던 이들도 합의하는 안을 만들었습니다."

그러나 정권이 바뀌자 그들은 '문재인 케어'가 건강보험 재정을 축내기 때문에 폐지해야 한다는 논리를 만들었고, 하던 일을 180도 틀어서 하고 있다. 어찌 보면 지시가 뒤집어졌다고 거기에 맞춰 모든 걸 바꿔서 일하는 것이야말로 공무원들의 능력을 방증한다. 놀라울 만큼 유능한 분들이다.

"예전에 하던 일을 계속하려고 했더니 '당신 지난 정부와 같은 편이야?'라고 콕 찍어서 묻더랍니다. 공무원이 그런 게 어디 있냐고 하소연하더군요. 복지부는 복지 정책 많이 확대하고, 아픈 이들 치료 잘 받게 하는 게 목적인 부처인데, 그런 일 하지 말라고 하니까 미치는 거죠."

여준성 전 청와대 사회정책비서관은 "정부가 노력하면 의료비 줄일 수 있는 방법은 많다"며 "의료접근성을 어떻게 높일지 고민하라는 지시가 아니라 돈을 적게 쓰라는 지시만 주면 복지부 공무원들은 어떻게든 비용을 줄일 수밖에 없다"고 말했다.
우리나라가 건강보험 보장성에서 OECD 회원국 중 최하위인 것은 괜히 그런 게 아니다. 과거 건강보험공단은 제대로 돈을 쓰지 않았다. 문재인 정부 출범 당시 건강보험 재정의 누적 적립금은 20조 원을 웃돌았다. 쌓아둔 돈이 그 정도였다. 왜 이렇게 많이 남았냐는 질문에 박근혜 정부 당시 '아무것도 하지 말라고 했다'고 했다는 전설 같은 얘기가 남아있다. '네가 뭔데 그 돈을 쓰려고 하느냐', 이런 말이 몇 번 오가면 공무원들은 돈 쓸 생각을 하지 않는다. 덕분에 문재인케어는 그렇게 쌓아둔 돈으로 환자의 의료접근성을 높이는 데 집중했다. 돈을 제대로 썼다.

2018~2020년 건강보험 재정 수지는 3년 연속 당기 적자를 기록했다. 이후 코로나19로 의료 이용이 줄어든 덕분도 있겠지만 2021년 건보 재정은 흑자로 돌아섰다. 재정준비금은 20조 2,000억 원으로 불어났다. 과격하게 표현하면, 펑펑 퍼준 문케어로 재정이 바닥날 줄 알았는데 문케어 시작 전과 비슷한 수준으로 돈이 불었다. 건보 재정 리스크의 핵심은 문케어가 아니라 고령화에 있다. 설혹 문케어에 의한 과잉진료로 최대 연 2,000억 원이 소모됐다 하더라도 한 해 전체 의료비가 100조 원에 달한다는 점을 감안하면, 문케어가 재정 위기의 본질일 수 없다는 얘기다.

개인적으로 나는 문케어 수혜자다. 이 책을 쓰는 도중 건강검진에서 이상이 발견됐고, 유방암 진단을 받았다. 수술 후 방사선 치료를 받았고 5년 동안 호르몬 관련 약을 복용해야 한다. 암환자는 '산정특례' 대상이다. 진료비 부담이 높고 장기간 치료가 요구되는 질환에 대해 본인부담을 5~10%로 낮춰주는 제도다. 암이라든지,

중중 질환에 걸리는 것은 그저 운이 없었거나 열심히 살아온 탓일 텐데 치료비 부담으로 집 한 채 날렸다는 사연이 옛날에는 많았다. 나는 치료비 걱정 대신 몸만 걱정하면 됐다.

진료비 영수증을 볼 때마다 놀란다. 내가 지금 내고 있는 비용의 10~20배를 감당할 수 있었을까? 나는 그렇다치고 나보다 어려운 이들은 정말 어떻게 됐을까? 아픈 사람이 돈 걱정 덜하면서 진료받을 수 있다니, 정부가 나를 보호해주고 있다는 것이 실감났다. 겪어보면 더 고마운 문케어, 그 설계자인 국민연금공단 김용진 전 이사장, 실무를 총괄했던 강도태 국민건강보험공단 이사장도 임기를 채우지 못하고 차례로 물러났다. 의료 남용과 건강보험 무임승차를 방치했다는 이유로 문케어를 폐지하라는 정부에서 계속 일하기 어려웠나 보다.

한 가지는 분명히 해두자. 문케어로 재정위기에 몰렸다는 정부의 2022년 12월 주장과 달리 건강보험은 그해 약 3조 6,000억 원의 흑자를 냈다. 누적 적립금은 23조 8,701억 원으로 최근 4년 새 가장 많았다. 문케어 폐지를 선언하고 불과 몇 달 뒤인 2023년 3월에 발표된 2022년 국민건강보험 성적표다. 2022년 12월 건강보험 재정의 위기를 극복하기 위해 문케어를 폐지하겠다는 발표는 행간을 잘 봐야 한다.

복지부는 새 정부 출범 이후 내내 시끄러웠다. 정호영 복지부 장관 후보자가 자녀 의대 편입과정의 '아빠 찬스' 논란으로 자진 사퇴한데 이어 김승희 후보자까지 부동산 갭투자 의혹 등으로 자진사퇴 했다. 2명의 보건복지부 장관 후보가 낙마하면서 갑자기 승진한 조규홍 보건복지부 장관은 기획재정부 예산실 경제예산심의관 출신이다. 우리나라 기재부는 재정을 아껴 쓰는 곳간지기 역할에 진심이다. 각자 할 일을 하면 되는데, 곳간을 풀어 사회복지와 보건의료 지원을 늘려야 하는 복지부 장관조차 곳간지기를 앉힌다고? 어라, 이들뿐만이 아니다. 기획예산처 재정운용실장이던 김대기 대통령실 비서실장, 재정경제부 장관 출신의 한덕수 국무총리와 더불어 '곳간지기 전성시대'다.

우리나라는 재정을 너무 안 써서 문제인 나라로 꼽힌다. GDP 대비 공공사회복지지출이 OECD 최하위권으로 2019년 기준 12.2%. 프랑스(31.0%), 독일(25.9%)의 절반 수준에도 미치지 못하고 평균(20.0%)보다 턱없이 적은데, 그래도 국가 재정, 곳간을 지키는 게 가장 중요하단 말인가? 공무원들은 언제나 5년 만 버티면 된다. 이제 4년이 채 안 남았다. 곳간지기 역할에 충실한 작은 정부라면 거기에 맞추면 된다. 찍혀서 손해보는 것보다 새로운 일을 벌이지 않는 게 현명하다. 시키는 일만 하면 된다. 방향도 방침도 정확하지 않은 경우에는 더더욱 일을 안 하면 된다.

진보든 보수든 정책이 조금만 바뀌면 좋을 텐데, 점점 더 방향이 달라지고 기존 정책을 다 부정해야 한다는 것이 조금 아쉬울수 있겠다. 하지만 이것도 경험이다. 정부가 바뀌는 게 이렇게 싹다 바꾸는 일이란 걸 국민도 이해하고 배우는 중이다.

'잘나가면 안 된다',
복지부동이 최선의 전략

"공무원은 자기 힘을 쓰지 않을수록 안전합니다. 일을 하지 않을수록 안전해요. 예전에는 정부도 경쟁사회라 잘나가는 동료와 못 나가는 동료가 있었는데, 요즘에는 잘나가면 절대 안 됩니다. 잘나가면 중요한 일을 담당할 테고, 중요한 일을 담당하면 위험한 일이 생길 수 있습니다. 지금 와서 보니까 잘나갔던 사람들이 다 이상한 처지에 놓여있어요. 밑에서 있는지 없는지 모를 정도로 조용하게 존재감 없던 이들이 끝까지 간다는 것을 이제는 모두 압니다. 적극적이고 열심히 하는 이들은 이제 공무원 하면 안 됩니다."

중앙부처의 국장급 고위간부 F는 요즘 분위기를 이렇게 전했다. 실제 주변에서 동료들이 감사원 감사를 받고, 검찰 수사를 받고, 법원 재판을 받는 일이 진행되고 있다. 유죄가 확정될 경우, 파면이다. 공무원 연금도 사라진다. 앞으로 그런 위험을 감수할 이들이 있을까? 법정에 서게 된 당사자들도 엄청난 확신을 갖고 진행했다기보다 마침 그 자리에 있었을 뿐이다. 그들이 이전 정부에서 그 일을 하지 않겠다고 선택할 수 있었을 것이라고 믿는 이는 없다. 부처에서 나름 인정받고 존중 받았던 이들이었지만 현재 업무에서 배제된 채 재판 결과만 기다리고 있다.

"협업할 때 일 잘하던 분들이 오히려 일을 많이 해서 리스크가 발생하는 과정을 지켜봤어요. 누구도 안 지켜주더군요. 오롯이 본인 책임이고요. 매번 무임승차하는 이들은 따로 있는데 말이죠. 전 정부 정책 어젠다 실무 맡았던 사무관이 우울증 진단을 받았어요. 내사 받고 있는데 '너 감옥 갈 생각하라'고 하더래요. 그는 히키코모리처럼 주변과 연락을 다 끊었습니다."

"길을 잃어버렸어요. 완전히. 공무원들이 아무것도 하지 않는 것을 뭐라 하기 어려워요. 서슬 퍼런 정부가 동료들을 다 잡아넣고 있는데 뭘 하겠어요. 이건 아니다 싶을 때도 있고, 이렇게 해보자고 말해야 할 때도 있는데 아무 말도 하지 않아요. 전 정부 사람이라고 조금이라도 찍히면 아예 쫓겨나고요."

정부와 종종 일하는 한 스타트업 대표와 국회 보좌관의 말이다. 공무원들도 나름 철밥통이라 했는데, 이걸 흔드는 건 결국 정치다. 중앙부처 고위간부 출신 G의 발언은 더 싸늘했다.

"공무원이 일하는 방식도 정치가 키워드입니다. 원래 공무원들은 정치적 중립성에 따라 신분이 보장됩니다. 그런데 이 안전장치가 100% 작동하지는 않아요. 이걸 악용하는 게 정치인들입니다. 우리도 공명심 갖고 보람도 느끼면서 큰일 하고 싶은데요. 이른바 (정부 방침과 다른) '바른 말' 하면 불이익이 뻔히 보이잖아요. 언젠가 제 자리로 돌아갈 수 있다는 희망과 별개로 어려운 문제입니다. 대통령제에서 정치적 중립성은 허구입니다. 좌파든 우파든, 정권을 잡는 순간부터 공무원을 도구로 쓰려고 합니다. 다음 선거에 다시 당선되어야 하니까요. 그나마 순수했던 것은 노무현 전 대통령이죠. 저는 정치인들이 그래서 싫어요. 문 전 대통령은 위선적이라 싫었고, 윤 대통령은 무식해서 싫습니다. 김대중 전 대통령은 그래도 관록이 있었죠. 박근혜 정부에선 좌파 우파 없이 다 쫓겨나기도 했고요. 우리나라 공무원 행정의 가장 근본적 모순이자 해결하기 어려운 문제는 정치입니다."

이번 정부는 여러 가지 칼을 쓰는 데 유능하다. 그중 하나는 감사원이다. 공무원들을 얼어붙게 만들었다. 중앙부처 공무원 F는 이렇게 전했다.

"진짜 무서운 건 영장도 없이 쳐들어오는 감사원이더군요. 감사원은 원래 부처 예산이 제대로 쓰였는지, 비리나 다른 실수는 없었는지 살펴보는 '예산 감사'가 일반적이었습니다. 요즘에는 '정책 감사'를 합니다. 과거에도 정책 감사가 없지는 않았지만 이렇게까지 할 줄 몰랐습니다. 전 정부 정책을 추진하고 집행했을 뿐인데 끝내 검찰 수사를 의뢰했습니다."

예산이 아니라 정책이 감사 대상이 되고, 끝내 수사 대상이 되는 프로세스가 아예 생겨버렸다. 감사원을 칼로 휘두르며, 전 정부의 모든 것을 뒤집으려는 정부의 전략 덕분이다. 윗선의 결정에 따라 사업을 수행한 공무원에게 감사와 수사로 책임을 묻는 일이 반복되는 것은 괜찮을까?

감사원이 대통령의 칼이 될 때

감사원은 독립된 정부 기관이다. 독립성을 얼마나 중시하는가 하면, 감사원법 제2조에 "감사원은 대통령에 소속하되, 직무에 관하여는 독립의 지위를 가진다"고 법으로 분명하게 못 박은 기관이다. 감사원법에 '정치운동 금지' 조항도 있어 "감사위원은 정당에 가입하거나 정치운동에 관여할 수 없다"고 했다. 과거 이회창 전 감사원장은 그래도 국무총리를 거쳐 몇 년 뒤 정계에 입문했다. 전임 최재형 감사원장이 곧바로 정치활동에 나선 것은 그분이 특이한 것으로 하자. 최 전 감사원장은 2021년 8월 대선 출마를 선언하며 "국민의 삶을 국민이 책임져야지, 왜 정부가 책임지느냐?"고 당당하게 외친 분이다. 할 말 많지만 하지 않겠다.

그런데 감사원이 윤석열 정부에서 유독 활약하는 모습을 보인다. 믿기지 않는 상황이 줄줄이 이어졌다. 일단 정체성 문제다. 최재해 감사원장은 2022년 7월 국회에 출석해 "감사원은 대통령의 국정운영을 지원하는 기관인가, 아닌가"라는 질문에 "지원하는 기관이라고 생각한다"고 대답했다. 국회 현장에서 난리가 났다. 법사위원장인 김도읍 국민의힘 의원마저 "귀를 의심케 한다"며 최 원장에게 반문했다. 감사원이 독립기관이 아니라 행정부, 아니 대통령실 지원 기관이었나? 이렇게 쉽게 내동댕이칠 독립성이었나? 최 감사원장은 이 문제적 발언 이후 내부 설명을 요구하는 감사원 직원들의 면담 요구도 거부했다.

같은 해 10월에는 실세로 꼽히는 유병호 감사원 사무총장이 이관섭 대통령실 국정기획수석에게 언론 보도에 대한 해명 계획을 문자메시지로 보내는 장면이 사진기자에게 포착됐다. 정치적 중립성과 독립성을 법으로 보장받은 감사원이 대통령의 칼이 되는 상황은 이 독립기관의 존재 이유를 배신하는 일이다. 하지만 감사원은 대통령이 한마디만 던지면 일사불란하게 움직이고 있다.

윤 대통령이 2023년 6월 말 "나눠먹기식 갈라먹기식 국가 연구개발R&D은 제로베이스에서 재검토할 필요가 있다"고 언급하자 감사원은 곧바로 국가 R&D 예산을 담당하는 기관을 대상으로 과제 선정 및 관리실태 감사에 착수했다. R&D 예산 배분이 그리 허술하지 않다는 현장 목소리는 묻혔다. 윤 대통령이 수능을 5개월여 앞두고 '킬러문항 배제'를 주문하며 공교육과 사교육 산업의 유착을 '이권 카르텔'로 부르자 또 감사원이 나섰다. 감사원은 '교원 등의 사교육 시장 참여 관련 복무실태 점검' 감사에 착수했다고 8월 밝혔다. 새만금 잼버리 사태에도 감사원이 해결사다. 감사원은 "대회 유치부터 준비 과정, 대회 운영, 폐영까지 대회 전반에 대해 감사를 진행할 것"이라고 발표했다. 이미 정부와 여당이 힌트를 준 대로 문재인 정부 시절의 책임을 파헤치고, 전라북도와 여성가족부에게 엄한 책임을 물을 것으로 예상된다. 그래야 대통령실이 포화를 피할 수 있다. 이쯤 되면 슈퍼 감사원이다. 대통령이 힘을 실어준 덕분인지 감사 방식도 예전보다 거칠다는 얘기가 나온다.

> "공무원을 대상으로 하는 감사원 감사는 검경의 수사와 달리 공무원들에게 모욕을 주거나 저인망식으로 압박하는 감사는 금물(禁物, 해서는 안 되는 일)로 여겨진다. 그런데 유병호 총장은 '불도저'라고 불릴 정도로 공직자들을 거칠게 몰아붙이기로 유명하다. 이들 타이거들은 코레일에 공공기관 직원 7천여 명의 KTX 이용 내역을 내놓으라고 요구하고, 도로공사에는 하이패스 내역, 국세청에는 강연료 등 기타 소득자료를 요구하는 등 공직사회를 긴장시키고 있다. 이 때문에 감사원 내부 한쪽에서는 불만과 공포가 쌓이고 한쪽에서는 자연스럽게 유병호 사무총장은 물론 핵심 타이거들에게 줄 서는 풍토가 형성되고 있다."*

감사원의 무리수는 여러 장면에서 목격됐다. 2023년 6월 검찰 출신 조은석 감사위원이 감사원 사무처를 작심 비판하는 초유의

---

* [칼럼] "타이거가 돼라" 감사원에서는 지금 무슨 일이?, 〈노컷뉴스〉(2022.11.14)

사태가 벌어졌다. 문재인 전 대통령 서면조사까지 추진했던 서해 공무원 피살사건 감사, 국민권익위원회 감사, 비영리단체 국고보조금 감사까지 원칙과 절차를 완전 무시했던 감사가 이어진 게 화근이었다. 유 사무총장 휘하의 감사원 특별조사국이 최고의결기구 심의를 건너 뛰고 감사에 착수했다. 하나같이 중대한 사안인데 정식 의결 없이 감사에 착수했고, 수사 의뢰까지 진행했다.

감사위원회 의결 시 정식으로 형사 고발 절차를 밟는 것과 달리 감사원 사무처가 임의로 진행하는 수사의뢰는 증거인멸이나 도주 위험이 있을 때나 가능하다. 이 문제가 감사원법 위반은 물론 각종 조사권한 행사로 직권남용 죄에 걸릴 수 있다는 우려는 이미 2022년 10월 감사위원회에서 불거졌다. 문제가 반복되자 조 위원은 감사원 최고의결기구인 감사위원회 의결 없는 감사의 불법성을 지적하고, 심지어 그런 감사는 보도자료조차 허위공문서 행사 문제가 발생할 수 있다는 내용의 140쪽짜리 보고서를 내놓았다. 감사원 사무처는 펄쩍 뛰며 반발했다. 서울고검장 출신 조 위원의 법률 해석이 틀렸다는 게 감사원 입장이다.[*]

"증거야 이미 수사기관이 다 가져갔고, 조사 대상들도 대부분 현직도 아니기 때문에 증거인멸이나 도주 우려가 없는데도 임 의로 수사요청을 한 거죠. 처음부터 검찰 수사가 진행되는 사

[*] [단독] 검사 출신의 140쪽 검토보고서에 발칵 뒤집힌 감사원, KBS(2023.6.27)

안에 감사원이 나선 것도 문제입니다. 다른 국가 기관, 그것도 강제수사권이 있는 검찰이 수사중인 사안에는 원래 감사를 자제하거든요."

감사원 전 고위간부 H는 최근 감사원의 감사가 통상적인 감사 행태와 맞지 않다고 했다. 정치적 중립을 위해 무척 신경 써온 조직에 대한 걱정도 숨기지 않았다.

"무리한 감사를 너무 드러내놓고 하니까 검찰 이중대 소리가 나오죠. 축구도 심판이 잘못하면 선수들이 존중하지 않잖아요. 감사원은 정부의 심판 역할인데 중립성을 의심받으면 각 부처 공무원들로부터 존중 받기 어려워집니다. 감사원 실무 직원들은 그냥 시키는 대로 했겠죠. 최고위직에서 중립성을 훼손하면 조직에 타격이 클 겁니다. 그 신뢰 비용을 끝내 치르게 될 겁니다."

전 정부의 원전 정책을 비롯해 온갖 정책을 들춰보는 것도 현재 감사원 몫이다. 정책 감사는 적법하지만, 엄격하게 이뤄지는데 역시 줄줄이 문제다. 감사원은 모든 행위가 법으로 규정되기 때문에 다 위법 소지가 있다.

"감사원에는 두 가지 업무가 있어요. 회계감사와 직무감찰이

정부가 없다

죠. 예산 쓴 것과 업무처리 관련된 것을 봅니다. 정책 감사는 직무감찰 중 하나예요. 근데 정책 자체를 보는 건 아닙니다. 판단과 결정을 내렸을 때 근거가 된 데이터 등을 주로 봅니다. 정책에 정답이 있는 것 아니잖아요."

알고 보니, 정책 감사를 함부로 하지 못하도록 정해놓은 법도 있었다. 감사원법 '직무관찰규칙'에는 '정부의 중요 정책결정'이나 '고도의 통치 행위'는 직무감찰 대상에서 제외한다는 조항이 들어 있다. 감사원은 특정한 정책 결정이 아니라 그 결정의 중요한 판단기준이 되는 사실이나 자료 및 정보 등의 오류만 볼 수 있다.[*] 감사는 원래 정부가 정책을 추진하고 몇 년 뒤 사후적으로 이뤄지는 속성이 있지만 현재 일단 들어가고 본 정책 감사들은 괜찮을까? 정권 차원에서 결정된 국책사업을 감사원이 감사한다는 건 자체가 말이 안 된다는 지적도 정부가 바뀔 때마다 꾸준히 나온다.

독립기구라지만 오늘의 감사원은 정치에서 자유롭지 못하고, 안으로도 곪고 있다. 전현희 국민권익위원장 감사도 내부 파열음이 외부로 흘러나온 사례다. 감사원은 2022년 8월 전 위원장에 대한 특별감사에 착수했다. 감사원 유 사무총장은 당시 내부 제보를 거론하며 "도저히 묵과할 수 없는 내용"이라고 했다. 2020년 추미애 당시 법무부 장관의 아들의 군 특혜 의혹과 관련, 권익위

* 감사원 직무관찰규칙 제2장 직무감찰의 범위, 제4조 직무감찰대상기관과 그 사무.
https://www.law.go.kr/lsEfInfoP.do?lsiSeq=199621#

유권해석에 부적절하게 개입했다는 직권남용 혐의였다. 상습 지각 의혹도 불거졌다.

그러나 감사원은 결국 10개월 만인 2023년 6월 전 위원장에게 결격 사유가 없다, 즉 별 문제 없다는 결론을 내렸다. 이 과정에서 감사를 주도한 유 사무총장이 격렬하게 항의했다는 내용으로 '[단독] "전현희 책임 불문" 그날… 감사위 위원들에 유병호 분노'라는 〈중앙일보〉 보도가 나왔다. 이 보도는 감사위원들이 문 정부 시절에 임명된 인물들이라는 점을 부각했다. 감사원 결론도 결국 정치적인 거라고? 나름 독립적 의결기구인데 이런 구설수는 괜찮은 걸까? 전 위원장은 최재해 감사원장과 유병호 사무총장을 법치주의를 무너뜨리는 직권남용이라는 이유로 공수처에 고발했다. 서로 총질을 하는 모양새가 정치 싸움이다.

그런데 하필 한쪽이 정부의 대표적 독립기구 감사원이다. 원래 감사원은 대통령 말을 고분고분하게 듣지 않는 독립기구라는 사실만 빼면 휘두르기 좋은 칼이다. 영장도 없이 휴대전화와 PC를 가져가 포렌식으로 탈탈 털 수 있는 무소불위의 조사권한을 갖고, 감사 대상을 검찰 수사로 넘길 수 있기 때문이다. 행정부를 감시하고 견제하는 독립기관 감사원을 위해 그동안 애써왔던 이들은 허망하다고 입을 모은다. 이렇게 한방에 검찰의 주구가 되어 사건을 물어다주는 감사원이 되지 않도록 헌법과 법률로 지켜낸 독립성과 중립성은 크게 훼손됐다.

문재인 정부 초대 국정상황실장을 역임한 윤건영 더불어민주당

의원은 감사원 사태에 대해 조금 담담한 편이었다.

"문재인 정부도 정책 감사의 범위가 어디까지인지 대단히 조심스럽게 접근했습니다. 이명박 정부의 4대강 사업도 통치행위였는데 뭐가 문제냐고 할 수 있죠. 당시 정치보복이 아니라 사업 과정에서 문제가 된 것만 본 것인데 다르게 받아들였을 수 있습니다. 최근 흐름은 정치의 중요성을 인식하게 되는 과정인 것 같습니다. 우리 사회가 업그레이드되는 부분도 있어요. 이제 우리는 정부가 바뀌면 무엇이 바뀌는 것인지 알게 됐습니다. 안전에 대한 인식부터 건강보험까지 흔드는 게 정치라는 것을 보고 있죠. 정권 바뀔 때마다 파괴적으로 움직이는 것은 비정상이라는 사실도 확인하고 있습니다. 이제는 정책 감사가 정치 보복이 되지 않는 방안에 대해 우리 사회가 답을 찾아가야 합니다. 당대 정부가 추진하는 국책사업에 여야가 어떤 프로세스를 밟아야 하는지 향후 논의가 필요해요."

검찰정부는 '적'을 찾는다

무엇을 하고 싶은 정부인지 모르겠지만, 무엇을 잘하는 정부인지는 분명하다. 수사다. 검찰정부의 시대에 그 나비효과를 짐작하는 것은 대단한 촉이 없어도 알 수 있다. 공무원들은 더 일하지 않을 것이다. 지시대로 했을 뿐인데, 감사원 조사를 받고, 검찰 수사를 받고, 구속될 수도 있다. 정부 1년차 내내 압수수색, 소환, 구속영장 소식이 줄을 이었다. 이전 청와대 관계자 중에 피의자 혹은 참고인으로 검찰 조사를 받은 이가 100명에 달한다는 소문이 파다했다.

서해 공무원 피살사건의 경우, 당시 국방부, 해경, 국정원 등 안보부처들이 공식적인 회의를 통해 가능한 모든 정보와 정황을 분석하여 사실 관계를 추정하여 판단했다. 그런데 정부가 바뀌면서 일제히 관련 부처의 판단이 번복됐다. 정보와 정황은 달라진 것이 없는데 결론은 뒤집혔다. 정치적 사안이라면, 그 책임을 정치인에게 물어야 하는데, 공무원들까지 멍에를 지고 있다. 대체 행정이란 무엇인가? 그중 하나는 검찰의 나라에서 찾아야 할 것 같다.

윤석열 정부가 중용한 검찰 출신이 136명에 달한다. 2023년 3월 기준 참여연대 분석이다. '검사의 나라, 이제 1년' 참여연대 보고서는 꽤 알차다. 검사가 전면에서 행정을 지휘하는 '검찰주의'라든지, 군사독재 대신 검찰독재, 낯선 단어들인데 실감난다. 검찰공화국의 시민이라면 알아야 할 정보다.

장차관급 검찰 출신은 24명이다. 권영세 통일부장관, 한동훈 법무부장관, 원희룡 국토교통부장관, 박민식 국가보훈부장관 등 4명은 장관급. 차관급은 9명으로 박성근 국무총리 비서실장, 이노공 법무부 차관, 이완규 법제처장, 이복현 금융감독원장, 김남우 국가정보원 기획조정실장, 정승윤 국민권익위원회 부위원장, 김용원 국가인권위원회 상임위원, 석동현 민주평화통일자문회의 사무처장, 한석훈 국민연금기금운용위원회 상근전문위원이다.

대통령실 비서관급 7명 중 이원모 인사비서관, 이시원 공직기강비서관, 주진우 법률비서관, 이영상 국제법무비서관은 전직 검사, 복두규 인사기획관, 윤재순 총무비서관, 강의구 부속실장 3명은 비검사 검찰공무원 출신이다. 이시원 비서관은 서울시 공무원 간첩조작사건 공소유지 검사, 주진우 비서관은 환경부 블랙리스트 사건 주임 검사였다. 임명 후 사직한 조상준 국정원 기획조정실장(차관급), 사퇴한 정순신 경찰청 국가수사본부장도 윤 대통령과 함께 근무했던 검사 출신이다.

이들 이름은 2024년 봄 국회의원 명단으로 둔갑할 가능성이 높다. 여당 공천에서 50명을 검사로 채운다는 루머가 그리 허망하게 들리지 않는다. 독립기구 감사원을 대통령실과 검찰 유착기구로 만든 유병호 감사원 사무총장도 헌신적 공로를 공천으로 보답받을지 주목된다.

윤 대통령은 검찰공화국에 전혀 거리낌이 없다. "과거에는 민변 출신들이 아주 도배하지 않았나"라고 했다. 검사들이 지배하는 나라가 법치국가라 착각하고 있다. 행정과 정책에 정통하지 않은 검사들이 정치적·경제적 이해관계가 걸려 있는 국정을 움직이고 있다. 어떠한 견제도 없다. 그러나 법적 책임을 먼저 따지고, 그것을 회피하는 방식에 노련한 검사들이 행정을 움직인다는 것은 생각보다 훨씬 위험하다. 와중에 기업들만 발 빠르게 움직이는 점도 눈에 밟힌다. 참사든 재해든 무슨 일이 나도 검사가 방패가 될 수 있다고 믿는다. 주요 기업은 2023년 1~5월 12명의 검사를 사외이사로 신규 선임했다. 30대 그룹 관료 출신 사외이사 중 검찰 출신은 2년 전 36명에서 2023년 43명으로 늘었다.[*] 검찰공화국, 자세히 보면 더 짜증나고, 더 무섭다.

보통 청와대의 핵심 인물들은 오랜 기간 집권을 준비하며 대통령 선거를 치른 캠프 출신들이 차지한다. 캠프 실무진들은 통상적으로 당에서 파견한 의원실 보좌진 출신이 적지 않다. 그러나 용산 대통령실은 완전히 달랐다. 용산 대통령실에는 비공식 계급이

---

[*] 역시 '검사' 시대… 사외이사 영입 1순위 관료, 그 중 '검사'가 최대,〈한겨레〉(2023. 5. 9)

정부가 없다

있다. 서초동 검찰 출신들이 성골, 이른바 '여사님 라인'이 진골, 기획재정부 출신 관료들은 육두품이라는 이야기가 나돌았다. 캠프 시절부터 후보 측근이던 검찰 출신들이 대통령실도 장악했다. 검사였던 대통령이 검사 후배들을 중용하는 것이 이상하지는 않다. 다만 자신을 대통령으로 만들어준 정당에 대한 신뢰는 처음부터 없었다.

윤 대통령은 국민의힘에 대한 존중이 없을 뿐더러 존중해야 할지 고민조차 안 했을 것이라는 주변 증언이 이어졌고, 이는 본인의 발언 녹취로 입증됐다. "민주당보다 국힘을 더 싫어한다", "입당을 하더라도, 그거는 그야말로 정권교체를 위한 거지, 국힘의 보수 당원이 되기 위해서 가는 게 아니다", 윤 대통령의 과거 발언이다. 2023년 9월 인터넷 매체 '시민언론 더탐사'가 2021년 당시 검찰총장이었던 윤 대통령과 국민의힘 관계자 통화 내용을 공개한 내용이다. 최종 보스의 이 같은 인식은 대통령실 분위기도 바꿨다.

검찰 출신 1급 비서관이 국민의힘 보좌진 출신들에게 대놓고 '시험도 못 봤던 이들이 여기 와서 뭐하나', '쟤네들에게 왜 4급, 5급 주는지 이해를 못 하겠다'는 말을 서슴치 않았다고 한다. 시험, 즉 사법고시나 행정고시 정도를 통과하지 않았다는 이유로 국회 출신들이 갑자기 무시당하는 처지가 됐다. 정권을 잡기 전까지 선거에서 쓸모 있었을지 모를 국민의힘 출신들은 대통령실에 합류하기는 했으나 정부 출범 1년도 되지 않아 줄줄이 팽 당했다. 어떤 사람들은 서초동 사람들의 눈 밖에 났고, 어떤 이들은 여사님에게 밉보였다고 한다.

"용산의 검찰 출신들은 자기들이 진정한 정치 엘리트라고 생각합니다. 국회 쪽 정치인들, 특히 국민의힘 사람들은 맨날 죽 쑤고 시원찮았는데, 자기들이 1년 만에 화끈하게 정권을 잡았다는 사실에 자부심이 있어요. 그냥 엘리트 검사가 아니라 정권까지 획득한 진정한 권력 엘리트라는 의식이죠."

이 정부 출범 당시 용산 대통령실에서 일했던 I의 말이다. 용산 대통령실은 기존 청와대와 달리 여의도 출신이 아니라 검찰이 실권을 장악했다. 다른 곳도 마찬가지겠지만 '인사가 만사'인 검찰은 대통령실의 인사비서관, 공직기강비서관을 차지하고 권력기관 인사에 집중했다. 검사 출신 외에도 용산 대통령실에는 알려지지 않은, 공개하지 않아도 되는 행정관급으로 검찰 수사관 출신들이 대거 진출했다고 한다. 대통령을 옹위하는 호위부대이자, 대통령을 바깥 세상의 시선으로부터 분리하는 철벽이다.

"검찰 출신들의 기세 탓인지, 기재부 출신들도 스스로 정치세력화 해야 한다는 얘기들을 대놓고 하기 시작했어요. '예전에는 기재부 출신 의원이 몇 명이었다', '기재부 출신들이 국회의원 배지를 더 많이 달아야 한다'는 얘기를 고작 사무관이 하더군요. 검찰의 성공사례가 육두품이 성골로 가는 롤모델이 되어버린 거죠."

I는 검찰공화국이라는 피상적 비판 대신 언어와 논리, 방식이 완전 다른 검찰 엘리트 통치를 꼼꼼하게 복기할 필요가 있다고 말했다. 사실상 검찰청 매운맛 버전을 용산에 꾸린 이들이다. 대통령을 검찰총장으로 모셨던 검찰 사람들 아니면 어떤 주제든 '씨알도 안 먹히는 분위기'라고 한다. 그들은 '총장님'을 조직의 '보스'로 모셨고, 자기들만의 집권 서사를 갖고 있다. "우리 총장님께서…"로 시작하는 수난일기다. 이른바 '윤비어천가'의 첫 장은 항상 '우리 총장님'이라는 점에서 국민의힘 쪽에서 합류한 이들과 검찰 출신들의 서사는 결을 달리한다. '총장님 시련 겪을 때 뭐하고 있었냐'가 충성심의 밀도를 결정한다.

"검찰은 어떤 사안을 볼 때 우리 편이냐, 적이냐, 이게 굉장히 중요해요. 여의도 출신들의 감각과 사뭇 다릅니다. 여의도 사람들은 적이 아니라 착한 수준에서 상대를 적대시하는 정도죠. 검찰 성골들은 계속 적을 찾아요. 시민단체, 노조, 차례로 적으로 삼아 공격하죠. 대통령이 두 가지 단어를 가장 좋아한다고 합니다. '전격', 그리고 '압수수색'. 기습공격을 통해 적을 물리치는 게 권력 행사의 방식입니다."

사상 첫 검사 출신 기관장 덕분에 분위기가 달라진 곳 중 하나는 투자업계다. 검사 출신 이복현 금융감독원장의 에피소드는 투자업계 대표 J가 털어놓았다.

"금융감독원장이 업계 사람들 다 불러모아놓고 간담회를 하는데 말도 안 되는 얘기를 자꾸 하더라고요. 너희들 다 문제 있다는 속내를 감추지 않았습니다. 누군가 진짜 조심스럽게, '원장님 혹시 주식 투자를 해보신 적 있냐'고 물었더니, 매우 자랑스럽게 '단 한번도 해보지 않았다'고 대답했습니다. 마치 청렴검사 마냥 시정잡배와 돈놀이하는 놈들을 다 때려잡는 대상으로 바라본다는 것이 분명해지니까 기대가 다 사라졌어요. 몸 사리는 수밖에 없어요. 금감원이 헤집고 다니면 다 문제가 되니까요. 리더가 이렇게 중요하구나, 뼈저리게 느껴요. 시장 상황이 어려운데 각자도생 하라는 메시지만 분명합니다. 정부가 아무런 대책도 보여주지 않고, 정부가 아무 생각이 없다는 것이 가장 큰 리스크에요."

검사들도 같은 공무원 출신인데 정말 다를까? 앞장에서 엘리트들의 한계를 짚어봤지만, 검사 출신들을 겪어본 이들은 이렇게 말한다.

"검사 출신들 일 잘합니다. 문서도 잘 만들고 기획도 잘해요. 그런데 국민 정서에 공감하는 역량은 없더군요. 냉철한 것 같은데 가슴이 없어요."

　　　　　　　　　　　　　　정부가 없다

대통령실 '어공'이 이상하다

2023년 5월의 마지막 날, 서울시민들은 새벽에 울린 경계경보 사이렌 소리에 잠이 깼다. 북한이 미사일을 발사한 탓이다. 그런데 알고 보니 이 미사일은 예고된 일정. 사전 대비가 필요했다면 모를까, 새벽에 재난 사이렌을 긴급히 울릴 사안은 아니었다. 합동참모본부의 발사 사실 발표 후 9분 지나서 서울시는 오전 6시 41분 경계경보를 발령했는데 "대피할 준비를 하시고, 어린이와 노약자가 우선 대피할 수 있도록 해달라"는 메시지 자체가 손발이 안 맞았던 셈이다. 압권은 행정안전부가 오전 7시 3분 위급재난문자를 보내 서울시 경계경보가 오발령이라고 공지한 일이다.

덕분에 대피 훈련, 매뉴얼도 없이 재난에 어떻게 대응해야 할지 우리가 전혀 준비가 되지 않았다는 사실을 확인했다. 각자도생, 혹은 각자도사 하라는 메시지만 분명했다. 서울시와 행안부가 제각각 메시지를 냈듯이 위기에 대응하는 컨트롤 타워도, 내부 프로세스도 없다는 사실을 확인했다. 청와대가 좌지우지할 때는 만기친 람이라고 비판하지만, 새 정부의 어젠다를 밀어붙이는 것도, 위기 대응 등을 총괄하는 것도 역시 대통령실의 일이다. 책임지는 컨트롤 타워가 없으면 사이렌이 중구난방으로 울리게 된다.

이전 정부에서 청와대 비서관으로 일했던 K는 대통령실의 어공이 제대로 일을 하고 있는 게 맞는지 의문이라고 했다. 그는 "과거 정부의 청와대, 즉 현 대통령실의 경우, '늘공'은 꾸준히 하는 만큼 하겠지만, '어공'의 수준에 따라 많은 게 달라진다"고 말했다. '늘공'은 '늘 공무원', 직업공무원을 말하고, '어쩌다 공무원', '어공'은 별정직으로 채용된 민간 출신 공무원이다. 대통령실에는 특히 어공이 많다.

"대통령실이 지휘하는 정부의 성패는 어공이 늘공의 리소스를 어떻게 100% 활용하는지 여부에 따라 엇갈립니다. 현재 대통령실에는 그렇게 일해야 할 고위직 어공 자리 자체가 공석이 많을 뿐더러, 어떻게 일해야 하는지 모르는 이들이 꽤 있는 것 같아요. 보통 청와대까지 파견된 공무원들은 일을 잘합니다. 함께 일할 때 게으름 피우는 공무원은 본 적 없어요. 목적이 승진이든 뭐든요. 다만 늘공이 먼저 '이런 것 우리가 해볼까요?'라고 묻는 일은 없습니다. 지금은 어떤 일을 해야 한다고 지시하는 어공, 일 잘하는 어공이 없어 보입니다."

정부가 없다

나 역시 청와대 어공 출신이라 우리 때는 이랬는데 왜 지금은 저러냐는 둥 말 보태고 싶지는 않다. 다만 대통령실이 인재를 보는 기준, 인재를 영입하고 내치는 패턴에 대해서는 돌아볼 이유가 넘친다. 이와 함께 검찰 인재에 대한 편애도 살펴봐야만 한다.

이전 정부 청와대가 집권을 준비하는 인수위원회 활동 기간도 없이 출범했던 반면 용산 대통령실은 인수위 2개월의 시간을 가졌다. 그러나 용산 대통령실 초기 업무 분위기가 훌륭하지는 않았던 모양이다. 대통령실에서 새 정부 출범 때부터 일한 L의 말이다.

"대통령실 용산 이전 자체가 무리였어요. 초기 혼란이 집중도를 흐트려버렸어요. 먼지구덩이 사무실로 들어가긴 했는데 공사도 일부 층만 되어 있었고, 컴퓨터도 제대로 설치가 안 됐습니다. 대외비 관리를 위해 외부망, 내부망 분리된 PC 세팅이 필요했지만 준비되지 않았죠. 자기 자리가 없는 직원들도 있어서 절반은 광화문 종합청사 등에서 임시로 근무하고, 제대로 사무실에 모인 게 정부 출범 한 달도 더 지난 2022년 6월 중순이었어요."

물리적 환경도 문제였지만 조직도 심각했고, 인적 구성도 뒷말이 많았다.

"수석마다 자기 휘하의 비서관 자리를 챙기다 보니, 엉뚱한 조직에 소속된 비서관실이 엉뚱한 일을 하는 일도 생겼죠. 인수위 보고서 보면 쓸 내용이 없었고, 각종 여사님 논란, 순방 논란으로 시간만 허비했죠. 김대기 비서실장은 위에 뭐라 말을 못하고 어떤 수석은 매번 "안 돼~ 그거 해봤어, 안 돼~"라는 말만 했죠.

주변에 실제 업무를 할 수 있는 이보다 '어르신'들이 많았어요. 누구누구 라인이라 하더군요. 대선 당시 열심히 하던 이들 외에 전혀 일해보지 않은 이들까지 몇몇이 대통령실에 들어왔습니다. 원래 정부 바뀌면 논공행상 자리 챙겨주는 일이 없지 않지만 일을 할 수 있는 사람이 와야죠. 당장 일을 해나가는 게 큰일이었어요. 한 젊은 행정관은 대선 캠프에서 기여했던 부친 덕분에 대통령실에 자리를 얻었는데 일은 하지 않고 툭하면 다른 이와 다투면서 문제를 일으켰습니다. 결국 나가기는 했는데, 알고 보니 자격 논란으로 언론에 구설수가 오를 문제가 여럿 있었어요. 전혀 검증하지 않고 데려온 거죠."

대통령실에 적임자가 영입됐는가? 최소한 문제가 분명한 사람은 몇몇 있었다. 대통령 비서실에서 일찌감치 나쁜 쪽으로 두각을 나타낸 것은 김성회 전 종교다문화비서관. 그는 과거 일본군 위안부 피해자 배상금을 '밀린 화대'라고 비유하거나 동성애를 '일종의 정신병', '치료 가능하다'고 표현하고 '조선시대 절반의 여성이 성노리개였다'는 발언까지 남겼다. 논란 끝에 결국 사퇴했지만

정부가 없다

10·29 참사에 대해서도 말을 보탰다. 그는 "다 큰 자식들이 놀러 가는 것을 부모도 못 말려놓고 왜 정부에게 모든 책임을 떠넘깁니까?!"라고 글을 남겼다. 별정직으로 대통령실 1급 공무원으로 스카웃된 이의 입은 가볍고 위험했다.

정부 출범 석 달도 안 되어 8월에 최영범 홍보수석이 김은혜 수석으로 교체됐고, 홍지만 정무1비서관과 경윤호 정무2비서관이 사퇴했다. 사실상 경질로 해석됐다. '용산 대통령 집무실 앞 집회 및 시위 입체 분석' 문서 유출 의혹을 받은 시민사회수석실의 임헌조 비서관도 면직 처분을 받았다. 임 전 비서관 역시 과거 뉴라이트 전국연합 사무처장 등 보수단체에서 활동하면서 성소수자 차별과 혐오, 역사 왜곡, 색깔론 등 이념 편향적 발언을 여러 차례 한 것이 도마 위에 올랐던 인물이다. 극우 유튜버 안정권의 누나에 이어 극우 유튜버 당사자가 근무하고 있다는 사실도 논란이 됐다. 극우 정당인 자유의새벽당 대표였던 강기훈 비서관은 권성동 원내대표의 정무실장을 역임했으나 유튜버로서 '박근혜 전 대통령 탄핵은 중국 공산당의 지시'라는 주장 등을 해왔다. 김건희 여사 대학원 최고위 과정 동기 김승희 선임행정관, 윤 대통령의 외가 6촌 최승준 선임행정관 등은 사적 채용 논란이 불거졌다.

국회와 협업하고 소통하는 업무를 맡는 정무비서관실의 경우, 비서관뿐 아니라 행정관들도 함께 물갈이 됐다. 정무라인이 제대로 가동되기 어려웠다. 그나마 일 좀 하는 이들이 먼저 사라졌다는 아쉬움도 공공연하게 나돌았다.

자리를 비워둔 채 일단 사람부터 내보낸 고위직도 꽤 된다. 후임 없이 대행 체제로 돌아가기도 하고, 내부적으로 조직 개편 등으로 돌려 막는 분위기도 있다. 2022년 말 기준 공석이거나 직무대리가 맡고 있는 1급 비서관 중에는 시민소통비서관, 사회공감비서관, 뉴미디어비서관, 대외협력비서관, 대변인 등 그 숫자가 적지 않았다. 정책조정비서관과 국제법률비서관 자리도 새로 만들어져 사람을 찾고 있다.

대통령실에서 무슨 일이 벌어지고 있는지, 깊이 있는 취재는 쉽지 않다. '카더라'만 많아서 판단하기 어렵다. 다만 대통령실의 한 관계자는 "내부에서도 당황하고 있다"고 했다. 정부 출범하고 얼마 되지 않아 대통령실에서 살아남는 것은 주로 김건희 여사 쪽 사람들이라는 소문은 무성한데, 확인은 되지 않는다. 어느 비서관은 사표를 받기로 하고 대통령의 재가까지 떨어졌는데, 김건희 여사의 입김으로 조직을 바꿔 살아남았다는 소문이 돌았다.

〈한겨레〉 성한용 선임기자는 '문제는 어공이다, 잼버리가 산으로 간 이유'라는 칼럼(2023.8.20)에서 "이명박, 박근혜 정부의 어공들은 그래도 엘리트들이었다. 늘공들을 부려먹을 줄 알았다. 윤석열 정부의 어공들은 일머리가 없다. 검사 정권이라서 그런지 자꾸 잘못을 따지고 책임을 물으려고만 한다. 그러니 늘공들이 움직이지 않는다"는 전현직 공무원들의 말을 전했다. 윤 정부의 어공들은 늘공들이 질문을 하면 '그런 건 당신들이 알아서 해야지 왜 자꾸 우리에게 물어보냐'는 태도로 짜증을 낼 뿐 아무런 결정도 내

정부가 없다

려주지 않았다고 했다.

2022년 9월 "(미국) 국회에서 이 XX들이 승인 안 해주면 바이든이 쪽팔려서 어떡하나", 윤 대통령의 비속어 논란에 대해 '바이든이 아니라 날리면'이라는 김은혜 홍보수석의 해명이 16시간 만에 나온 것도 대통령실 내부 사정을 짐작하게 하는 상징적 사건이다. 그냥 대통령에게 물어보면 되는 일인데, 궁색한 대안을 쥐어짜낸 게 아니고서야 그렇게 오래 걸리기 어렵다. 위기를 돌파한답시고 16시간 동안 그들은 몇 번이나 회의를 계속했을까? 게다가 김 수석은 해당 발언이 '한국 국회를 향해 한 것'이라고 말했는데 대통령실은 며칠 뒤 '한국 국회를 대상으로 한 것도 아니다'라는 취지의 설명을 내놓아 또 말을 뒤집었다. 팩트 확인도 안 되고, 대응 방향도 오락가락한다. 정무적 대응이 필요한 일이니 어공들이 중심이 됐을 텐데, 무려 대통령실 일하는 모습이 이렇다.

역량과 업무 처리 능력, 전문성에 대해서도 따져봐야 하지만, 대통령실 일각의 업무 태도 역시 잡음을 낳고 있다. 해외 순방 행사 진행을 지켜본 실무자의 전언이다.

"대통령의 해외 순방 일정 중에 중요한 행사가 있었어요. 정부와 산하기관 직원들과 함께 대통령실 관계자가 사전 준비 회의를 진행하는 데 '그림만 나오면 된다', '너무 애쓰지 말아라', '대통령에게 말 많이 시키지 말아라', '예기치 못한 상황이 나오지 않도록 주의해달라', '그림 딱 두 장이면 되니까 빨리 넘겨 달라'는 얘기가 이어졌어요. 대통령실 직원인데 대통령에 대한 존경이나 존중이 별로 보이지 않아 깜짝 놀랐습니다."

일하는 것마다 사고를 치는 것도 재주다. 2022년 12월 대통령 명의로 농민들에게도 나간 선물이 온통 외국산이었다. 아몬드(미국산), 호박씨(중국산), 볶은 땅콩(중국산), 구운 피스타치오(미국산) 등. 농민들 열 받게 하려고 선물 보낸 것이냐는 비난이 쏟아지자 대통령실이 아니라 행정안전부가 나서서 앞으로 신경 쓰겠다고 해명했다. 대통령 선물로 팔도 각지의 우리 농산물을 고르던 시절이 불과 몇 달 전이다.

정부가 없다

지지율 하락도 정부를 마비시킨다

지지율에 일희일비하면서 국정 운영의 중심을 잃어도 안 되겠지만, 너무 대범한 것도 곤란하다. 지지율이 떨어진다는 것은 생각보다 무서운 일이다. 정부의 지지율이 떨어지면 공무원들은 일하지 않는다. 인기 없는 정부의 조치를 지시대로 했다가 나중에 책임질 일을 만들지 않는 게 상책이기 때문이다. 정부 조직 자체가 마비되어 움직이지 않는다는 얘기다. 리더가 지지율에 대범한 것은 진짜 뭘 모르거나, 무모할 때나 가능하다.

리얼미터 기준 윤 대통령은 5월 취임 당시 51.2%의 긍정, 44.2% 부정 지지율로 출발했다. 그러나 역대급으로 빠르게 추락했다. 박근혜 전 대통령이 임기 3년차, 문재인 전 대통령이 임기 4년차에 지지율 20%대를 기록했다면, 윤 대통령은 취임 80일 만에 그 기록을 깼다. 선거 승리와 정권 초기 허니문 기간이 무색하게 역대 어느 정부와 비교해도 독보적으로 빠른 하락세다.

기본적으로 대통령 본인의 실언과 행동, 자질 논란이 지지율에 영향을 미쳤다. 정제되지 않은 발언을 노출시키면서 종종 논란을 빚었던 도어스테핑이 중단된 이후에도 윤 대통령의 입은 종종 지지율을 출렁거리게 만들었다.

반대 여론이 높은 정책을 무리하게 추진하다가 탈이 났지만 아랑곳하지 않았다. 집무실 이전 논란은 인수위 당시 감점 요인이었다. 용산 대통령실 이사 비용이 1조 원까지 소요된다는 여야 공방에 이어 경찰국 신설 논란, 초등학교 취학 연령 5세 하향 추진도 시끄러웠다. 미국 하원의장 낸시 펠로시 패싱 사건, 8월 수도권 홍수 당시의 대응, 장관 내정자 등 인사 논란, 이준석 등 여당 지도부 갈등, 김건희 여사의 도이치모터스 주가조작 봐주기 수사, 논문 표절, 천공법사 조언 논란 등이 취임 반년도 안 된 상황에서 불거진 일들이다.

해외 순방 때마다 욕설 논란, 빈곤포르노 사진 논란, 조문 지각 논란, 명품 쇼핑 논란 등이 이어졌고, 일제 강제징용 문제와 후쿠시마 오염수를 비롯한 한일관계 이슈도 국민들의 저항을 일으키면서 지지율을 떨어뜨렸다. 2023년 8월 광복절 축사에서 "공산 전체주의 세력은 늘 민주주의 운동가, 인권 운동가, 진보주의 행동가로 위장하고 허위 선동과 야비하고 패륜적 공작을 일삼아 왔다"고 포문을 열면서 '이념 전쟁'에 본격적으로 나선 것도 윤 대통령이 우파에 머물지 않고 극우로 가고 있다는 우려와 함께 지지율을 얼어붙게 했다.

정부가 없다

한때 "과거 정부가 부동산 문제, 환경 문제를 어떤 정치와 이념의 문제로 인식했다", "이념과 정치 논리에 매몰된 정책과 시스템으로는 혁신과 성장을 기대할 수 없다"며 이념을 배척하던 윤 대통령은 2023년 8월 "제일 중요한 게 이념"이라고 입장을 바꾸었다. 육군사관학교가 소련 공산당 활동 이력을 문제 삼아 독립영웅 홍범도 장군의 흉상을 철거하기로 결정한 것은 보수 진영에서도 우려를 불러일으켰다. 지지율이 떨어져도 상관 않겠다는 말을 공공연하게 내놓은 윤 대통령은 이념 문제에서 거의 '성전'에 임하는 태도를 보였다.

대통령에 대한 국민 판단인 지지율에 그는 별로 신경 쓰지 않는다고 했다. 윤 대통령의 발언을 찬찬히 살펴보면 무섭다.

"선거 때도 지지율을 올리기 위해서 이런저런 조언을 받았는데 사실 저는 별로 안 들었다. 지금도 정치공학적 조언은 잘 안 듣는다. 그리고 여론조사 분석은 가져와도 한번 열어봤다 닫는다. 국민이 대통령에게 기대하는 태도, 대통령다움이라는 게 어떤 건지 고민하고 있다. 솔직히 지지율은 아직도 잘 모르겠다."[*]

지지율에 개의치 않는 대통령의 담대함 덕분인지 대통령실 분위기도 사뭇 다르다. 이전 정부 청와대에서는 40%가 그다지 좋은

---

* 尹 "지역 따라 중대선거구제 검토… 편중인사? 지역·학교 안 따져", 〈조선일보〉(2023.1.2)

성적표가 아니었던 반면, 용산 대통령실에서는 40%를 회복하면 파티 분위기라고 한다. 그렇게 낮은 국정지지율에 만족하고 즐거워한다고? 믿기지 않지만 실제 그렇다고 내부 관계자가 전했다.

이 와중에 윤 대통령이 취임 첫해 지지율 반등의 효과를 크게 본 것이 2022년 12월 화물연대 파업에 대한 강력 대응이었다는 것도 간과할 수 없는 사건이었다. 이는 남은 임기 동안 반 노동 정책 기조에 대한 확신을 부여해준 것과 다름없다. 자유민주주의를 파괴하는 노조, 자유민주주의 질서를 파괴하는 건강보험 같은 식으로 윤 대통령의 자유민주주의에 추상적이지 않고 구체적인 적이 생겼다.

윤건영 의원은 "화물연대 파업에 대한 강경 대응에 지지층들이 반응하자 자신이 잘하는 것이 상대를 두들겨 잡는 일이란 걸 깨달은 셈"이라며 "국정과제가 얻어걸렸다"고 말했다.

"이른바 윤 정부가 2022년 12월 새롭게 내세운 노동개혁은 화물연대 파업 때문에 얻어걸린 국정과제입니다. 사실 국정과제가 모호했어요. 안철수 위원장이 이끌었던 인수위는 역대 최악이었다는 평가입니다. 허송세월만 하다가 대통령실 이전으로 스텝이 꼬였어요."

정부가 없다

낯선 블랙홀, 여사님

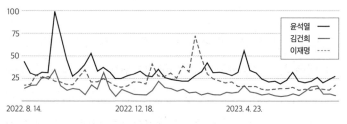

구글트렌드 키워드 검색량 분석

공적 업무도 않을 것이고, 공적 지원도 필요없다며 대통령실
에 여사팀인 제2부속실도 두지 않은 김건희 여사다. 그러나 대통
령 못지 않게 주목받는 그는 종종 야당 대표보다 더 많이 검색되
는 핵심인사다. '김건희' 관련 검색어가 재클린, 캄보디아, 리투아
니아, 팔짱 순이다. 패션 인플루언서 같은 '여사'도 처음이지만, 나
머지 키워드들은 구설수다. 그런데 김 여사는 이런 화제를 즐기는
인물이라고, 비교적 가까이 있던 M이 전해줬다.

"여사님은 '내가 설쳐서 욕 먹는 게 좋은 거야', '내 욕을 하면서 관심을 돌릴 수 있잖아', 이렇게 말씀하십니다. 인사문제라든지 국정운영 방식을 살펴보는 것보다 그게 낫다고 인식하고 논란을 즐기기도 합니다. 김 여사에 대한 온갖 비판은 타격감이 전혀 없어요. 오히려 본인이 논란이 됐을 때 사라지는 어젠다를 체크하는 편입니다. 이슈를 묻는 데 능수능란해요. 그럴 때면 상대를 아마추어로 보면서 '이럴 땐 내가 설쳐서 욕 먹는 게 맞는 타이밍'이라고 합니다."

《홍보가 아니라 소통입니다》 책을 썼던 내가 개인적으로 김 여사에 대해 최초로 감탄했던 것이 윤석열 후보 시절 '개 사과' 홍보였다. 당시 전두환 미화 망언을 내놓은 윤 후보는 사과를 요구하는 정치권과 언론을 향해 진의를 왜곡한다고 되레 성을 냈다. 여론이 더 악화되자 '유감', '송구'를 표현하며 뒤로 물러나다가 몇 시간 뒤 '개에게 준 사과' 사진을 소셜미디어에 올렸다. 엄청난 반향과 함께 비난이 쏟아지자 실무진 실수라며 바로 내린 이 사진에 솔직히 나는 놀랐다. 내 눈에는 대성공이었다. 당시 소셜미디어를 비롯한 후보의 홍보 인력은 부인의 측근들이라고 했다. 실수로 넘어갈 수도 있지만, 실수를 핑계로 대면서 다른 모든 이슈를 집어삼켜버린 블랙홀 급 사고라면 전략일 수도 있겠다고 생각했다.

사고를 사고로 덮는 것은 기대 이상 잘 통한다. 그 무렵 윤 후보의 홍보는 진지하게 작심하고 토론해야 할 일들을 황당한 사고로 욕먹으면서 넘어갔다. 담대하거나 미쳤거나 무능하거나. 어느 쪽인지 알 수 없지만 결국 윤 후보의 전두환 미화 망언은 묻혔고, 개사과는 국민 우롱이라는 분노거리로 오래 기억에 남았다. 지지자들은 어차피 상관없고, 반대 진영은 개 사과에 더 열 받아서 앞의 사고를 잊었다. 그런데 뒤늦게 측근으로부터 김여사가 스스로 설쳐서 욕먹는 것에 대한 자부심이 있다는 얘기를 듣고 보니, '선수'라는 걸 인정하지 않을 수 없다. 캄보디아 사진의 경우 지지자들은 좋아하고, 반대 편에서는 펄쩍 뛰며 비웃는데, 크고 작은 다른 이슈들이 묻혀버렸다.

다만 선수가 상대를 아마추어 취급하면서 승승장구하면 필연적으로 오버하게 된다. 전시 상황인 우크라이나 방문 외교를 리투아니아 명품 쇼핑으로 묻어버린 것은 명백한 마이너스다. 역시 똑똑한 사람들의 함정은 자신감에서 이어지는 오만함이다. 대중 공감능력은 점점 줄어든다. 대통령실의 홍보를 보면서 도무지 이해할 수 없는 경우가 종종 있다. 분명 리스크인데 왜 걸러지지 않았을까? M의 말에 따르면 이렇다.

"그런 리스크를 문제라고 인식하는 사람들이 주변에 별로 남지 않았어요. 한편으로는 리스크에 대해 고민하는 접근 자체를 아마추어라고 생각하는 측면도 있고요."

구설수로 다른 심각한 사안을 돌파하는 것도 전략이라면 그렇다 치자. 하지만 공식라인이 아닌 '비선 실세'인 김 여사 주변의 측근들은 괜찮을까? 이게 자칫 '국정농단'으로 감옥 갈 수 있는 사안이라는 것을 이제는 국민들이 다 알고 있다. 검찰은 특히 잘 알고 있다. M은 조심스럽게 우려를 전했다.

"김 여사 측근들 중에 굉장히 걱정되는 사람들이 일부 있어요. 국정농단보다 수위가 훨씬 높은 일도 있습니다. 현재 대통령실이 검찰 출신 성골과 김 여사 측근 진골들의 결합체라고 하지만, 성골들도 그 사실을 다 알고 있습니다. 그런데 정작 대통령실 검찰 성골들 쪽으로 관련 제보가 들어가자, 그 내용을 조사하는 것이 아니라 오히려 어떤 이가 그런 말을 떠들고 다녔는지 색출하고 털었습니다."

지금은 성골과 진골이 우호적 관계를 유지할 때다. 과연 끝까지 그럴 수 있을까? 언젠가 수사에 대비해야 한다는 것을 아는 성골들은 어떻게 작전을 짜고 있을까? 그 정도가 아니라고 판단할 만큼 눈이 흐려졌을까? 그럴 리가 없다. 김 여사의 모친 최은순 여사가 법정에서 구속되는 사태를 보고 주변에서는 윤 대통령이 되레 안심했을 거라는 이야기가 나돌았다. 리스크를 관리하는 방식도 여러가지다. 김 여사가 블랙홀처럼 화제를 빨아들이는 많은 사안들이 나중에 청구서 마냥 날아올 수 있다.

책임성과 투명성을 요구하는 것은 반정부 활동이 아니며

'재난의 정치화'라는 표현은 정당한 주권행사를

가로막는 구실이 되어서는 안 된다.

우리는 굳이 대통령 퇴진을 외치지 않고도,

진상규명을 요구할 권리가 있고,

정치적으로 변화를 지지할 자유가 있다.

반문, ABM 타령이 유령처럼 배회한다

2022년 12월 26일 대통령실이 공개한 이날 소식은 '새롬이와 함께한 아침 차담회'다. 은퇴한 안내견 새롬이가 대통령의 11번째 반려동물이 됐고, 출근길을 배웅하다가 전용차를 함께 타고 대통령실로 왔다는 소식이다. 훈훈한 소식이지만 마침 국방부는 이날 오전부터 엠바고를 걸고 북한 무인기 서울 상공 침투 뉴스를 통제했다. 반려견과 함께 하는 인간미 홍보도 때를 가려야 한다. 대통령이든, 대통령실이든 지나치게 한가했다.

다음 날까지 '서울 상공'이라는 키워드의 트윗이 3만 개 넘게 올라왔다. 북한의 도발도 충격이지만, 국가안전보장회의NSC 긴급 회의도 없이 개 사진만 홍보했다는 것은 정무적 감각 제로다. 12월 27일 유승민 국민의힘 의원의 페이스북 글이다.

"북의 무인기가 대한민국 영공을 침범한 날, NSC는 열리지도 않았습니다. '실시간 대응' 하느라 열리지 않았다는데, 전쟁이 일어나도 '실시간 대응' 하느라 NSC를 열지 않을 겁니까? 어제 윤석열 대통령의 일정은, 출근길에 새로 입양한 개를 데리고 집무실에 온 것과 지방 4대 협의체 회장단과 송년만찬을 한 것, 이 외에는 대통령이 북 무인기의 영공 침략에 대해 무엇을 했는지, 무슨 말을 했는지, 국민에게 알려진 게 하나도 없습니다. 국군통수권자가 이래도 되는 겁니까? 겨우 정권교체를 했는데 보수가 안보에 이렇게도 무능한 겁니까?"

북한 드론의 서울 상공 침투는 가벼운 사안이 아니다. 윤 대통령도 바로 다음 날 문제의 심각성을 조목조목 지적했다. 그런데 북한 군용 무인기에 우리 군이 제대로 대응하지 못한 것은 문재인 정부 탓이라 했다.

"지난 수년간 우리 군 대비태세와 훈련이 대단히 부족했음을 보여준다. 지난 2017년부터 전혀 드론에 대한 대응 노력과 훈련, 전력 구축이 제대로 되지 않고 훈련이 전무했다는 것을 보면 북한의 선의와 군사 합의에만 의존한 대북정책이 얼마나 위험한 것인지 국민들께서 잘 보셨을 것이다. 드론 부대 설치를 최대한 앞당기겠다."

언론은 대통령의 드론 부대 조기 창설 지시를 대대적으로 보도

정부가 없다

했다. 하지만 드론 부대는 이미 2018년 창설됐다. 언론은 그때도 열심히 보도했다. 2020년 11월 드론 대응 훈련, 2022년 드론 대응 대공 방어태세 훈련도 유튜브에 많이 올라온 뉴스다. 군통수권자가 NSC도 소집하지 않은 채 전 정부의 대비 부족을 탓했다. 이미 운영중인 드론 부대의 조기 창설을 지시한 실수만 아니었다면, 이전 정부 탓도 나쁘지 않은 전략일까? 하지만 언제까지, 어디까지 전 정부 탓만 할 것인가?

윤석열 대통령 역시 다른 대통령과 마찬가지로 '국민이 세운 대통령'이다. 그는 혼자 컸다고 하겠지만, 정권교체 카드가 될 가능성에 배팅한 이들이 키운 이다. 탄핵 이후 5년 만에 재집권은 어려울 것이라 했던 보수 진영이 그를 앞세워 정권 교체에 성공했다. 그는 이른바 달 그림자에 빛을 내는 후보였다. 문제는 대통령 취임 이후에도 여전히 달을 필요로 한다는 점이다. '반사체'가 아니라 스스로 빛을 내는 '발광체'가 되지 못한 대통령이다. 그런데 유권자인 우리는 이렇게 될 줄 몰랐을까?

그는 후보 시절부터 일관성 있게 '반문反文', 'ABM(Anything But Moon, 문재인 정부 정책만 아니면 된다)'을 외쳤다. 부동산 정책 실패를 성토했고, 탈원전이 문제라 했다. 이른바 대북 원칙론, 민노총 개혁, 소득주도성장 삭제 등 비정상의 정상화를 외쳤다. K방역의 흠결을 공격하면서 정권 교체 여론에 올라탔다. 그가 문재인 정부에 대한 반발, 당대 정책을 거꾸로 돌리겠다는 공약으로 당선됐다는 사실은 진보 진영에게 뼈아픈 결과다. 문 정부는 박근혜 전 대통령을 탄핵한 촛불시민이 만든 정부였다. 20년 장기집권을 오만하게 얘기하다가 5년 만에 정권을 내준 것은 뭐라 할 말 없는 실책이다.

20대 대통령으로 당선된 윤석열 후보는 1,639만표를 얻었다. 이재명 더불어민주당 후보는 1,614만표를 얻었다. 득표율은 48.56%대 47.83%. 역대 가장 적은 0.73%포인트 차이였다. 이 후보는 역대 민주당 후보 중 가장 많은 표를 얻고 낙선했다. 역대급 '비호감 선거'라고 해서 투표율이 떨어질 것이라 예상됐으나 77.1%로 5년 전과 크게 차이 나지 않았다. 중도층이 선거에 참여하지 않을 것이라는 전망은 틀렸다. 각자 저마다의 이유를 갖고 적극적으로 투표에 참여했다. 윤 후보를 위해 이준석 전 국민의힘 대표가 몰아간 20대 남성의 지지만큼이나 민주당 쪽도 막판에 20대 여성들이 결집했으니 세대가 결정적 변수는 아니었다.

윤 대통령은 사실 간신히 정권 교체에 성공했을 뿐 압도적 지지를 얻은 것은 아니었다. 핵심은 '내로남불'에 화가 난 이들의 정권 심판이었지, 윤 대통령에 대한 기대로 투표한 게 아니었다는 점이다. 이른바 반문, 문재인 정부만 아니면 된다는 ABM Anything But Moon 이 유권자에게도 가장 강력한 동인이었다.

선거 직후 한국갤럽은 '대선 후보에게 투표한 이유'를 조사했다. 윤석열 후보에게 투표한 이유는 '정권교체'가 39%로 가장 높았다. 그 다음은 이유는 '상대 후보가 싫어서/그보다 나아서(17%)'라는 응답이었다. 신뢰감이나 공정 등의 이유는 뒤로 밀렸다. 심지어 국민의힘을 지지하기 때문에 뽑았다는 정당 지지 답변도 7%에 불과했다. 정당이나 후보 자체를 지지해서 대통령으로 만든 게 아니었다. 이토록 뚜렷한 민심을 보았나. 역시 문재인 정부에서 일했던 이로서 몹시 부끄럽고 아픈 결과다. 잘한 성과도 있었겠지만, 놓친 일들이 치명적이었다. 박빙 승부에서 ABM이 이렇게 작동했다.

다만 대선 여야 후보의 근소한 득표 차는 지지만큼이나 반대 민심도 적지 않은 현실을 보여줬다. 새 정부가 교만하고 오만하지 않도록 현명한 국민들이 표로 견제했다고들 했다. 20대 대선에서 유권자가 4,419만 명으로 늘어난 가운데 윤 후보를 찍지 않은 이도 2,780만 명에 달했다. 그들은 국민이 아니라 적인가?

누군가의 안티테제Antithes로 국가를 5년간 이끌 수 있을지 시험대에 올랐다. ABM이 후보의 비전이었고, 투표의 이유였다는 것은 서글픈 일이다. 집권 후 1년이 지나도록 아직도 ABM에 머물러 있다는 것은 더 슬프다. 우파 매체 〈조선일보〉조차 논설실장 칼럼에서 "만약 윤 정부가 ABM의 꼬리표를 달게 된다면 그것은 실패로 가는 길"이라고 우려할 지경이다. 정권이 교체된 지 1년 3개월이 넘었는데, "당연히 해야 할 '비정상의 정상화'에 앞 정부를 끌어들이는 순간, 진영 이슈로 변질되고, 정치적 공방의 대상으로 내모는 전략적 미스"라고 지적했다.*

정부 조직의 말초신경까지 깨우는 건 리더십이다. 일하는 사람들의 가슴을 뛰게 만드는 것은 북극성처럼 빛나는 비전이다. 검증되지 않은 대통령의 리더십은 새 정부 출범 첫해 바닥을 드러냈다.

* [박정훈 칼럼] '前 정부 탓'의 유효 기간, 〈조선일보〉(2023.8.5)

대통령이 다한다, 그게 문제다

사람들은 뭘 해야 할지 모를 때, 가장 잘하는 것을 한다. 윤석열 대통령에게는 수사다. 준비와 고민이 부족한 상황이라면 습관대로 움직인다. 역시 수사다. 윤석열 대통령의 불행은 준비할 시간이 짧았고, 구석구석 잘 알지 못했다. 전임자는 청와대 민정수석과 비서실장, 당 대표 출신이었다. 어떤 사안이 왜 중요한지, 대략의 역사와 방향, 쟁점이 무엇인지 알고 있었다. 대선 후보 토론회에서 "RE100이 뭐죠?" 묻던 윤석열 대통령은 학습이 충분하지 않았다.*

잘 모르면 공부하고, 경청하고, 토론하면 된다. 대통령은 관료든 학자든 활동가든 각 분야에서 가장 훌륭한 이들을 불러 언제든 현안을 논의하고 학습할 수 있다. 그런데 보고를 받든, 자문을 받든 80~90%는 윤 대통령이 발언한다는 뒷얘기가 파다하다. 회의나

---

* RE100은 기업들이 2050년까지 풍력·태양광 등 재생가능한 에너지[Renewable Energy]를 100% 활용하는 자발적 약속이다.

정부가 없다

보고, 자문을 받을 때조차 대통령이 압도적 발언 점유율을 유지하다 보니 관련 에피소드가 여럿 쏟아진다.

"어느 부처에서 1시간 보고를 준비했는데 대통령 발언이 50분이었다고 해요. 수사해봐서 아는 것인지, 유튜브를 보고 아는 것인지 다 아는 내용이라며 본인이 자신 있게 발언을 주도했다고 합니다. 부처에서는 보통 대통령 대면보고를 위해 오랜 시간 준비하는데 맥이 빠질 수밖에 없죠. 그렇다고 서면자료라도 나중에 챙겨보는 분이 아니잖아요. 어떤 장관은 야심 찬 보고를 시작하자마자 대통령이 반박하며 일축하는 바람에 자신의 소신까지 꺾고 정책 방향 자체를 바꿔야 했다고 합니다."

밤마다 부처 정책보고서를 읽다가 아침에 벌개진 눈으로 출근했다는 문재인 대통령 에피소드도 많았지만 술자리를 즐기는 두주불사형 윤석열 대통령은 퇴근 이후 정책보고서를 잘 읽지 않거나 덜 읽는 것으로 보인다. 집권 초기 윤 대통령이 정책보고서는 아예 안 본다는 소문이 나돌았으나 그건 믿기 어렵다.

대통령이 검사 시절 선입견을 업무에 참고했다는 점도 역시 놀라운 소문이다. 대통령은 과학기술정보통신부와 국정원을 특히 신뢰하지 않는다고 주변 참모들에게 털어놓았단다. 과거 수사할 때 봤더니 지나치게 방어적이거나, 장난 치는 일이 있었다는 이유다. 괜찮은 사람이라고 판단한 이에게 관대하고, 한 번 찍히면 끝이란 얘기도 나온다. 상남자 스타일이라 해야 할까? 그냥 한 나라의 리더인 지금도 검사다.

대통령제 국가에서 대통령의 인격과 철학, 캐릭터가 얼마나 큰 영향을 미칠 수 있는지, 전 세계가 학습하는 시대이기는 하다. 온실가스를 줄여 지구온난화를 막자는 파리기후협정 서명국 195개 국가 가운데 2017년 미국이 갑자기 탈퇴를 선언한 것은 미국의 시스템 문제가 아니다. 온실가스 감축 목표를 지키고 싶지 않다는 도널드 트럼프 전 대통령의 결단이었을 뿐이다. 조 바이든 대통령은 2022년 11월 미국의 파리협정 탈퇴를 사과하고 파리협정의 목표를 달성하겠다고 국가의 입장을 바꿨다. 임종석 전 대통령비서실장은 "대통령제와 의원내각제의 장단점이 있겠지만, 대통령을 중심으로 신속하게 의사결정이 이뤄진다는 장점이 과도하게 발휘되면 공무원을 복지부동하게 만든다"며 "과해도, 덜해도 어려운 세상에서 균형이 무너지지 않도록 해나가는 것이 정치"라고 말했다.

어쨌거나 윤 대통령은 어느새 자신감이 넘친다. 해외순방도 다녀왔고, 국제회의에도 참석했고, 영업사원 1호라며 엑스포 프레젠테이션도 직접 영어로 했다. 국내 이슈도 '법대로' 강경대응 했더니 풀렸다고 생각한다. 대통령이 되고 싶었을 뿐, 대통령이 무슨 일을 하는지 깊게 생각해볼 기회가 없었다던 대통령이지만 어느새 적응했다. 그에겐 모든 게 잘 돌아가는 중이다. 정치권 개혁도 사실 국민이 부여한 미션이지만 정치권을 무시하고, 멋대로 맘대로 신념과 고집대로 국정을 운영하고 있다. 위험하다는 경고 신호가 이어지지만 그에겐 상관없어 보인다. 일단 대통령에게 뭐라 하는 사람이 없다.

도어스테핑을 둘러싼 논란은 윤 대통령의 스타일과 참모들의 분위기를 가장 잘 보여준다. 대통령의 자신감으로 시작했으나 소통 측면에서는 리스크였다. 관련 부처 입장과 다른 메시지가 대통령으로부터 여과 없이 튀어나와 뒷수습에 난리가 나기도 했고, 발언 자체가 구설수를 불러온 일도 수없이 많았다. 실제 2022년 11월 도어스테핑 중단 이후 리스크가 일부 줄어들면서 오히려 지지율이 올랐다. 기자들과 직접 소통을 앞세워 시작했던 도어스테핑 중단의 부수적 효과가 지지율 상승이라니. 거꾸로 말하면, 지지율을 떨어뜨리는 리스크 폭탄 도어스테핑을 말릴 수 있는 참모가 없었다는 방증이다.

도어스테핑의 시작도, 끝도 대통령의 즉흥적 결정이었다. 김종인 전 국민의힘 비상대책대위원장은 이 무렵, "대통령은 정치를 해본 분이 아니다, 정치인들이 흔히 얘기하는, 인내하고 참는 성격의 소유자가 아니기 때문에 즉흥적 반응을 보여줄 수밖에 없다"고 지적했다.*

언제 어떤 이슈로 어떤 메시지를 내는 것이 가장 좋다는 메시지 관리 차원의 직언도 없었던 것일까? 청와대 경험을 돌아봐도, 대

---

* 〈주진우 라이브〉, KBS(2022.11.21)

체 대통령실 참모들이 대체 뭘 하고 있는 것인지 궁금했다. 원래 대통령에게 직언한다는 게 쉬운 일은 아니지만 어떤 분위기인지 여기저기 물었다.

"참모들이 보고하러 들어가면 종종 화를 낸다고 합니다. 원래 말끝마다 이 새끼, 저 새끼라는 단어를 많이 쓰는 것으로 유명한데 평상시 말투 자체가 거칠어요. 감정적으로 격앙되어 있는 경우가 많다고 해요. 차분하고 냉정하게 보면서 합리적 판단을 내리는 게 아니라 즉흥적 지시가 많이 나온다고 합니다. 와중에 참모들은 점점 더 주눅 들어 뭔가 보고를 못해요. '네, 알겠습니다' 이런 말밖에 못합니다. 토론은 언감생심 불가능하고요."

게다가 대통령의 말투는 그 아랫사람에게도 전염된다. 모 수석 역시 말끝마다 욕설에 호통을 치는 스타일로 악명이 높다고 대통령실에서 일했던 이가 전해줬다. 국민을 섬긴다는 사람들이 아랫사람에겐 호통으로 일관한다는 것도 아이러니다.

청와대 비서실장은 '센' 자리다. 밖에서 보이지 않았겠지만, 임종석 전 청와대 비서실장의 가장 큰 역할은 때로 문재인 전 대통령에게 '직언'을 하러 출동하는 일이었다. 그는 유머 감각과 진중함을 섞어서 할 말은 했다는 자부심을 감추지 않았다. 그의 후임들이 그 정도로 직언하지 못했다는 평가가 공공연했다. 현재 대통

정부가 없다

령실 사람들 말을 종합하면, 김대기 대통령실 비서실장에 대한 아쉬움은 그 부분에 있다.

　김 실장 스스로 자신은 위에 말 못한다는 하소연을 감추지 않는다고 했다. 그리고 원래 그런 인물이라는 평판도 분명했다. 비서실장이 어떤 사안에 대해 직접 결론을 내지도 못하는 것도 내부에서는 도마 위에 올랐다고 했다. 다만 이런 구조는 김대기 실장이 아니라 윤석열 대통령의 책임이다. 권한을 얼마나 위임했는지 여부에 따라 2인자의 힘이 달라진다. 재량과 권한을 갖고 국정운영을 지원했던 문재인 정부의 이낙연 국무총리에 비해 현재 현재 한덕수 국무총리의 존재감이 떨어지는 것은 이유가 있다. 대통령이 힘을 실어주지 않기 때문이다. 역설적으로 윤 대통령은 막강한 대통령이다. 하지만 힘이 셀수록 견제 없이 위험이 커진다는 것을 우리는 모두 알고 있다.

대통령의 공감 주파수는 유튜브에

"대통령에게 제대로 말하는 이가 대통령실에 없습니다. 그러니 대통령은 가끔 밖에서 이런 저런 소리를 들어요. 주로 보수 원로들이나 보수 유튜버들 얘기를 많이 듣습니다. 통화도 자주하고 밥도 먹고요."

용산 대통령실에서 일했던 관계자의 말이다.

한동안 쉬쉬하는 수준에서 윤석열 대통령이 보수 유튜브를 즐겨 본다는 소문이 돌았다. 어느 변호사 후배에게 직접 전화해 한 유튜브 채널에 출연해서 한 이야기를 잘 들었다면서 칭찬한 얘기 정도가 나돌았다. 그러나 보수라기보다 극우 유튜브 채널을 계속 본다는 것은 어느새 기정사실처럼 받아들여지기 시작했다. 2023년 8월 광복절 축사를 전후로 이념 전쟁에 본격 나선 대통령의 발언에는 극우 채널의 흔한 논리가 등장하기 시작했기 때문이다.

진중권 광운대 교수는 '뉴라이트 운동권이 된 대통령'이라는 〈중

정부가 없다

앙일보〉칼럼(2023.9.7)에서 "징조는 삼일절 때부터 보였지만 뉴라이트 사관이 전면화한 것은 지난 광복절 경축사 때부터였다"며 "진보와 보수를 넘어 상식과 공정의 나라를 만든다기에 당선시켜줬더니, 그 약속을 깨고 국가 정체성을 흔들어댄다"고 지적했다.

사실 대통령의 보수 유튜브에 대한 관심은 뿌리가 깊다. 강승규 시민사회수석은 2022년 8월 극우 유튜브 '이봉규TV'에 직접 출연해 낸시 펠로시 미국 하원의장 홀대 외교에 대해 해명했다. 대통령실 수석쯤 되면 신문이든 방송이든 어느 언론사, 어떤 코너에 출연할지 여부도 정무적 판단이 필수인데 강 수석은 보수 지지층도 마뜩잖게 보는 극우 유튜브를 선택했다. 본인이 애쓰고 있다는 것을 대통령이 직접 보고 알아주기를 바라는 마음이 없었다고 할 수 있을까? 이봉규씨는 대선 당시에도 언론 인터뷰 등을 통해 "윤석열 후보가 '이봉규TV'를 본다"고 자랑해온 인물이다. 이준석 전 국민의힘 대표는 2023년 2월 윤 대통령에 대해 "보수 유튜브 세계관을 받아들이고 있어 안타깝다"며 "그걸 못 벗어나면 영영 답이 없다"고 주장했다. 대한민국 국민들이 보편적으로 하는 인식과 너무 다른 세계관에서 윤 대통령이 잘못된 인식을 갖고 이상한 정무적 판단을 한다는 것이 이 전 대표의 지적이다.[*]

윤석열 대통령의 보수 유튜버에 대한 호감은 실제 국무위원 자리까지 이어지기도 했다. 김영호 통일부 장관은 구독자 24만 명을

---

[*] 이준석 "윤 대통령, 보수 유튜브 세계관에서 벗어나야", 〈오마이뉴스〉(2023.2.13)

거느린 정치 유튜버였다. '김영호 교수의 세상 읽기' 채널을 통해 2,800개의 영상을 올렸으며 5년간 3억 7,000만 원의 수익을 올린 선수다. 구독자 수로는 차관급 국가공무원인재개발원장에 임명된 김채환 유튜버가 김 장관을 훨씬 앞서는 거물이다. 그는 '김채환의 시사이다'란 유튜브를 운영하며 54만 명의 구독자를 상대로 촛불시위에 중국인들이 대거 참여했다, 문재인 대통령이 군인들에게 생체실험이나 다름없는 짓을 했다, KBS가 완전히 민노총에 장악돼 있다거나 TV수신료 분리의 결론은 'KBS MBC 민영화'라는 주장을 해왔다.

국민의힘 전당대회를 통해 극우 유튜버들이 당 최고위원에 도전한 것도 유례없던 사건이었다. 2023년 1월 유튜브 '신의한수' 신혜식 대표의 최고위원 도전 출정식에는 김기현 국민의힘 대표가 직접 참석해 "대한민국 민주주의를 건져낸 주역"이라고 응원했다. 신 대표와 '가로세로연구소' 김세의 대표의 최고위원 도전은 무산됐지만, '따따부따' 채널의 민영삼 전 윤석열 대선캠프 국민통합특보는 1차 컷오프를 통과해 김기현 국민의힘 대표의 특보로 임명됐다. 한국자유총연맹은 미디어분과 자문위원으로 보수 유튜버들을 대거 위촉했고, 이들 중 일부는 윤석열 대통령 취임식에 참석했던 문제적 인물들이다.

극우 유튜버들은 목소리는 큰 빅마우스 들이지만, 국민 다수의 감수성과 맞지 않을 뿐더러, 극단적 선동으로 인기를 얻는 이들이다. 사안의 본질보다 상대를 공격하는 명분에 집착하는 방식인데,

　　　　　　　　　　　　　　　　　　　　　　정부가 없다

여기에 대통령이 익숙해지면 곤란하다고 생각한다. 대통령의 주 파수를 조금 더 넓고 합리적인 여론에 맞추는 게 좋다고 직언하는 참모도 없는 것인지 괜히 걱정도 된다. 종종 상식적으로 아쉬운 장면이 연출되는 것은 대통령의 공감이 협소한 지지층에 맞춰져 있다는 의심을 들게 한다. 뭐, 국민의 생각보다 본인을 지지해준 극우 지지자들의 반응이 중요하다고 판단한다면 어쩔 수 없다.

"참사로 희생된 이들의 49재였어요. 대통령이 추모제에 참석하지 않을 거면 차라리 아무 일정을 갖지 않고, 메시지를 내지 않는 편이 나아요. 유족들을 배려하는 모습을 보였어야죠. 대통령이 중소기업 행사에 참석해 '술 좋아한다고 술잔 샀다고 그러겠네' 농담하며 웃는데 가슴이 아팠습니다. 유족들을 조롱했다는 비판에 할 말이 없어져요. 다음 날 사저였던 서초동 주상복합 아파트에 반려견을 안고 나타나 '여러분이 이웃이었다는 것이 정말 행복했다'고 했죠. 49재에 아무런 메시지를 내지 않을 거면 다른 이들에게도 애틋하게 감정을 전하는 모습을 보이지 않았어야죠. 유족들을 위로하거나 대우하고 싶은 생각이 없다는 거잖아요. 우리 편이라 생각하지 않는다는 거잖아요. 국민 통합, 대화, 타협에 나서며 가장 큰 어른으로서, 존경받는 대통령으로 인정받았으면 좋겠다는 바람은 물 건너 갔습니다."

보수정당 참모 출신인 장성철 공론센터 소장의 한숨이 깊었다. 대통령과 정부가 10·29 참사 유족들에게 보이는 모습들이 대단히 불행하게 다가온다고 했다. 대통령 입장에서는 5일간 애도기간을 정해줬고, 배상도 해준다고 했는데, 왜 유족들은 반정부 단체(민변)와 합작해서 사과하라, 장관 그만두라 하는지 불편할 수도 있다. 그렇다고 해서 대통령의 배려를 받아들이지 않는 국민은 반대편, 적으로 볼 수밖에 없는 것일까?

대통령이 정치를 멀리할 때

윤 대통령은 '직진'하는 사람이다. 좌고우면하지 않았다. 그 뚝심이 끝내 그를 대통령으로 만들었으니 본인의 성공방정식은 여전히 직진일 수밖에 없다. 그런데 국정 운영은 좀 다른 얘기다. 대통령이 다 할 수 있을까? 장관 임명조차 쉽지 않다. 음주운전과 논문 중복 게재 등등 자질 논란에도 불구, 임명을 강행했던 박순애 교육부 장관은 34일 만에 사퇴했다. 대통령실의 인사검증을 통과했으니, 당연한 반응이겠지만 윤 대통령에게는 그 누구도 낙마할 만큼 문제가 심각하지 않았다. 자질 논란은 부당한 공격이라 생각했을 게다. 그러나 대통령도 끝까지 막아주지는 못했다. 삼권분립 국가에서 대통령의 권한은 만능이 아니다.

민주화 이후 정치권 경험이 전혀 없는 대통령을 맞이한 것은 우리에게도 첫 경험이다. "처음 보는 초식이 전개되고 있다"는 장성철 공론센터 소장의 말이 인상적이다. 정치를 하지 않는 대통령에게는 협치도 타협도 낯선 개념일 수 있다. 다수 의석을 확보한 야당의 협조 없이 예산과 법안이 통과되기 어렵고, 결국 국정 운영을 제대로 하기 힘들다는 것을 정치인들은 대략 알고 있다. 하지만 정치 경험이 없는 탓인지, 윤 대통령은 법안과 예산이 통과되지 않았을 때 어떤 문제가 벌어지는지 모르는 듯하다.

"코로나 피해 구제, 일자리, 연금 개혁 같은 문제는 어느 한 정파만 추진해서는 해결할 수 없다. 국민이 먹고사는 문제에선 야당과 초당적 협력에 나설 것이다. 거대 야당 인사가 청와대에 올 수 없다고 한다면 내가 밖으로 찾아가 만나겠다. 국회의 사당 식당도 좋다. 민생 해결을 위해서라면 대통령 권위를 내세울 생각이 없다."*

윤 대통령의 후보 시절 발언이다. 그는 야당과 소통하는 협치 전략에 대해 적극적으로 발언했다. 2022년 8월 취임 100일 기자회견에서도 중장기 국가 개혁 플랜에 대해 "정부가 어떤 방향을 갖고 일방적으로 밀어붙일 수 있는 것이 아니다"며 "정부와 국회, 그리고 시민사회가 초당적, 초정파적으로 해결할 문제"라고 거듭 강조했다. 지금 돌아보면 슬그머니 웃지 않을 수 없다. 초당적 협력? 쓴웃음이 나온다. 윤 대통령은 본인이 한 발언을 단 하나도 지

* 윤석열 "연금개혁, 한 정파만 추진해선 해결 못해",〈조선비즈〉(2021.11.8)

키지 않았다. 반대 진영과 대화하고 부딪치며 국정을 운영하는 법, 자신의 생각을 고집하기보다 상대를 설득해서 내 편으로 만드는 국정 운영, 이런 건 현재 찾아볼 수 없다.

2023년 1월1일 윤 대통령의 신년사에는 협치가 한마디도 언급되지 않았다. 집권 1년이 지나도록 야당 지도부 공식 회동조차 없는 건 처음이다. 전 정부를 그토록 비난하는 정부인 만큼 협치를 통해 전 정부의 한계를 뛰어넘으면 좋으련만, 더 나빠지고 있다는 게 문제다. 윤 대통령이 청와대 영빈관에서 개최한 2023년 1월 신년인사회는 더불어민주당의 불참으로 반쪽짜리 행사가 됐다. 통상적으로 대통령실과 정당의 소통 창구로 정무수석이 나서는 의전 관행이란 게 있다. 정무수석이 야당 대표에게 연락해서 자리를 조율하는 절차를 거친다. 그런데 이번에는 대통령실 대신 행정안전부 이름으로 신년회 참석 요청 메일을 보냈다고 한다. 3시간 내 회신해달라는 단서까지 붙었고, 역시 관행과 달리 인사말 기회도 주지 않았다. 오지 말라는 얘기다.*

윤 대통령은 왜 이렇게 야당을 싫어할까? 진짜 모두 주사파라고 믿는 걸까? "자유민주주의에 공감하면 진보든 좌파든 협치하고 타협할 수 있지만, 북한을 따르는 주사파는 진보도 좌파도 아니다. 적대적 반국가 세력과는 협치가 불가능하다." 윤 대통령의 2022년 10월 발언이다. 대통령의 협치 기준이 된 '자유민주주의'라는

---

* 대통령 신년인사회부터 빛바랜 협치와 소통, 〈한국일보〉(2023.1.3)

단어 자체가 고생이 많다. 헌법에도 없는 이 단어는 이주호 현 교육부총리가 2011년 교육과학기술부 장관으로서 교과서 내 '민주주의' 표현을 '자유민주주의'로 바꾸면서 주목 받았다. 이후 문재인 정부에서 다시 민주주의로 교과서 표현을 바꿨지만 2022년 11월 '자유민주주의'로 재개정 방향이 예고된 상태다.

주사파란 단어 역시 낡았지만, 대통령이 주목하니 뜻이 무겁다. 만약 대통령이 야당 지도부를 주사파로 본다면 협치란 무지몽매한 기대다. 윤 대통령은 자신의 말에 동의하지 않거나 비판하는 이를 뭔가 문제 있는 수사 대상처럼 본다. 그는 이른바 적과 대화할 만큼 아량이 넓지 않다.

게다가 윤 대통령은 속된 말로 여당에도 빚진 게 없다. 여당의 의견을 들어줄 이유도 없다. 박근혜 전 대통령의 경우, 당을 이끈 경험이 있었다. 이명박 전 대통령도 여당 의원 출신인데다 친형인 이상득 전 의원이 모든 게 형님만 통하면 된다는 식의 '만사형통'이라 불리면서 여의도를 장악했다. 여당과 관계가 깊지 않은 윤 대통령은 이른바 '윤핵관', 장제원, 권성동 윤의 핵심 관계자들을 통해 당을 좌지우지하는 방식을 택했다. 윤핵관의 영향력을 기반으로 2024년 국회의원 후보자 공천까지는 최소한 여당 눈치를 볼 이유가 없다. 야당도, 여당도 신경 쓰지 않는 대통령의 독주가 이어질 수밖에 없다. 총선 이후에는 균형이 또 달라지겠지만, 그때까지 삼권분립은 요원한 얘기다.

야당과 협치 없이 통치가 가능할까?

"집권 다수당은 '우리 정책으로 한 번 해보고 선거 때 심판받겠다는 것'인데, 야당은 무조건 반대만 하고 있다."

이것은 권성동 의원의 발언이다. 다만 국민의힘 의원이 아니라 새누리당 의원이던 2016년 1월 총선정책토론회에서 나온 말이다. 2023년의 발언이라 해도 전혀 위화감이 없다. '무조건 반대' 현상은 여야가 바뀌어도 마찬가지다. 2020년 12월 국민의힘 유상범 의원의 공수처법 대안을 내놓고 설명한 직후, 국민의힘 의원들이 무조건 반대 투표를 한 영상이 화제였다. 권성동 의원이 "찬성해야 해, 찬성, 반대 말고 찬성, 찬성하라니까!" 소리쳤으나 자당 의원들의 무더기 반대로 부결됐다.*

야당은 인사청문보고서 채택도 반대, 추경도 반대, 거의 언제나

---

* 홍익표, '무조건 반대만 던지는 야당'에게 전하는 한마디, 노컷브이.(2020.12.11)

무조건 반대다. 국민들이 야당에 피로감을 느낄 때까지 반대한다. 야당의 속성이 원래 그런가?

여야가 매사 충돌하는 정치권 모습은 국민들의 정치 피로도를 높인다. 민주주의 강대국 미국이라고 초당적^{bipartisan} 협력이 지속적으로 이뤄지는 건 아니지만, 바이든 행정부 출범 이후 인프라법, 인플레이션 감축법^{IRA}은 협치의 성과다.

> 바이든은 '주류 기득권'으로 비판받고 설득과 타협이 실종된 워싱턴에 정치를 되돌리려 하고 있다. (중략) 취임 2주 만인 2월 1일 백악관 집무실을 공화당 의원들에게 열었다. 공화당 중도파 의원 10명과 마주앉아 코로나19 구제안을 설명했다. 바이든은 수시로 공화당 의원들에게 전화했다. 공화당 수전 콜린스 의원은 네 번이나 전화를 받았다고 했다. 2월에는 암 투병 중인 밥 돌 전 공화당 의원을 찾아갔다. 4월에는 두 차례나 양당 의원들을 만나 인프라 법안을 설명하고 토의했다.*

미국도 정치, 협치가 실종된 것은 마찬가지이지만 정치경력 50년에 육박하며 '워싱턴 최고의 인사이더'로 불렸던 바이든이 본인의 장점을 발휘한 사례다. 사실 정치 경력 부족한 대통령이라도 상관없다. 손 내밀고 전화하고 만나면서 설득하는 것은 의지의 문

---

* 《바이든의 첫 100일》75쪽, 김민하, 유민영, 이인숙, 글항아리.(2022)

제고, 대통령의 복심을 읽어내는 누구라도 대신 분주하게 노력할 수 있다.

화해와 탕평은 대통령의 의지가 중요하다. 현재 윤 대통령이 강조하는 노동, 연금, 교육 3대 개혁 과제 등은 모두 입법을 통해 풀어야 한다. 김대기 대통령실 비서실장은 2023년 1월 "우리 정부 출범 이후 정부가 발의한 법률안 110개 중 95개가 국회에서 통과되지 못했다"며 야당의 초당적 협력을 요청했다. 이해관계가 복잡한 사안들로 갈등을 중재하고 타협하지 못하면 되는 게 없을 게 분명하다. 지지층 결집에만 기대어 해결될 리 없는데 2024년 총선을 한 해 앞둔 2023년에 여야 대화가 되살아날 가능성은 높지 않다.

협치, 탕평책의 아이콘은 개혁 군주였던 정조다. 정조가 아버지 사도세자의 죽음을 정당하다고 했던 벽파의 리더 심환지에게 보낸 299통의 비밀 편지가 공개된 것은 2009년의 일이다. 날카롭게 대립했던 정적에게 수시로 편지를 보내 인사 문제를 협의했고 국정운영의 도움을 받은 정조의 통치를 다시 보게 만들었다. 당시 여야라 할 수 있는 노론과 소론의 대립 상황에서 정조가 심환지와 미리 짜고 정치쇼를 벌인 정황도 여럿 발견됐다.* 말하자면 대통령이 야당 지도자와 은밀하게 의견을 교환하며 통치하는 모습이다. 오늘날 상상하기 어렵다. 그런데 일이 되게 만들려면 뭐라도

---

* 정조가 심환지에 보낸 299통 밀서에는.. 각본 짜고 인사·상소 '정치 쇼' 적나라, 〈국민일보〉 (2009.2.9)

해야 하지 않을까?

"미국 영화를 보면 대통령의 일과 중 가장 많이 하는 게 정치인 만나는 겁니다. 문재인 정부 시절에도 가장 아쉬운 것 한 가지를 꼽으라면 그겁니다. 문재인 대통령은 바른 생각, 균형있는 생각을 가지려고 끊임없이 노력하는데 국회에 대한 불신이 있었습니다. 그래도 여당과 야당, 정부가 함께 하는 여야정 협의체를 정례화하기 위해 정말 노력했습니다. 여야정 정책협의회가 돌아가려면 한 번 했다는 정도가 아니라 수시로 만나야 합니다. 적어도 1주일에 한 번 해야 할 가치가 있는 일입니다. 그것보다 더 자주해도 좋고요. 모두 공개하는 건 지속하는데 오히려 장애가 될 수 있으니 일부 비공개로도 만나고요. 야당 지도자들도 싫어할 리가 없습니다. 낮에도 만나고, 밤에도 만나고, 야당 대표나 지도부뿐 아니라 중요한 법안이 쟁점이 되면 야당 상임위원장, 간사들과도 대화를 충분히 해야죠. 부탁할 일 있으면 부탁하고, 이게 대통령제가 원활하게 돌아가려면 필수입니다."

임종석 전 비서실장은 국민의 삶을 개선하기 위한 중요한 정책을 정부가 구현하려면 이처럼 대통령과 여야의 만남과 대화가 지속적으로 이뤄져야 한다고 말했다. '영수회담'이란 단어는 좀 낯설지만 대통령과 야당 대표의 만남에 주로 쓴다. 옷깃 영, 소매 수 한

정부가 없다

자에서 나온 단어로 화려한 옷깃과 소매는 높은 신분을 상징하면서 우두머리를 가리키는 별칭이 됐다. 김영삼, 김대중 전 대통령은 각각 영수회담을 10차례, 8차례 하면서 야당과 적극적으로 협치를 도모했다. 노무현 대통령 이후에는 당정분리 원칙에 따라 대통령이 여당 총재를 겸직하지 않으면서 점차 줄어들었다. 이재명 더불어민주당 대표는 여러 차례 영수회담을 제안했으나 그에 대한 수사가 본격화되면서 성사될 가능성은 낮다.

영수회담, 대통령과 야당 지도자의 독대는 사실 여러 가지 노력이 필요하다. 2017년 홍준표 국민의힘 당시 대표는 문재인 대통령의 5당 대표 영수회담 제안에 들러리 서기 싫다며 공개 거절했다. 이 과정에서 대통령도 영수회담 의지가 꺾였다. 이후 임 실장은 문 대통령에게 세 번 더 청했다고 한다. 결국 홍 대표와 양자 영수회담이 성사됐다. 다만 별다른 성과는 없었다. 임 실장은 "첫 술에 배부르시겠습니까"라고, 자주 만나야 한다고 또 불을 지폈다. 그는 "자주 만나야 솔직한 대화도 나누게 되고, 충분히 존중 받는다는 믿음이 생긴다"며 "대화와 타협은 정치의 본연으로 우리 정치에서 가장 우선적으로 복원해야 할 일"이라고 말했다.

"16대 국회 시절만 해도 여야가 상임위 차원이든, 원내 교섭단체 차원이든 밥도 먹고, 술도 먹고 계속 만났습니다. 상임위 끝나고 곧바로 집에 가본 기억이 없어요. 그 중 중진이 설렁탕 집이라도 가자고 제안했죠. 이후 노무현 전 대통령 탄핵을 거치

면서 여야 골이 깊어졌습니다. 서로 밥 먹고 대화하는 문화가
사라지기 시작했어요.

요즘 여의도 정치에서는 국민이 아니라 상대가 먼저 보여요.
적으로 보는 거죠. 정치는 격투기가 아니라 국민들이 심사위
원인 마장마술 같은 거라 채점에서 지면 끝이에요. 상대를 KO
시켜도 질 수 있어요. 어렵죠.

여야의 대화 정치를 기억하지 못하는 이가 많지만 벽돌 쌓듯
쌓아갈 수밖에 없어요. 가장 효과적으로 복원하는 방법은 대통
령이 시작하면 됩니다. 문재인 정부도 충분히 못한 게 아쉽지
만 해야 합니다. 하나의 작은 사례를 만들고, 만나서 갈등을 해
결하는 사례를 만들고, 국민이 박수 치고, 더 나은 사례를 만들
어가고, 계속 해봐야죠.”

타게 에를란데르Tage Erlander. 1946년 45세의 나이로 스웨덴 총
리에 올라 68세에 자진해서 하야할 때까지 23년간 11번 선거에
서 모두 승리한 전설적인 정치인이다. 처음 집권했을 때 그는 급
진적이란 평가를 받았고 재계는 불안을 감추지 않았다. 그러나 지
속적 경제성장을 위해 재계의 협조가 필수적인 상황. 에를란데르
는 매주 목요일 저녁 재계 인사들을 만났다. 소통과 설득의 시도
였다. 더 흥미로운 것은 이 자리에 노조 대표도 함께 부르곤 했다.
상생의 시도였다. 1950~1960년대 꾸준히 지속된 이 대화의 정치
가 ‘목요클럽’이고 상생 정치의 초석이 됐다고 한다. 파업이 사라

정부가 없다

졌고, 9년 무상교육, 100만호 주택건설 등이 진행됐다. 부럽다. 솔직히 미치도록 부럽다.

에를란데르는 여름 휴가 때도 상생에 매진했다. 하르프순드라는 총리 별장에서 노사정 확대 회의를 개최, 국가 현안과 경제성장, 사회정책을 논했다. 이 분은 온갖 역사를 남기는데 이게 바로 '하르프순드 협의민주주의'란다. 국가 현안이 발생할 때는 스톡홀름 하가 성에 정당 당대표들을 초청, 대연정에 준하는 정치적 동의를 구했다는데 이게 '하가의 협상'이란다. '방법이 없다면 길을 스스로 만드는', 그래서 '이름'까지 따라 만들게 된 대통합과 상생. '적'이 아니라 '대화의 파트너'라고 서로 인정하는 것이 출발점이고 지속적으로 만남을 갖는 기회가 형식에만 머물지 않음을 입증한다. 덧붙이자면, 에를란데르가 퇴임했을 때, 집 한 칸이 없었단다. 정부가 고심 끝에 무슨 연수원 옆 별장 하나를 마련해줬고, 1985년 그곳에서 삶을 마감했다.[*]

물론 협치가 유일한 정답이 아닐 수도 있다. 〈중앙일보〉 남윤호 에디터는 미국에서 노예제가 폐지된 것은 링컨 대통령의 공화당이 민주당과 초당적 협력, 협치에 나선 게 아니라 민주당 남부 주들과 전쟁을 벌인 결과라고 사례를 들었다. 협치를 했다면 전쟁을 늦추거나 피했을지 몰라도 노예 해방은 미뤄졌을 거라는 게 그의 주장이다.[**] 미국의 정치인들도 협치를 잘하는 게 아니라 전쟁도 불

---

[*] 《우리가 만나야 할 미래》, 최연혁, 쌤앤파커스(2012)
[**] '협치는 개나 줘버려' 美 초당적 협력 잔혹사,〈중앙일보〉(2022.11.10)

사한다는 주장인데, 민주주의는 원래 시간과 비용이 많이 드는 과정이다. 정치인들이 국회의사당에서 뜨거운 격론 끝에 뭔가를 바꾸는 것보다 전쟁을 통해 전리품처럼 무엇을 지키고 바꾼 사례가 역사적으로 훨씬 더 많겠지만, 덜 폭력적인 방향으로 인류가 진화했던 게 아닌가? 남윤호 에디터는 결론에서 "그렇다면 지도자여, 고독의 길을 가라. 여소야대 때는 빼고"라고 조언한다. 고독의 길이라 표현했지만, 여소야대가 아니라 여당이 힘있을 때는 독재자마냥 밀어붙이라는 얘기다. 삼권분립, 민주주의 체제의 견제와 균형은 정말 교과서에만 있는 것일까?

분열된 정치는 정부도 바꿔버린다

정권이 바뀌면서 분위기가 달라지는 것은 당연하지만, 실제로는 사람도 싹 바뀐다. 전 정부 사람으로 찍힌 이들은 한직으로 내몰린다. 문재인 정부 청와대 외교정책비서관 등 주요 요직을 거쳤던 외교부 고위직들은 차례로 국내 지자체 국제관계대사로 임명됐다. 최종건 전 외교부 2차관은 이렇게 지적했다.

"국제 무대에서 활약해온 외교관들에게 외교에서 손 떼라는 겁니다. 그 인사 조치는 외교부 안팎에서도 믿기지 않는 수모라고 봤어요. 그들은 평생 외교공무원으로서 애썼고, 단지 문재인 정부에서 요직을 거쳤다는 이유로 내쳐졌죠. 그래도 그분들은 늘공이죠. 어공으로 모셨던 일부 외부 전문가들은 감사와 수사를 겪다가 지치고 있습니다. 앞으로 어떤 전문가가 정부에서 일하려고 결심한다면, 정권 교체 이후 수사 받을 수 있다는 것을 기본 리스크로 따져야 합니다. 현장에서 실무 경험을 쌓았든, 연구자로서 전문성을 쌓았든, 앞으로 능력 있는 이들이 정부에서 일하고 싶겠어요?"

일하는 이들이 싹 갈리는 현상은 정권 교체 때마다 벌어지곤 했지만 박근혜 정부 이후 스케일도 달라졌다는 얘기가 나왔다. 예전에는 고위직들만 신경 쓰던 정권 교체에 중간 관리자나 하위직도 신경 쓰는 추세가 완연하다고 했다. 줄을 제대로 서지 않으면 어떻게 되는지 인사로 확실하게 보여주기 때문이다. 윤석열 대통령이 2023년 5월 "탈원전, 이념적 환경 정책에 매몰돼 (공무원들이) 새로운 국정 기조에 맞추지 않고 애매한 스탠스를 취한다면 과감하게 인사 조치를 하라"고 지시하자 하루 만에 산업부 2차관이 교체됐다. 그 다음 달에는 간호법 등 사회적 이슈가 대통령 뜻대로 진행되지 않았던 탓인지 보건복지부 보건의료정책실장이 갑자기 직위해제 되어 대기발령을 받았다. 감사원의 경우, 2022년 6월 현 정부 실세라는 유병호 사무총장이 임명된 이후 2개월 만에 각각 30여 명과 70여 명에 이르는 국과장급 핵심 요직에 자신과 가까운 인사를 배치했다고 한다. 대통령실과 유착, 무리한 감사 구설수 등은 돌파하는 분위기다.

적폐청산, 그거 문재인 정부에서도 잘하던 것 아닌가? 누군가 말했다. 이 정부가 가장 잘하는 것은 적폐청산일 것이라고, 두 번째도 적폐청산이고, 세 번째도 적폐청산이라고. 이 대답은 2017

년 문재인 정부 출범 때도, 2022년 윤석열 정부가 문을 여는 시점에서도 똑같이 적용될 것이라는 무시무시한 얘기였다. 여기에 대해 임종석 전 비서실장의 의견은 조금 달랐다.

"문재인 정부가 출범하면서 새로 시작한 적폐청산은 거의 없었습니다. 문화부 블랙리스트 사건 등은 박근혜 정부 시절부터 하던 게 넘어왔어요. 오히려 하마터면 만들어질 뻔한 적폐청산위원회 구상을 없앴습니다. 인수위 없이 국정기획자문위원회에서 신정부 국정 100대 과제를 만들었는데 그중 정치 분야 과제 중에 가장 윗줄에 있던 것이 적폐청산위원회 구성안이었거든요. 국정농단을 청산하자는 데 안 했어요. 임기 초에 그 위원회를 구성하는 순간, 정치가 수렁에 빠져들 것이라고 봤습니다. 분열된 국민을 통합하고, 무너진 대한민국의 국가적 틀을 잡아야 하는데 청와대가 범정부 적폐청산위원회를 만들었다가는 아무것도 못할 것이라는 판단에 문재인 대통령도 동의했습니다. 전 정부의 국정농단 관련 문제는 부처 차원에서 자율적으로 하라고 공문을 보냈어요. 박영수 특검도 2016년 말에 구성되어 2017년 초까지 수사했었죠"

그러나 정권 교체에 따른 정치 후폭풍은 정부 전 영역에 걸쳐 몰아친다. 특히 중앙 부처 외에 지자체 단위에서도 거세다. 결국 사람이 문제인데, 세상이 뒤집어지는 것은 누군가에게는 기회다.

제대로 일할 기회를 목표로 한다면 상관없지만, 어느 진영이든 정치를 등에 업고 약삭빠르게 움직이는 이들은 종종 역량이 떨어진다는 것은 아쉽다. 실력보다 끈, 충성심을 앞세우는 이들이기 때문이다. 서울시 어느 구청에서 일했던 '어공' N의 말이다.

"구청장이 교체된 뒤 전임 구청장 주력사업을 진행하던 팀은 풍비박산이 났습니다. 담당자를 갈아 치우거나, 그렇지 못했을 경우 갈구는 거죠. 이전 사업은 무조건 부정해버리니까 알아서 다른 자리로 찾아가는 사람도 생기고요. 현 구청장 라인이라고 팀장이 바뀌었는데 이른바 '일 머리'가 없는 분이었습니다. 일이 안 될 상황이라고 판단한 탓인지, 어느새 같이 일하던 늘공들이 병가, 육아휴직, 인사고충 절차 등을 밟아 다 떠나버렸습니다.

새 팀장은 기안을 올리면 무조건 안 된다고 했습니다. 차라리 명분이라도 있으면 좋겠는데 이유도 없어요. '개요'라고 쓴 대목을 '현황'이라고 바꾸라고 한 건 그나마 나아요. 고치라는 데 수정 지시도 명확하지 않았습니다. 열 번쯤 고쳤을 때, 찾아갔어요. 10차례 수정하는 동안 이런 흐름으로 지시했는데, 내가 당신 의도를 파악하지 못했다면 잘 쓴 샘플을 달라고 했습니다. 차라리 현 구청장이 어디에 주력하니까 더 담아오라든지, 이런 게 들어갔으면 좋겠다든지, 그런 지시라도 달라고요. 그런데 아무 설명도 못했습니다. 20번 넘게 고쳤더니 결국 처음과 똑같아졌어요. 이 과정에서 석 달이 지났는데, 일을 할 수 없었습니다."

N은 '월급 루팡'이 되는 것을 참을 수 없었다고 했다. 맡은 직무는 제대로 안 하면서 월급이나 축내는 월급 도둑 얘기다. 그러나 때로 공무원들도 '월급 루팡'이 되는 편이 쉬운 선택이다. 어느쪽에 줄 선들 위태로우니 적당히 눈치껏 일하면서 버티는 방식이다. 그러나 N은 "일이 재미있고 좋아서 해야 하는데, 어느새 번아웃과 우울증이 찾아왔다"고 했다. 정치적 중립과 정치적 자유의 균형점도 새롭게 논의될 필요가 있다. 공무원은 정치적 중립 의무에 따라 정치인 소셜미디어 글에 '좋아요'만 눌러도 처벌된다. 이렇게 티가 나는 일은 안 되고, 정치적 이해관계가 분명한 정권에 줄서는 일은 알음알음 하지 않으면 출셋길이 막힌다. 정치적 중립 의무 탓에 퇴근 후 시민으로 돌아가는 개인의 정치적 자유를 침해한다는 주장까지 나오는 시대인데 정작 정부는 정치 외풍에 흔들린다.

"오랜만에 만난 공무원들이 '전 정부 사람인 당신과 술 마시는 것도 용기가 필요한 일'이라고 하더군요."

2022년 송년 모임에서 예전 공무원 동료를 만났던 전 정부 청와대 비서관의 말이다. 전 정부 사람을 만나기만 해도 찍힐까 겁내는 이 공무원들은 비참한 속내를 토로했다고 한다. 정치적으로 찍히지 않으려면 특정 정부에서 잘나가면 안 된다는 이야기가 다시 떠오른다. 그러면 어느 정부에서 잘나가야 그 다음 정부에서 안전할 수 있을까? 엄정하게 실력으로 사람을 쓴다면 어느 정부에서든 괜찮아야 하는 것이 아닐까?

정책 비전은 선거용,
낡은 어젠다만 시끄럽다

이번 이태원 참사는 국가적 비극일 뿐만 아니라, 민주주의에 대한 심판이다. 당파성 정치와 희생양 찾기에 빠져 한국 정부는 젊은 세대와의 관계 단절이라는 진짜 위험을 보지 못하고 있다. 한국의 미래에서 가장 중요한 유권자와 관계가 약해지는 것은 양당에 정치적 손실일 뿐 아니라 민주주의에 대한 시민의 손실이다.

이는 미국 시사전문지 〈포린 폴리시〉에 실린 칼럼 '한국의 젊은 이들은 그들을 배신한 국가를 믿지 않는다'는 칼럼에서 발췌한 내용이다.* 세월호 참사 당시 늑장 대응과 비난을 피하려 애썼던 정부가 또다시 책임지지 않는 모습을 보이면서 특히 젊은 세대가 느끼는 배신감은 극에 달했다고 이 외신은 분석했다. 이태원에서 희

*Young South Koreans Don't Trust a State That Betrays Them,〈Foreign Policy〉(2022.11.17)

생된 이들 중 다수가 8년 전 세월호 희생자 또래로서 트라우마를 가진 젊은 세대이기 때문이다. 절망의 순간에 국가가 국민 옆에 있었는지, 국민을 배신했는지 여부는 이들의 기억에 또다시 상처를 남겼다.

〈포린 폴리시〉는 "한국의 진보와 보수 모두 선거기간 중에는 청년 유권자들에게 매달리지만 일단 당선되면 공약을 저버린다"고 했다. 실업률 감소 등 젊은 세대에게 중요한 이슈 대신 북한이나 일본과의 갈등 같은 기성세대의 당파적 다툼에만 매달리는 모습에 더해 국가적 트라우마가 겹치면서 청년들은 뜨겁게 부글거리고 차갑게 식는다고 했다. 이게 진짜 위험이다. 정부에 대한 배신감과 실망, 불신, 정치권에 대한 분노는 민주주의 체제 자체에 대한 냉소로 이어진다.

사실 대한민국이라는 국가의 서사는 5,000년 민족 정신에 이어 국민들을 하나로 묶는 데 대체로 성공했다. 건국 이후 반공을 내세워 국민의 단결을 이끌어냈고, 이후 반독재 민주화 투쟁을 거치며 민주화 세대를 길러낸 나라가 우리다. 한강의 기적을 만들고 금융위기를 모범적으로 극복하며 무역강국으로 성장했고, 이제는 온갖 K-뭐든 문화적으로도 자부심 가득한 나라다. 이 와중에 미래 세대가 기성 세대, 정부, 정치를 향해 드러내는 냉소는 궁극적으로 어떤 파장을 가져올까?

정부 정책은 우리 삶을 바꾼다. 때로 한심해 보인다고 비웃어도 국회에서 만드는 법이 우리 사회가 작동하는 방식을 바꾼다. 그들

정부가 없다

의 관심사가 우리 미래 세대의 운명을 바꿀 수 있다. 그런 정치, 정부에 대한 국민의 불신은 냉소와 무관심으로 이어지면서 진짜 중요한 정책 어젠다가 외면당하고 있다. 미래를 준비하는 대신, 낡고 익숙한 논란만 시끄럽다.

'주사파' 탓하는 '북풍'이 여전히 우리 국민들에게 통한다는 게 아쉽지만, 새 정부 출범 이후 한동안 서해와 동해 사건이 뜨거웠다. '서해 공무원 피격 사건'과 '동해 탈북어민 강제 북송' 사건으로 검찰은 전 정부 인사들을 잡아넣는 데 총력을 기울였다. 서훈 전 국가안보실장의 구속까지 이어졌고, 문재인 전 대통령까지 수사할 것인지 여부를 놓고 국민 여론을 살피는 수사였다. 윤석열 대통령이 주사파를 몰아내는 이념 전쟁을 선포했으니, 이 공방은 현 정부 내내 이어질 전망이다.

여야의 어젠다를 살펴보는 일은 곤혹스럽다. 민주주의 사회에서 정치는 한정된 자원을 배분하는 일상의 규칙에 대해 논의하고 합의하고 결정해야 할 텐데, 미래 세대를 위한 생산적 논의는 희귀한 시대다. 대통령부터 거대 양당인 국민의힘과 민주당 모두 지지율 30% 안팎에서 고전하고 있다는 것은 핵심 지지자 외에는 다들 상대방에게 냉소적이라는 얘기다.

악재가 나오면 악재로 덮는다는 고전적 홍보 전략인가 싶을 만큼 이슈가 끝도 없다. 여기에 국민을 위한 어젠다가 있는가? 우리 삶을 바꾸는 중요한 이슈가 있는가? 정치권과 미디어의 모든 자원을 저 이슈에 집중하면서 잃어버리는 것은 없는가?

"영국 언론은 전혀 정상적으로 기능하지 못하는데도 국가의 정치 담론을 위한 어젠다를 설정한다. 우파 남자 세 명이 언론의 75% 이상을 통제하는데도 말이다."*

저 구절은 영국 일간지 〈가디언〉 논평에서 발췌했다. 텍사스주립대 언론학 교수인 맥스웰 맥콤스 Maxwell McCombs 는 영향력 있는 미디어에 의해 여론이 조작될 수 있으며, 대중의 심리까지 조작될 수 있는 현실을 '어젠다 세팅'으로 해석한다. 미디어가 보도하는 게 여론이 되고 공공 어젠다가 되는 과정에서 우리는 정치인들의 공방이 주요 재료다. 우리 미디어는 늘 '공급자' 우선이었다. 정치권과 정부의 고급 취재원들이 말하는 이슈는 그들의 관심사다.

여당인 국민의힘 홈페이지에 올라온 '소식' 중 2023년 1월 대변인 논평은 다음과 같다. 새해 첫 열흘 동안 40여 건에 달한다.

1. 문 정권의 방기 아래 암약하는 간첩단 적발. 대공 수사 역량 강화가 필요한 이유다. [국민의힘 양금희 수석대변인 논평]
2. 2022 개정 교육과정에서 5·18 민주화운동 생략은 문 정권 시기 결정되었다. [국민의힘 양금희 수석대변인 논평]
3. 제2의 검수완박, 민주주의 후퇴는 누가 자행하는가 [국민의힘 신주호 부대변인 논평]

* 《어젠다 세팅》, 맥스웰 맥콤스, 라이언북스(2021)

정부가 없다

4. 특권의식과 변명, 다시 도진 이재명 대표의 고질병 [국민의힘 양금희 수석대변인 논평]

5. 새해에는 사법 리스크로부터 자유로운 민주당과 민생에 대해 건설적인 논의를 하고 싶다 [국민의힘 양금희 수석대변인 논평]

6. 민노총 불법, 폭력은 사회악이다 [국민의힘 양금희 수석대변인 논평]

7. 민주 뒤흔든 자들이 '민주 후퇴' 주장하는 블랙 코미디 [국민의힘 양금희 수석대변인 논평]

국민의힘 '소식' 중 정책위 소식은 매달 한두 건에 머문다. 12월에는 '국민의 힘 2023년도 예산안 심의결과'와 '국정감사 백서 발간' 등 2건이다. 국민의힘 홈페이지의 '정책자료실'의 최신 자료는 2022년과 2021년 국정감사 백서다. 그 사이에 아무것도 없는 건 설마 아닐테니 홈페이지 관리 부실 정도로 보자.

이 시기, 야당인 더불어민주당의 논평은 이렇다.

1. [황명선 대변인 브리핑] 이태원 참사 국정조사 기간 연장은
   유가족과 국민의 명령입니다
2. [안호영 수석대변인 브리핑] 대통령이 부른 혼선, 윤석열 대
   통령이 국가 리스크입니다
3. [임오경 대변인 서면브리핑] 이재명 대표, 베네딕토 16세
   조문 관련
4. [황명선 대변인 브리핑] 대통령실이 가린 것은 이관섭 수석
   의 전 직장이 아니라 이해충돌 증거입니다
5. [김의겸 대변인 서면브리핑] 야당 대변인 흉본다고 '여사님'
   혐의가 없어지지 않습니다
6. [임오경 대변인 브리핑] 윤석열 대통령은 국민의 정당한 요
   구보다 일본의 체면이 더 중요합니까?
7. [이수진 원내대변인 브리핑] 이러려고 이상민 장관이 그 자
   리를 지켰습니까?

대통령과 정부에 대한 비판이 야당의 본업일 수 있지만, 여기
에 국민을 위한 배려가 보이는가? 잘 모르겠다. 더불어민주당 역
시 정책브리핑은 12월 두 건이 마지막이다. '민주당 세법개정
안·2023년 예산안 국회심의 성과'와 '12월 정기국회 입법성과'다.
민주당은 '민주연구원' 정책브리핑을 홍보하는 데 역시 정부 입장

에 대한 공세다.

'국민으로부터 나오는 힘, 국민을 위해 행사하는 힘', 국민의힘
과 '민생을 살리고, 국민을 지키는 유능한 민주당'이라는데 새로
운 어젠다, 국민을 위한 어젠다는 양당 홈페이지를 아무리 살펴봐
도 잘 보이지 않는다. 만약 잘 보이지 않는 곳에서 정당 본연의 역
할을 잘하고 있다면, 소통이 아쉽다는 정도로 넘어가도록 하겠다.
하지만 솔직히 미덥지 않다. 정당은 민주주의 정치의 핵심 기관이
다. 국정 운영과 정책 성패에 대해 책임을 물을 수 있는 대상이라
는 것이 정당의 존재 이유다. 정당이 정책을 내걸고 선거를 통해

책임지는 민주주의의 기본이 흔들리면 피해는 유권자 몫이다.

예일대 정치학과의 프랜시스 매컬 로젠블루스와 이언 샤피로 교수는 《책임 정당》이라는 책에서 "민주국가의 시민들에게 최선은 정강 정책을 갖춘 강한 정당들 간에 경쟁을 촉진하는 것이고 책임 정당은 유권자의 욕구를 더 잘 충족할 수 있다"고 했다. 책임은 커녕 정책 어젠다도 제시하지 못하고 정당이 흔들릴 경우, "불만에 찬 유권자는 민주주의의 생존을 위협하는 포퓰리스트와 사기꾼의 손쉬운 표적이 된다"고 했다.* 정당 탓만 하고 싶은데, 유권자의 냉소와 불안은 더 나쁜 미래를 가져올 수 있다니, 민주주의를 지키는 최후의 보루는 시민이라는 생각을 다시 하지 않을 수 없다.

* 《책임 정당》 310쪽, 프랜시스 매컬 로젠블루스, 이언 샤피로, 후마니타스(2022)

참사의 정치화?
정치는 나쁜 게 아니다

"앞에선 협치를 외치며 뒤로는 길바닥에 좌판을 깔고 '촛불팔이', '탄핵팔이'에 여념이 없다, 앞에선 추모와 애도, 재발 방지 대책 수립이 중요하다면서 뒤로는 정쟁을 위해 실익도 없는 특검과 국정조사 수용을 요구한다."[*]

'국민은 참사의 정치적 이용을 반대한다'는 제목의 양금희 국민의힘 수석대변인 논평이다. 이른바 '재난의 정치화' 논란이다. 10·29 참사를 세월호와 비교해 정부 퇴진운동으로 몰아가려는 야당의 정치적 의도라며, 여당은 예민하게 반응했다. 참사 희생자들의 유가족들이 협의체를 만들고 집단적 목소리를 내는 것부터 정부와 여당은 불편하게 여긴다.

권성동 국민의힘 의원이 "이태원이 세월호와 같은 길을 가서는

---

[*] 양금희 국민의힘 수석대변인 논평, '국민은 참사의 정치적 이용을 반대한다', 2022.11.10

안 된다"고 글을 쓴 것도, 같은 당 조수진 의원이 국정조사장을 떠나며 유가족들에게 "같은 편이네, 같은 편이야"라고 민주당과 엮어서 발언한 건 다 같은 맥락이다. 애도나 진상규명이 정치적 공세로 이어지는 것에 대해 발끈하는 것은 세월호 이후 탄핵으로 이어진 트라우마도 분명 영향이 없지 않다. 하지만 대체 '정치화'라는 것은 무엇인가? 아니, 정치란 무엇인가?

이슈 자체를 정치적 이해관계로 활용하는 정치화는 분명 있다. 참사와 재난만 정치화하는 것이 아니다. 정파성을 갖고 진영이 맞붙는 우리 정치의 속성이 그렇다. 방역의 정치화, 백신의 정치화를 비롯해 정치인들의 확인되지 않은 발언을 따옴표로 인용하며 불안감을 키우는 언론도 기여했다. 전문적 지식과 가설을 교차검증하는 팩트 체크 없이 "○○○이 뭐라고 말했다"는 팩트만으로 보도, 스스로 정치화의 공범이 됐다. 이 경우, 사실 '정치화'와 구별해 '정쟁화'로 보는 편이 합리적이다.

장덕진 서울대 교수는 재난의 '정쟁화'와 '정치화'를 구분한다. 재난이 일어났을 때 각자 자기들에게 유리한 프레임을 짜고 정쟁화하는 것은 늘 있는 일인 반면, 재난의 정치화는 더 큰 범주에서 시민의 조직적 행동에 가깝다. 그는 재난의 정치화에 대해 "대형 재난을 목격한 시민들이 언제든지 본인에게도 같은 일이 일어날 수 있다고 실감하고 자신들을 보호해줄 의지나 능력이 없어 보이는 정부를 상대로 집합적인 항의를 벌이는 것"이라며, "재난은 많

정부가 없다

지만 정치화하는 재난은 드물다"고 했다.*

재난의 정쟁화에 휘말리는 것도 유감이지만, 정치화는 민주주의 사회의 자연스러운 작동원리 중 하나다. 정치화 프레임에 가두기에는 정치는 너무 당연하고 자연스러운 이 사회의 한 축이다. 정치란 단어가 오염됐다고 해서, 정치 자체를 부정적으로 보거나 정치화란 모두 속셈에 따른 일로 치부해서는 곤란하다.

요즘 트렌드는 확실히 '탈정치'다. 덕분에 곳곳에서 모순을 목격하고 있다. 2023년 여름 서이초등학교 교사의 추모집회에 참석한 교사들은 매주 집회에서 탈정치를 외쳤다. 교사들의 순수한 요구가 특정 정치세력과 연결되어 변질되지 않도록 그 어떤 단체의 개입도 없었다는 것을 강조했다. 그런데 교사들이 교육 현장 개혁을 위해 광장에 모이는 행위 자체가 정치다. 직업인으로서 나의 삶에 영향을 미치는 법과 제도에 관심을 갖고 의견을 내는 것도 정치적 행위다. 끝내 규칙과 제도를 바꾸자는 교육정상화 요구는 분명 정치적 행동인데 정치적이지 않다고 할 만큼 정치가 나쁜가?

KBS에서는 2030 MZ 세대 노조가 출범했는데, '탈이념', '탈정치'를 표방했다. 마침 TV 수신료 분리 징수 등 정부의 공영방송 장악 논란이 뜨거운데 여기에 맞서는 과정과 결과가 정치적 행위가 아니라고 생각하는 언론인이 있다니, 솔직히 신박하다. 정부가 연

* 장덕진 칼럼, 패륜과 애도라는 정치적 기획, 〈경향신문〉(2022.11.22)

구개발R&D 예산을 삭감하는 데 반발해 2023년 9월 주요 대학 총학생회가 성명을 내는 가운데 서울대만 총학생회가 빠지고 단과대학 학생회가 참여했다. 서울대 총학생회는 '사회 문제에 목소리를 내지 않겠다'는 입장으로 정치에 개입한다는 논란을 피한 것으로 알려졌다. 불과 10년 전인 2013년 국가정보원의 선거 개입에 반발해 시국선언에 나섰던 서울대 총학생회의 위상에서 꽤 멀어진 것은 둘째 치고, 새로운 세대의 시민으로서 관련 분야 부당한 조치에 반발하는 것은 정치라서 부적절한가?

마침 딸에게 정치에 대한 생각을 물었더니 "정치는 일상"이라고 대답했다. 예컨대 학생식당 메뉴와 가격을 결정하는 데 학생들이 목소리를 낼 수 있고, 내야만 하는데 그게 정치라고 했다. 나는 딸의 생각에 전적으로 동의한다. 대체 누가 정치에 색깔을 씌우고, 정치는 순수하지 않은 것 마냥 '가스라이팅'(타인 마음에 스스로 의심을 불러일으키고 현실감과 판단력을 잃게 만듦으로써 그 사람에게 지배력을 행사하는 것)하는 것일까? 민주주의 사회의 시민이 왜 정치를 더러운 것처럼 피해야 할까? 특정 정당과 엮이는 것이 불편할 정도로 정당이 신뢰를 잃어버린 것도 유감이지만, '탈정치'는 매우 정치적인 프레임으로 악용될 수 있다.

세월호 참사 때와 마찬가지로 유족들은 어느새 피해자가 아니라 정치꾼으로 몰린다. 죽음을 정치화한다는 시선 때문에 숨죽이면서 무력감과 좌절감에 시달려야 했다. 진심 어린 사과와 진상규명, 책임자 처벌을 요구하는 것이 전부일 텐데 언제나 정치적 공방에 끌려다니곤 했다. 하지만 피해자들이 뭉치고, 유가족들이 모이고, 집단적 목소리를 내는 모든 게 정치가 아니면 뭐란 말인가? 그리고 그건 당연히 해야 하는 일이다.

군이 이렇게 책까지 쓸 정도로 이번 사태에 진심이었던 나는 어떤가? 참사의 여러 가지 원인을 씨줄 날줄 엮듯 살펴보고, 정부 조직의 작동 방식에, 국정 운영 과정에 혹여 보완하고 바꿀 것은 없는지, 어떻게 하면 이 같은 비극이 반복되지 않도록 뭔가 바꿀 수 있을지 찾는 중이다. 결국 시스템 문제이고, 제도 문제일 수도 있고 책임 소재를 분명히 하는 프로세스와 철학 문제일 수도 있다. 이런 논의 과정이 정치적으로 오해를 살 수 있기 때문에 혹시 피해야 하는가?

재난과 정치화 이슈로 논문을 쓴 서울대 정치외교학과 임기홍 박사는 재난 자체가 매우 정치적 현상이라고 지적했다. 우선 재난 대응 및 복구 과정에서 책임 문제가 제기되며, 자원 분배가 이뤄지고, 많은 경우 재난 피해자들의 사회운동이 발생하고, 재난 거버넌스를 둘러싼 입법부, 행정부, 피해자, 시민단체, 전문가들 간 상호작용이 치열하게 벌어지기 때문이다. 그의 주장을 살펴보자.

그간 재난은 오랫동안 기술적인 영역의 문제, 행정의 대상으로만 사고되어 왔다. 즉, 재난에 어떻게 대응할 것인지 또는 어떻게 방지할 것인지에 초점을 맞춰 재해가 발생한 이후 복구 과정에 대해서는 관심을 기울이지 않았다. 그러나 재난 복구과정은 복구를 무엇으로 정의할 것이며, 누가 피해자이고, 피해자에 대한 보상은 어떠해야 하는가, 누가 얼마나 책임을 질 것인가의 문제가 첨예하게 제기되는 정치적 과정이다.*

덕분에 일종의 '재난 이후의 재난'이 이어질 수 있다. 재난으로 국민들이 받은 충격과 피해는 재난 그 자체에서 비롯되지만, 그 이후도 재난 상황이다. 재난이 발생한 직후부터 복구에 이르기까지의 과정에서 국가가 보인 혼선과 책임회피, 무능력과 무책임, 준비부족 등 총체적 실패도 재난에 가깝다는 뜻이다. 그는 "재난이 사회적으로 수용되는 과정은 그 자체가 또 하나의 사회적 갈등의 대상이며, 고도의 정치적 과정"이라고 봤다. 이번 참사처럼 피해자가 분명하더라도, 누가 얼마나 책임질 것인지 따지기 위해 대대적 수사와 국정조사까지 진행됐는데, 이 자체가 정치적 과정이란 거다.

대중들이 참사의 정치화 과정에서 피로감을 느낀다면, 그걸 시끄럽고 무리한 요구처럼 비난하고, 그런 방식으로 보도하는 이들의 문제가 적지 않다. 그들이 바로 '재난을 정쟁화'하는 세력이고, 피해자들을 겁박하고 고립시켜 피해자의 당연한 권리를 포기하도록 위축시키는 이들이다.

* '재난 거버넌스의 정치적 동학', 서울대, 임기홍(2020)

정부가 없다

'재난의 정치화'라는 표현은 매우 엄격하게 제한적으로만 사용되어야 하며, 피해자와 그 조력자(피해자권리옹호단체)이 청원, 집회, 시위, 기타 투표 등 주권행사 등의 개별적 집단적 권리를 행사하는 것을 가로막는 구실로 사용해서는 안 된다. 법의 지배의 주요 요소인 책임성과 투명성에 대한 요구를 정부 자체를 약화시키려는 시도와 동일시하는 것은 민주국가에서는 있을 수 없는 일이다. 세월호 참사를 둘러싼 집회에 대한 정부의 대응은 불만족의 표현을 억압하는 접근방식의 전형적인 예인데, 이러한 접근은 연대와 협력을 통한 참사 재발 방지를 위한 사회적 제도 개선의 기회를 놓치고 이슈에 대한 입장의 극한적 대립을 초래한다.[*]

책임성과 투명성을 요구하는 것은 반정부 활동이 아니며 '재난의 정치화'라는 표현은 정당한 주권행사를 가로막는 구실이 되어서는 안 된다. 한국을 방문했던 유엔 특별보고관의 보고서 내용이다.

우리는 굳이 대통령 퇴진을 외치지 않고도, 진상규명을 요구할 권리가 있고, 정치적으로 변화를 지지할 자유가 있다. 자연재해가 아닌 참사는 크든 작든 사회의 부조리를 품고 있게 마련이고, 갈등이 불가피하다. 참사는 초기에 국민들을 하나로 묶어주지만, 이

[*] 평화로운 집회와 결사의 자유에 대한 권리에 관한 유엔특별보고관 한국방문보고서, 2016

후 정치화 공방 속에 분열로 이어진다. 재난의 정쟁화는 공동체를 흔들 가능성이 분명 있다. 위기 상황에 모두 힘을 합쳐 어떻게 대처할지, 무엇을 해야 할지 머리를 맞대는 과정이 분열보다 연대의 과정이 되려면, '정치화'를 앞세워 피해자들에게 야멸찬 이들부터 멀리하자. 공감이 먼저다.

4장

정부의 존재 이유, 무엇을 해야 할까

국민의 안전을 지키고, 사회안전망을 굳건하게 만드는 것은 헌법 정신이다.

정부가 해야 할 일이 이보다 더 명확할 수 있을까?

참사 직후 '주최자가 없기 때문에 책임이 없다'는 식의

정부 반응은 헌법에 위배되는 무책임의 극치다.

위험에 대한 상황 판단도, 안전 관리도 정부 책임이다.

최종 책임자인 대통령이 사과하고,

핵심 책임자를 파면하는 등 책임을 물어야 했다.

좌파가 아니라는 해명

《눈 떠보니 선진국》이라는 책이 있다. 제목이 직관적이다. 지표상 선진국에 진입했으나 아직 풀어야 할 과제가 훨씬 많다는 고민을 담고 있는 책이지만, 우리가 빠르게 성장한 것은 분명하다. 단순히 GDP 같은 지표뿐 아니라 다양한 측면에서 우리는 앞으로 나아가고 있다.

우리나라가 민주주의 국가 체제에서 아시아 리더구나 하고 감격했던 순간을 기억한다. 폭력 없이 진행된 2017년 정권 교체는 '촛불혁명'이라는 단어로 남았다. 민주주의 사회의 시민들이 법이 정한 절차대로 대통령을 탄핵하고 혁명을 경험했다니 이게 보통 일인가. 특정 가문, 혹은 정당의 장기 집권이 유지되거나, 전체주의 정권을 이어가거나, 유혈 시위가 반복되는 여타 다른 아시아 국가에 비해 민주주의 감수성이 높은 우리다.

'한강의 기적'이라고 찬사를 받던 우리 경제는 1997년 외환위기로 주춤했지만 위기를 딛고 글로벌 경쟁력을 강화, 세계 6대 수

출강국으로 성장했다. 위기를 끝내 극복하고 경제 강국으로 발돋움한 것도 놀랍지만, 컨텐츠와 문화, 스포츠 강국이 되는 과정도 드라마 같다. K를 붙여 K- 어쩌고 하는 것이 낯 뜨겁다고 생각했는데, 가끔 국뽕이 차오르는 것을 도저히 부인할 수 없다. 그러나 이제 조금 다른 각성의 시기를 마주하는 단계라는 것을 인정하자. 눈 떠보니 선진국에서 풀어나가야 할 문제들은 과거와 다르다. 먹고 살 만하니, 국민 주권을 넘어 '기본권'을 생각할 여유가 생겼고, 그 이상도 기대하게 됐다. 각자 존엄한 존재로서 행복을 추구할 기본권, 거기에다 인간다운 생활까지 국가가 보호해야 하는 것이 알고 보면 우리 헌법 정신이다. 우리 헌법이 국민을 지키는 데 진심이었다 것을 조항 별로 살펴볼 차례다.

헌법 제1조, '대한민국은 민주공화국이다', '대한민국의 주권은 국민에게 있고, 모든 권력은 국민으로부터 나온다'. 우리가 1987년 이후 집회 때마다, 거리에서, 촛불을 들고 외치는 조항이다. 그게 제1조다. 만약 2023년 이 선언이 무겁게 다가온다면, 공화국 시민으로서 몇 세대가 바뀐 지난 세월을 찬찬히 다시 돌아보는 수밖에 없다. 우리가 무엇을 이뤘는지, 어떤 부분에서 민주주의가 여전히 불완전하거나 위협받고 있는지 살펴보고 변화를 만들어가면 된다. 비록 김영호 통일부 장관이 "대한민국 국민 5천만 명이 모두 주권자로서 권력을 직접 행사한다면 대한민국은 무정부 상태로 갈 수밖에 없다"고 말해 헌법 제1조를 부정하는 국무위원을 갖게 됐지만, 최소한 국민 주권에 대한 국민적 동의, 사회적 공감대는 단단하게 쌓여있다고 믿는다.

지난 몇 년은 국민 주권을 넘어 국민의 기본권, 즉 헌법 제10조의 시간이었다. '모든 국민은 인간으로서의 존엄과 가치를 가지며, 행복을 추구할 권리를 가진다'. 당신과 나, 우리 모두 존엄하고 가치있는 존재이며, 행복추구권이 있다니. 이 조항은 '국가는 개인이 가지는 불가침의 기본적 인권을 확인하고 이를 보장할 의무를 진다'고 덧붙인다. 나라의 주인이 국민이라는 주권 선언에 이어 국민의 기본권을 국가가 지키겠노라 천명한 헌법, 멋지지 않은가? 알고 보면 헌법도 가슴 뛰는 선언이다.

정부가 일본군 위안부의 피해자 배상청구권 문제에 관련해, 적극적으로 문제 해결에 나서지 않은 것에 대해 헌법재판소는 2011년 위헌 결정을 내렸다. 문제 해결에 적극적으로 나서지 않는 것은 헌법 제10조의 책무, 국민의 기본권을 지키는 의무를 다하지 않은 것이라 했다. 문재인 전 대통령은 지난 2020년 광복절 축사에서 "개인이 나라를 위해 존재하는 것이 아니라, 개인의 인간다운 삶을 보장하기 위해 존재하는 나라를 생각한다"며 "그것이 모든 국민이 인간으로서 존엄과 가치를 가지고 행복을 추구할 권리를 가진 헌법 10조의 시대"라고 했다. 시민들이, 학자들이, 법관들이 얘기했고, 대통령이 '헌법 10조의 시대'라 못 박은 셈이다.

헌법 10조에 대한 새삼스러운 감탄에 이어 나는 헌법 34조에 마음이 동했다. 제34조는 인간다운 생활을 할 권리까지 얘기하며 국가가 무엇을 해야 하는지 정리했다. 6개의 조항은 다음과 같다.

① 모든 국민은 인간다운 생활을 할 권리를 가진다.

② 국가는 사회보장·사회복지의 증진에 노력할 의무를 진다.

③ 국가는 여자의 복지와 권익의 향상을 위하여 노력하여야 한다.

④ 국가는 노인과 청소년의 복지향상을 위한 정책을 실시할 의무를 진다.

⑤ 신체장애자 및 질병·노령 기타의 사유로 생활능력이 없는 국민은 법률이 정하는 바에 의하여 국가의 보호를 받는다.

⑥ 국가는 재해를 예방하고 그 위험으로부터 국민을 보호하기 위하여 노력하여야 한다.

그냥 눈 뜨고 숨 쉬고 밥 먹고 배설하는 걸 넘어서서 인간답게 살 권리가 있고, 국가는 사회안전망을 갖춰야 한다는 얘기다. 이런 조항이 헌법에 있었다. 여자의 복지와 권익이 노인과 청소년, 신체장애자와 함께 묶인 것은 약자라 그런 걸까? 무엇보다 제6항이 21세기의 시대정신이 될 수 있을까? 국민을 보호하기 위해 노력했는지 여부를 놓고 10·29 참사 이후 다시 국가의 책무를 말한다. 나머지 조항을 포함해 국가의 책무를 명시한 저 법은 아름답다. 비록 '노력하여야 한다'는 것은 방향성일 뿐 강제하지는 않지만 국가에게 저 정도면 충분하다. 이 조항에 대해 이현재 전 경제부총리가 강조한 대목을 살펴보자. 2017년 출간한 그의 대담집 《국가가 할 일은 무엇인가》에서 인용한다.

정부가 없다

국가의 역할을 분명히 하기 위해서는 헌법정신으로 돌아가야 합니다. 헌법은 우리 공동체가 정해놓은 '국가의 역할'이니까요. 헌법 제34조에 "모든 국민은 인간다운 생활을 할 권리를 가진다"고 되어 있습니다. 이 권리를 지켜주는 것이 국가가 할 일입니다. 국가의 자원을 쓸 권한을 국민에게 위임 받은 정부는 '인간다운 생활'이 무엇인지 구체적으로 정하고, 이를 보장해줄 방법을 찾아야 합니다. 이 관점에서 출발하면 우리가 복지국가로 가야 하느냐, 경제성장으로 가야 하느냐의 논쟁이 필요 없습니다. 국민의 인간다운 생활을 위해 사회보장, 사회복지의 방법을 사용하는 것이 바로 국가의 의무이기 때문입니다. 이것은 헌법을 만들 때 이미 합의됐다고 봐야 합니다.*

이헌재 전 총리는 마피아 같은 관료집단이라고 해서 종종 모피아Mofia라고 불리는 재무부(MOF, Ministry of Finance, 현 기획재정부) 출신 관료집단의 대부다. 그런데 저런 얘기를 했다니 놀랍지 않은가. 그는 이 책에서 솔직하게 털어놓는다. 헌법 119~127조가 경제 조항이지만, 경제정책이 기준을 둬야 할 그보다 중요한 원칙은 헌법 제10조와 34조에 있다고, 그동안 경제 조항 중 '성장'이라는 부분만 크게 보고, 바로 이어지는 '적정한 소득분배'나 '시장의 지배와 경제력 남용 방지', '경제주체 간 조화'에 대한 부분들은 소홀히

---

*《국가가 할 일은 무엇인가》 23쪽, 이헌재·이원재 대담, 황세원 글, 메디치미디어(2017)

했다고 말이다. 이것이 고해성사는 아니겠지만, 본인 방어가 이어 진다. 자신이 이런 말을 하면 좌파라고 할 수도 있지만, "우리 헌법 은 조금도 좌파적이지 않은 헌법"이라고, "지금의 헌법은 당시의 기득권 세력과 민주화 세력이 모여 최소한의 합의를 거쳐 통과시 킨, 대한민국을 지탱하는 '사회적 합의'의 실체"라고 강조했다.

국민의 안전을 지키고, 사회안전망을 굳건하게 만드는 것은 헌 법 정신이다. 정부가 해야 할 일이 이보다 더 명확할 수 있을까? 참사 직후 '주최자가 없기 때문에 책임이 없다'는 식의 정부 반응 은 헌법에 위배되는 무책임의 극치다. 주최자가 없었으면 더욱 경 찰과 지자체, 정부에 안전 관리 책임이 있다. 매뉴얼이 없었다면 역시 위기대응과 안전관리에 대한 활동을 안 했다는 자백과 다름 없다. 정부의 존재 이유를 부정하는 게 아니라면 위험에 대한 상 황 판단도, 안전 관리도 정부 책임이다. 최종 책임자인 대통령이 사과하고, 핵심 책임자인 이상민 행안부 장관, 윤희근 경찰청장을 파면하는 등 책임을 물어야 했다.

정부가 없다

위기를 관리한다는 것,
결국 문제는 컨트롤 타워

국가의 정상적 상시적 안전관리나 재난관리는 이미 중앙정부, 지방정부, 공공조직이 하고 있다. 행정안전부, 경찰, 소방, 시청, 구청 공무원들이 하고 있는 일이다. 위기관리 컨트롤 센터는 말 그대로 위기를 관리하는 곳이다. 위기관리가 어려운 이유는 상시 조직에서는 위기가 발현되기 전까지 위기를 인지하기 어렵고, 막상 피해가 발생하면 대응을 잘하지 못하기 때문이다.

> "위기관리는 본질적으로 비정상적 상황에서 비정상적 절차나 과정을 거쳐 긴급한 조치를 내려야 하며, 초법적 상황이 연출되는 경우가 많다. 고도의 정치적, 정무적 판단이 필요하며, (국민) 정서적 측면도 매우 중요하게 고려해야 한다. 위기대응에는 종종 긴급하게 공권력을 동원해야 한다. 따라서 현실적으로 위기관리는 최고통치자만이 할 수 있는 고도의 통치행위이다."

한국산업안전보건공단 이사장을 역임한 박두용 한성대 교수는 10·29 참사 직후 열린 국회 세미나에서 위기관리 대응체계의 존재 이유를 분명하게 설명했다.[*] 예컨대 용산구청이나 경찰이 마련하는 통상적 관리 대책은 압사사고 위험까지 고려하지 않는다. 하지만 이들에게 인파가 많이 몰리니 안전대책을 수립해서 보고하라고 했다면 구청과 경찰은 계획을 만들고 실행방안을 강구했을 것이다. 국가위기관리센터는 각종 위기관리 시나리오를 가지고 정상적 상시적 조직을 관리한다. 위기대응은 의사결정 구조도 달라야 한다.

예를 들어, 오후 9시쯤 현장의 어느 공무원이 인파 관리 필요성을 느끼고 현실적으로 용산 야간 경비 기동대를 이동시켜야겠다고 판단했다고 하자. 누가 기동대 투입을 결정할 수 있을까? 파출소장? 용산경찰서장? 서울경찰청장? 경찰청장? 누군가 결정해서 인파관리와 교통통제를 했다고 치자. 별 일 없이 지나가면 잘했다고 할 것 같은가? 이것이 대통령실이 위기관리 컨트롤 타워가 되어야 하는 이유라고 박 교수는 밝혔다. 정부나 공공조직은 일상적 업무에 최적화되어 있지만 위기관리 조직은 그 일상을 벗어난 일에 대응한다.

우리나라 국가 위기관리조직은 참여정부의 위기관리센터가 그 시초다. 통일, 국방, 외교 등 전통적 안보뿐 아니라 재난, 생활안전,

[*] "국민생명안전을 위한 국가재난안전 및 위기관리 대응체계", 박두용(2023.11.28)

정부가 없다

국가핵심기반 등을 국가안보 차원에서 관리하겠다는 포부가 분명했다. 이명박 정부는 위기관리센터를 폐지하고, 위기정보상황팀만 남겼다. 위기관리 상황실장은 비서관에서 행정관으로 직급을 낮췄다.

반면 세월호 참사 이후 정권을 교체한 문재인 정부에서 안전은 매우 중요한 국정철학의 하나였다. 청와대의 재난 및 위기관리 컨트롤 기능을 강화하면서 국가위기관리센터 체제로 정비했고, 상시적 일상적 정부 조직도 키우면서 국민안전처를 해체하고, 소방청과 해양경찰청을 책임행정기관으로 독립시켰다. 2016년 4만 4,121명이던 소방 인력을 2021년 6만 4,768명으로 늘렸다.

재난전문가인 박 교수는 정상적인 조직이나 정상적 체계에서 정상적 인력이, 재난이나 참사가 발생하기 전에 그것을 예측하는 것은 불가능하다고 단언한다. 이태원 참사처럼 발생하기 2~3시간 전부터 사고가 날 것 같다는 신고가 왔음에도 불구하고, 재난이 발생할 수도 있다는 생각을 하지 못하는 것이 오히려 정상이란 얘기다.

'나는 그럴 줄 알았다'거나 '이미 예견된 사고'라는 사후확증편향은 '이것 때문에 (또는 너희 때문에) 사고가 발생했다'는 식의 원인확증편향과 마찬가지로 제대로 된 원인을 찾고 개선책을 마련하는 데 치명적인 '독'이라고 그는 지적했다. 형사처벌은 몇몇 사람의 잘못으로 생긴 문제라는 식으로 넘어가지만, 국가위기관리체계가 고장 난 것은 아닌지 점검해야 또다른 참사를 막을 수 있다.

위기, 재난, 사고예방에 대한 대비-대응-복구 활동에 대한 매뉴얼이 없었다면 정부가 위험관리, 안전관리 업무를 제대로 하지 않았다는 증거다. 잠재해 있는 위험을 식별하여 그 위험의 실체와 본질을 분석하고, 위험이 국가와 조직, 국민에게 어느 정도의 영향을 미칠 것인지, 반복되는 위험인지, 유사시 피해가 심각한 위험인지 따져보고 대처방안을 강구하는 것이 정부의 일이다.

윤석열 대통령은 참사 직후 국무회의에서 "우리 사회는 아직 인파·군중 관리라고 하는 '크라우드 매니지먼트'에 대한 체계적인 연구개발이 많이 부족한 실정"이라며 "드론 등 첨단 디지털 역량을 적극 활용해서 크라우드 매니지먼트 기술을 개발하고 필요한 제도적 보완도 해야 한다"고 말했다. 그러나 10·29 참사가 사물인터넷IoT, 빅데이터, 인공지능AI 등의 첨단기술이 없어서 발생했다고 봐야 할까?

용산구청, 용산경찰서가 관내 10만 명 이상 몰려드는 행사에 대해 기동대 배치, 현장 통제 등 대비를 안 했을 뿐이다. 일상적 재난 대응기관인 경찰, 소방, 지자체, 행안부 실무자들은 3년여 코로나19 대응에 피로가 쌓인 상태였다는 것도 감안해야 한다. 거기에 용산 대통령 집무실 주변과 광화문의 대규모 시위, 이태원 참사까지 다중재난이 발생했다. 경찰과 소방을 비롯해 관계기관 간의 소통이 제대로 이뤄지지 않았고, 컨트롤 타워가 작동하지 않았다. 이게 AI로, '크라우드 매니지먼트' 기술로 해결할 수 있는 문제일까?

류현숙 한국행정연구원 선임연구위원은 박 교수 발제에 이어진 토론에서 "이제 초대형 복합재난과 함께 동시다발적으로 진행되는 다중재난에 대한 대응 거버넌스에 대한 고민이 필요하다"며 "어떤 재난에 우선 대응해야 하고, 제한된 인적, 물적 자원을 어떻게 배분하고, 관계기관 간 역할과 권한은 어떻게 조정하고 총괄해야 할 것인가 고민해야 한다"고 지적했다.

그동안 우리의 위기관리 시스템이 고도화됐음에도 불구하고 대응에 참여하는 기관 간 협업과 소통이 잘 이루어지지 않은 것도 결국 컨트롤 타워 문제다. 10·29 참사 이후 상황 전파, 관계기관 간 소통, 보고체계 등이 작동하지 않으니 이후 서로 책임 떠넘기기 사태로 이어진 것이다. 국가안전관리체계를 점검해야 할 부분은 거버넌스뿐만이 아니다. 재난과 참사 피해자를 방치하지 않고 피해자 구제를 넘어 피해자가 '사회 레질리언스(회복력)'의 중심이 될 수 있도록 해야 한다는 지적도 나온다. 지역 사회의 안전을 위협하는 각종 재난 피해로부터 재난이 발생하기 이전보다 더 강한 안전성을 지닌 공동체로 만들 수 있는 역량을 키워야 한다.*

---

* "재난 레질리언스 강화-한국의 안전공동체 거버넌스 개혁을 위한 혁신 방안", 이재은, 충북대(2018)

일상의 안전은 정부 책임이다

　　　　　　　　"AI 홍수 예보 등 스마트 기술을 기반으로 한 물 재해 예보·대응 체계를 구현하겠다."

　2022년 8월 갑작스런 폭우로 서울 신림동 반지하 주택에서 일가족이 숨진 참사 직후 윤 대통령은 하천홍수·도심침수 관련 대책회의에서 AI 홍수 예보 시스템 개발을 발표했다. 2023년에 들어서도 과학기술정보통신부와 환경부 업무보고, 국무회의 등에서 AI 홍수 예보 시스템의 조속한 구축을 지시했다.

　AI를 붙인다고 다 그럴싸해 보이는 것도 이미 지났고, 현실화가 쉽지 않다는 것도 안다. 2024년 예산에서 AI 홍수예보 시스템 구축에 844억 원을 배정한 것은 다행이랄까. 설혹 번지르르한 구상으로 참사 책임을 덮었을 뿐이라 해도, 조금이라도 안전한 시스템을 구축한다면 환영할 일이다. 일상의 안전은 의외로 쉽게 무너진다. 첨단 기술을 확보했는지 여부보다 마땅히 해야 할 일에 구멍이 뚫리지 않도록 하는 게 우선이다.

장대비가 쏟아진다고 해서, 목숨을 잃을지도 모른다는 공포를 느껴본 적 있는가? 폭우로 곳곳에 물이 넘치고 흙이 무너져 내릴 때 산자락 단독주택의 어머니를 걱정하는 이의 불안함을 나는 잘 모른다. 바짓단이 젖는 불편함 정도는 목숨을 잃을 수 있다는 공포 근처에도 못 간다. 기후위기는 평등하게 오지 않는다. 도시의 고층 아파트 사람들은 살림살이가 다 젖은 기억이 없다. 그러나 이제 도시 사람들도 안전하지 않다. 설마 이런 일이 생기리라 상상도 못하는 일이 자꾸 생긴다. 출근길 지하차도에서, 아파트 주차장에서 시민들이 황망하게 목숨을 잃었다. 남의 일이 아니다.

2023년 7월 15일 아침 충북 청주시 오송 지하차도가 침수됐다. 인근 제방 둑이 터져서 하천이 범람했고 차량에 타고 있던 이들이 순식간에 희생됐다. 14명이 숨지고 10명이 다쳤다. 이번에도 인재였다. 심지어 10·29 이태원 참사와 여러 가지 장면이 겹친다. 사전에 홍수주의보와 홍수경보, 지하차도 긴급통제를 요청하는 시민 112 신고가 줄을 이었지만 대응하지 않았다. 금강홍수통제소는 당시 관할 흥덕구청은 물론 총리실, 행안부, 충북도, 청주시에 위험에 대비하라고 통보했고, 사고 2시간여 전에도 구청에 직접 전화해 거듭 경고했다. 그런데 이중 누구도 현장을 챙기지 않았다.

지하차도 침수가 처음도 아니니 몰라서 대비 못했다고는 못할 것이다. 2020년 7월 부산 동구 초량 지하차도에서 차량 7대가 물에 잠겼다. 9명은 빠져나왔으나 3명은 대피하지 못했다. 많은 비에 지하공간은 무섭다는 것을 이제 다들 안다. 정부는 2022년 폭우 피해 직후 침수 대비 국민행동요령도 국민재난안전포털을 통해 공개했다. '지하차도 내 물이 고이기 시작하면 절대 진입하지 않으며 진입 시 차량을 두고 신속히 대피하라'고 안내했다. 당시 행동요령에는 '우수(빗물) 유입 시 차량 이동 금지, 확인을 위한 주차장 진입 절대 금지'도 포함됐다.

포항 인덕동의 어느 아파트 지하주차장이 침수되면서 차를 빼러 갔던 평범한 이웃 9명이 사고를 당한 것은 그로부터 한달 뒤의 일이다. 당시 살아서 구조된 이는 2명에 불과했다. 차를 빼라고 안내방송을 한 관리사무소장의 과실 여부도 논란이었지만 인근 하천이 종종 범람하는데도 대책을 세우지 않은 포항시 책임론이 더 거셌다. 자전거도로와 산책로를 조성하면서 하천 폭이 좁아졌고, 2018년 감사에서 시설물 과다 설치에 대한 시정명령까지 내려졌지만 포항시는 묵살했다.

침수 대비 행동요령을 모두 학습할 기회가 없을 수 있다. 그러나 최소한 위기 대응 가이드는 아파트 관리소장이나 관할 구청 등은 매뉴얼로 만들어 학습했어야 하지 않나? 전 국민 민방위 훈련하듯이 재난 대피 훈련이라도 재개해야 하나? 아니, 지하차도 정도는 통제만 잘하면 되는 것 아닌가? 잘 통제되고 관리 감독되리라 믿는 건 순진한 국민들뿐인가? 비슷한 시기, 사흘간 712mm가 쏟아진 군산은 인명피해가 '0'이었다. 모든 직원들이 구역을 나눠 도로 배수구와 산사태 위험지역을 점검했다고 한다. 이건 다들 하던 일 아니었나?

"재난문자는 지겹게 날아오는데, 정작 둑이 무너졌으니 대피
하고 인근도로 주행하지 말라는 긴급문자는 한 통도 없었다.
무정부 상태."*
"사람들이 저렇게 고립되고 죽어나가면 대통령이나 총리 주재
로 중앙재난대책본부 브리핑이나 실시간 사고수습 생방 정도
는 나와줘야 되는데 대통령은 기자들 떼내고 귀국을 늦추고 총
리는 어디서 뭐하는지… 행안부장관은 탄핵 중이고… 정부는
이젠 자국민의 안전 같은 건 완전히 포기했나 보네…"**

2023년 7월 제헌절을 앞둔 주말, 트위터의 실시간 키워드는
'무정부 상태'였다. 정부의 부재는 대가가 너무 크다. 멀쩡한 일상
이 한순간에 무너진 피해자와 가족들에게 위로를 전하기도 부끄
럽다. 대통령은 마침 순방 중 우크라이나 깜짝 방문으로 구설수에
올랐고, 총리는 존재감이 없고, 안전을 책임지는 장관은 탄핵절차
로 부재했다.
"(순방 중인) 대통령이 당장 서울로 가도 상황을 바꿀 수 없었기
때문"이라는 해명은 어리석었다. 일관성은 있다고 해야 할지도 모
르겠다. 이태원 참사 당시 "정부가 할 수 있는 일이 없었다"는 이

* https://twitter.com/FreeMan_Hong/status/1680344196887252992?s=20
** https://twitter.com/ia7h6eGzFoshms0/status/1680173852125708290?s=20

상민 장관의 발언을 다시 떠올리게 했으니."

이 같은 한탄을 소셜미디어에 남겼더니 지인이 답글을 통해 우리는 "관대한 지지자와 언론을 가졌다"고 했다. 우리만 그런 것은 아니겠지만 그는 "우리보다 심한 나라도 있기는 하지만, 우디르급 후퇴를 보인 것은 우리뿐"이라고 했다. 여론에 대해서는 기게스의 반지를 낀 듯하다고 했다. 이게 무슨 뜻인가 싶어 우디르, 기게스를 검색했다. '리그오브레전드' 게임에 등장하는 우디르는 최강의 정령 주술사다. 태도가 급변하는 게 특징이다. '손바닥 뒤집기' 같은 말을 이제 '우디르급 태세전환'이라 한단다. 우리 정부의 행태는 그야말로 한순간에 급격히 후퇴하고 있다는 얘기다.

기게스의 반지는 고대 그리스 철학자 플라톤의 《국가》에 나오는 일화다. 양치기 기게스가 투명인간이 되는 마법반지를 발견해 그 힘을 이용해 왕비와 간통하고, 왕을 암살한 뒤 왕이 됐다. 자신의 행동에 대해 책임질 필요가 없는 마법의 도구가 기게스의 반지다. 뭘 해도 여론이 뭐라고 하지 않는다.

24명의 사상자를 낸 오송에서는 36명이 수사 대상에 올랐다. 국무조정실은 공직자 63명에 대해 징계 조치를 요구했고, 충북도 행정부시장 등 5명의 해임을 요구했다. 약 100명의 공직자가 문책 대상인데 높으신 분들, 최고책임자들인 선출직 공무원 김영환 충북도지사와 이범석 청주시장만 쏙 빠졌다. 꼬리 자르기다. 결국 유족들이 김 지사와 이 시장을 중대재해처벌법 위반 혐의로 검찰에 고발했다.

재난안전 업무를 담당한 일선 공무원들이 모든 형사적 책임을 떠맡는 일만 반복됐다. 반성? 책임? 사과? 대통령의 호통에 따른 조치만 남았다. 그럼 다음 번에는 달라질까? 한강홍수통제소와 오송 지하차도 침수 참사가 일어난 금강홍수통제소가 각각 21억, 22억 원을 투입해 AI 홍수예보 플랫폼 구축 사업과 IoT 기반 홍수관리시스템을 구축하는 작업이 진행 중이다. 지자체별로, 4개 홍수통제소별로 진행되는 사업이라 국가 단위 플랫폼이 되려면 시행착오를 거칠 전망이다.

앞서 정부는 1조 5,000억 원을 들여 2021년 경찰청·소방청·해양경찰청·지방자치단체 등 333개 재난 유관 기관이 동시에 소통할 수 있는 재난안전통신망을 구축했다. 2014년 세월호 참사 당시 소방과 해경, 해군이 각기 다른 통신망을 사용해 효율적 대응을 못했다는 반성에서 출발한 조치였다. 하지만 첨단기술과 예산을 다 쏟아부은 재난안전통신망은 이태원 참사 당시 제대로 활용되지 않았다. 위기관리는 결국 사람이 하는 일이고, 위기관리센터를 비롯해 컨트롤 타워가 제대로 작동해야 한다.

일터의 안전은 누구 책임일까

"스위스는 빵 공장에서 노동자가 기계에 끼는 사고가 발생하면 당장 국정조사 들어갑니다. 난리 나요."

경제학 박사로 노동을 연구해온 이상헌 국제노동기구ᴵᴸᴼ 고용정책국장을 저서 《같이 가면 길이 된다》의 북토크를 계기로 만났다. ILO 본부가 있는 스위스 제네바 주민으로서 이 국장은 빵 공장 사고가 별일 없이 또 지나가는 한국 사회에 놀라움을 표시했다. 2023년 8월 SPC 계열 샤니 제빵 공장에서 55세 여성이 반죽기에 끼어 다친 뒤 결국 숨졌다. 2022년 10월에도 20대 여성이 비슷한 사고를 당해 불매운동이 이어졌으나 또다시 노동자가 사망했다.

우리는 노동자가 다치고 죽는 것에 둔감한 나라다. 어쩌다 누군가의 드라마틱한 비극에 관심 가질 뿐 대체로 노동자가 날마다 죽어가는 현실에 관심이 없다. 2022년 국내 산재 사망자 874명, 다친 사람은 10만 7,214명이다. 우리나라의 산재 규모, 세계에서 어떤 수준일까 물었다.

"후진국, 그냥 후진국이예요. 세계적으로 보면 국민소득 올라가면서 산재 사망률이 떨어져요. 한국은 그 그래프에서 혼자 뚝 떨어져 있는 아웃라이어예요. 패턴에서 벗어나 있는 유일한 나라입니다. 경제력이 부족해서? 먹고 사는 게 힘들어서? 아닙니다. 다른 나라에 비해서 (산재 예방) 강제력이 떨어지기 때문이에요. 기본적으로 기업이 산재에 크게 신경 쓰지 않아도 돈 버는 데 지장이 없거든요."

잘 살게 됐어도 산재 사망이 끔찍하게 많은 나라. 사실 주변에 잘 보이지 않아서 그럴지도 모른다. 중산층, 일반 직장인들은 대체로 안전하다고 했다. 위험을 외주화해 영세한 일터의 노동자들에게 떠넘긴 탓이다. 작은 사업장에서, 혹은 늘 사고가 나는 곳에서 또 난다. 이것도 우리만 그런 걸까?

"우리나라처럼 3차 4차 하청 구조가 복잡한 곳이 없어요. 다른 나라들은 하청 구조도 단순해요. 하청에 재하청을 하는 이유는 원청에서 위험한 일을 하지 않기 위해서죠. 일감만 몰아주는 게 아니라 산업재해를 몰아주고 있어요."

죽을 수도 있는 일터의 위험을 떠넘기는 구조, 지나치게 복잡한 하청 방식은 공정거래위원회가 법대로 따져봐야 하는 대상이다. 실제 공정위는 하도급법 위반을 끝없이 적발한다. 2018년부터 2023년 7월까지 경고 이상의 제재를 내린 건설사 하도급법 위반 사건만 997건이다. 그런데 이 중 검찰에 고발된 사건이 16건, 과징금만 부과한 사건이 31건이다.* 하도급 분쟁에서 건설사들이 차지하는 비중은 약 60%, 솜방망이 처벌이 이어지면 단속하고 적발하고 제재하는 정부도 힘이 빠진다. 산재 문제에서도 정부 제재가 너무 약하다. 즉 할 일을 제대로 못하고 있다.

"산재는 우선 정부 책임입니다. 헌법이 명시한 생명권을 지키지 못한 거죠. 법을 집행하는 과정에서 빈 공간이 많아서 의도한 효과를 내지 못하고 있습니다. 두 번째는 기업이 빠져나갈 방법을 너무 잘 알아요. 세 번째로 세계 어느 나라든 법이 효과를 내려면 사회적 힘이 필요합니다. 우리에게 그런 사회적 힘이 있는지, 그 힘을 내려면 무엇을 해야 하는지 보려면 원인을 찾는 보도가 나와야 하는데, 꽃다운 청춘이 억울하게 희생됐다는 드라마만 나와요. 산재가 왜 발생했는지, 금방 잊혀집니다."

2018년 12월 10일 충남 태안화력발전소에서 김용균 씨가 컨

---

* "공정위, 하도급 갑질 고발·과징금 4.7%뿐", 〈동아일보〉(2023.9.8)

베이어 벨트에 끼여 사망한 이후, 12월 국회에서 '김용균법'이라 불리는 산업안전보건법(산안법) 개정안이 통과됐다. "우리가 김용균이다"라고 목소리를 높인 이들 덕분에 중대재해처벌법이 제정됐다. 그러나 우리는 지금도 매일 2.4명의 김용균을 저 세상으로 보내고 있다. 2023년 7월 혼자 승강기를 수리하다가 20대 노동자가 또 숨졌다. 그는 '혼자 작업하기 힘드니 도와달라' 문자까지 보내놓고 끝내 사고를 피하지 못했다. 그의 죽음은 알려지기라도 했지, 대부분의 '사고사망속보'는 묻힌다.

2018년부터 지난해 10월까지 승강기 설치·유지보수 공사 중 사고사망자는 38명이라는데, 그중 죽어도 괜찮은 이가 단 한 명이라도 있을 리 없잖나. 왜 사람을 늘리고, 프로세스를 지키지 않나? 책임이 가벼워서 그렇다. 목숨 값이 안전비용보다 싸서 그렇다. 중대재해처벌법 위반으로 재판에 넘겨진 건설회사 대표에게는 얼마 전 1심에서 집행유예가 선고됐다. 안전비용은 여전히 저렴하다.

역시 규제가 필요하다. 중대재해처벌법 하나로 경제가 망할 것처럼 난리 치는 이들의 이야기도 꼼꼼하게 들어보면서, 정부가 할 일을 하면 된다. 정부가 그래도 나은 방향으로 가도록 우리가 힘을 모으면 된다. '같이 가면 길이 된다'고 하지 않나. 노동을 적대시해도 되는 사람은 없다. 우린 모두 노동자이거나, 타인의 노동에 기대어 산다.

'킬러규제' 완화의 실체는?

규제는 보통 누군가를 보호하기 위한 정부의 행위다. 시장 혹은 소비자, 산업을 보호한다. 그럼에도 불구하고 과했나 보다. 규제 완화는 모든 정부의 단골 아이템이다. 전봇대를 걷어내고, 손톱 및 가시를 뽑고, 핀셋 규제로 딱 필요한 만큼 걷어내겠다고 했다. 얼마나 규제가 많은지 아직도 멀었다. 이번엔 '킬러규제'다. '적'을 때려잡는 법을 사랑하는 검사 본능인가? '킬러문항' 잡아 족치는 바람에 갑자기 범죄자 취급 받는 학원이나 애꿎은 수험생들의 난리는 이미 지나갔다. 그래, 킬러규제 잡아야지.

그런데 2023년 킬러규제 완화의 타깃은 화학물질을 규제하는 '화평법', '화관법'이다. '화학물질 등록 및 평가 등에 관한 법률'(화평법)은 화학물질과 이를 함유한 제품을 관리하는 법률이고, 화학물질 관리법(화관법)은 화학물질의 체계적인 관리와 화학사고 예방을 통해 국민 건강 및 환경을 보호하기 위한 법률이다. 기업들이 그동안 줄기차게 규제 완화해달라 했다. 이번엔 풀어줄까? 뭘 풀어줄까?

이 규제의 태생은 가습기 살균제 참사와 구미 불산 누출사고다. 1994년 처음 출시돼 17년 동안 판매된 가습기 살균제의 독성으로 공식 인정된 사망자만 1,075명, 사회적참사특별조사위원회 추산으로는 2만 명이 목숨을 잃고 95만 명이 피해를 입은 참사다. 환경부가 폐암 사망자에 대해 첫 가습기 살균제 피해를 인정한 것은 2023년 9월의 결정이기 때문에 앞으로 피해자가 더 나올 가능성이 높다. 2012년 구미의 한 공장에서 불산가스가 누출된 사고는 노동자 5명이 죽고, 소방관 등 18명이 다친 사고인 줄 알았으나, 이후 맹독성 가스가 인근 마을로 퍼지면서 주민과 공장 노동자 3,000여 명이 고통을 호소했고, 주변 농작물이 죄다 말라 죽었다.

엄청난 참사였으나 법적 처벌은 미비했고, 뒤늦게 규제에 나섰던 배경은 벌써 기억에서 희미해졌다. 기업들은 유럽의 비슷한 화학물질 규제 'REACH'는 잘 따르면서 수출하지만, 그보다 약한 국내법은 때려잡아야 한다고 한 목소리를 낸다. 나는 전문가가 아니라서 도통 모르겠다. 피해를 줄이겠다는 규제가 그렇게 나쁜가? 그리고 '킬러규제'란 전선의 구호 덕분에 실체가 뭔지 모르겠다. 어느 조항을 어떻게 바꾸자는 건지 알 수 없다.

가습기 참사는 전 정부에서 사과하고 피해 구제를 확대하겠다고 했는데, 정부가 바뀌기 전에 매듭지었는지 잘 모르겠다. 가습기 참사와 관련된 기록물을 보존하고, 기억을 남기는 일에도 소극적이었고, 사회적참사 특별법 개정안에서 가습기 살균제 참사를 제외한 것은 2020년 환경부와 민주당이었다. 당시 사참위 부위원장이 항의해 사임했다.

이제 그 사건을 계기로 강화됐던 화평법, 화관법이 다시 도마 위에 올랐다. 업계 관계자를 인용해 획일적 기준으로 벤젠과 차아염소나트륨이 유독물질로 지정되면, 이런 화학물질이 들어가는 휘발유나 락스도 유독물질에 해당되기 때문에 신규 사업 진출에 장벽이 되고 있다는 보도가 있었다.[*] 화학기업에 근무하는 전문가 A의 의견은 달랐다.

"벤젠과 차아염소나트륨은 유독물질 맞습니다. 신규사업 진출에 장벽이 있어야 하는 게 맞고요. 신규화학물질 등록기준이 100 kg인 한국의 화평법, 화관법이 1톤 기준인 유럽이나 일본보다 10배 강한 규제라고 일각에서 주장하는 것은 사실과 다릅니다. 유럽이나 일본도 신규화학물질을 규제하면서 1톤 이하에서는 추가 자료를 제출하지 않아도 되는 정도입니다. 절차를 단순화하는 규제 완화는 도움이 되겠지만 기준 자체를 완화하면 가습기 살균제 참사 같은 사고가 반복되지 말라는 법이 없습니다. 특히 국내 기업이 유럽 수준의 규제 복잡도를 따라

---

[*] "尹 '킬러규제' 언급한 화평법·화관법…기업 부담 어떻길래", 〈이데일리〉 (2023.7.9)

정부가 없다

가지 못하면 수출 경쟁력이 없어요."

물론, 규제가 비현실적인 부분도 있을 수 있다. 그런데 이거 진짜 잘 살펴봐줬으면 한다. 제발 기업쪽 취재만 하지 말고, 이쪽저쪽 잘 듣고 정리해줬으면 한다. 균형보도라는 포장으로 기업과 피해자 목소리를 반반 보도하거나, 피해자가 반발했다는 한 줄로 면피 보도 마시고. '킬러규제' 때려잡으라 했더니 일사불란하게 움직인다는 칭찬도 하지 말아달라. 규제 없애 칭찬 들을 일이라면, 대통령이 말하기 전에 진작 했어야지.

코로나가 드러낸 정부의 역할

　　　　　　"(미국의 코로나 대응 실패는) 단순한 정치적 갈등이 아니라 학살입니다." 천연두 박멸에 앞장섰던 미국의 전설적 전염병학자인 윌리엄 페기 전 질병통제예방센터^{CDC} 책임자는 2020년 9월 자신의 후임인 로버트 레드필드 CDC 국장에게 편지를 보냈다. 당시 백악관이 어떻게 CDC의 코로나 대응에 간섭했는지 밝히고 자진사퇴하라는 내용이었다.*

　트럼프 대통령은 "우리는 코로나를 완벽하게 통제하고 있다"고 말하곤 했다. 국가 지도자가 과학적 경고를 무시하고 위험성을 과소평가한 것이 어떤 결과를 가져왔는지 이제는 모두가 알고 있다. 2023년 9월 현재 약 688만 명의 전 세계 코로나 사망자 가운데 116만 명이 미국인이다. 학살이라는 단어가 소환될 만큼 끔찍한 숫자다. 세계 최강대국의 민낯이 그렇게 드러났다.

---

* "It is a slaughter': Public health champion asks CDC director to expose White House, orchestrate his own firing", 〈USA TODAY〉(2020.10.6)

한국은 코로나 사망률이 가장 낮은 나라 중 하나다. 효과적인 의료 시스템, 고령자 및 고위험군 환자의 선제적 격리, 중앙정부 및 공공·민간병원의 적극적인 협력, 높은 백신 접종률 덕분이다. 국가가 국민을 보호하는 일이 어떻게 작동하고, 어떤 결과의 차이를 만드는지 전 세계가 서로 목격했다.

우리나라가 코로나 대응을 잘했던 것은 '정은경 보유국'이었기 때문이라는 우스갯소리가 있었다. 그게 사실이었나 보다. 2015년 우리는 메르스 사태를 겪었다. 그해 5월 최초의 메르스 환자가 확진 판정을 받은 뒤 슈퍼 전파자 5명이 153명을 감염시켰고, 186명의 확진환자와 38명의 사망자가 발생했다. 당시 국회에서 보좌관으로 메르스 사태를 지켜봤던 여준성 전 청와대 사회정책비서관은 이렇게 기억했다.

"메르스 사태의 경우, 해외정보 수집부터 늦었어요. 어떻게 대응해야 하는지, 병원과 보건소와 질병관리본부가 각각 무엇을 해야 하는지 아무것도 몰랐고, 우왕좌왕했던 측면이 있습니다. 이 병원에서 터지면 쫓아가고, 저 병원에서 환자 나오면 또 쫓아가고, 고생은 많이 했지만 병원 정보를 공유하지도 않았고, 제대로 된 소통도 없었죠. 그 당시에는 국민들이 어느 병원이라고 사진 올리면 정부가 유언비어라고 대응했고, 병원들은 타격을 입을 것만 걱정했죠. 질병관리본부장이 중앙사고수습본부, 중수본 책임을 맡고 있었는데요. 위에서 난리가 나니까 보건복지부 장관이 지휘권을 가져갔어요. 문제는 장관이 전문가가 아니었다는 거죠. 질병관리청 일각에서는 오히려 잘됐다고 했어요. 시키는 것만 하면 되니까요. 역학조사만 하고 나머지는 손을 대지 않았습니다. 당시 부처에서 전문가를 영입하긴 했는데 행정 경험이 없는 학자는 현장을 잘 몰랐습니다. 병원 차원의 감염관리 시스템이 없던 시절이죠. 그리고 뒤늦게 깨달았던 겁니다. 질병관리본부가 무엇을 해야 하는 기관인지."

정부의 정보 미공개, 재난관리 컨트롤 타워 부재, 병원의 대응 체제 미흡, 정부의 책임 전가 및 비난 회피 행태, 이에 따른 국민 불신 확산 등 메르스 사태는 국가방역은 물론 의료체계에 내재된 모순을 전면적으로 드러냈다. 중앙정부와 지방자치단체 간에 역할 분담이 불분명했으며, 보건당국과 의료기관의 협조 체계도 원활하지 못했다.[*] 당시에도 미흡한 대응에 대한 감사원 감사가 진행됐다. 이후 질병관리본부 관계자 여럿이 사임했다. 감사원 감사는 종종 유능한 전문가들이 조직을 떠나는 데 기여한다.

정은경 전 질병관리청장은 메르스 사태 초기 책임자가 아니었지만 결국 징계를 받았다. 사람들이 떠나고 조직이 흔들린 가운데 메르스 사태에 제대로 대응하지 못한 경험이 오히려 약이 될 거라고 예상한 이들이 얼마나 될까? 그는 언젠가 다시 맞닥뜨릴 팬데

---

[*] "미국의 웨스트 나일 바이러스 극복 사례가 우리나라 메르스 사태에 주는 교훈: 조직 간 협업과 정보공유를 중심으로", 권혁빈, 〈한국경호경비학회〉, 제52호(2017)

믹에 대비하기 위해 메르스 사태의 교훈을 토대로 도상훈련을 시작했다. 코로나 사태 한참 이전의 일이다.

그는 2017년 질병관리본부장이 된 뒤 본격적으로 청와대 위기관리센터와 함께 훈련하고 매뉴얼을 만들었다. 도상훈련을 통해 환자가 발생하면 병원에서는 어떤 일을 해야 하는지, 역학조사는 어떻게 해야 하는지 체계적으로 정리했다. 질병관리본부, 보건복지부, 행정안전부, 유관기관과 병원, 보건소에서 각각 무엇을 해야 하는지 매뉴얼이 이 때 정리됐다.

중수본(중앙사고수습본부)은 언제 꾸려야 하는지, 중수본이 출범하면 무엇을 해야 하는지, 중대본(중앙재난안전대책본부)은 어떤 단계에 출범하는지 시스템의 작동 방식도 재정비했다. 미지의 바이러스가 등장했을 때, 정보 전달은 어떤 프로세스로 어느 선까지 할 것인지 정리한 덕분에 중국에서 코로나19 바이러스가 등장했을 초기부터 정보 확인에 나섰다.

투명한 정보 공개 원칙도 확실하게 정했다. 정 전 청장은 일찌감치 감염병 대응에서 대국민소통은 어떻게 해야 할지, 정보 공개는 어떻게 진행해야 하는지 정리했고, 언론들이 혼란을 키우지 않도록 기자들과 협의해 일찌감치 보도준칙을 만들었다. 온갖 공방 보도에 바쁜 정치부나 사회부 기자들 외에 최소한 보건복지부와 질병관리청 취재 기자들은 감염병과 방역 보도의 원칙이 왜 필요한지 깨닫기 시작했다. 위기 대응 커뮤니케이션은 누가 마이크를 잡는지가 중요할 뿐더러, 계속 바뀌어서도 안 된다. 정은경 청장과 함께 김강립 당시 중앙재난안전대책본부 1총괄 조정관이 날마다 브리핑을 도맡은 이유다.

임종석 전 청와대 비서실장은 '정은경 로또'였다고 말했다. 고군분투 애써왔던 정 청장은 사실 2019년 말에 그만둘 생각이었다고 한다. 적절한 후임자를 찾기 위해 시간이 필요하다고 하는 사이 코로나가 터졌다. 메르스 사태 당시 시행착오를 토대로 꼼꼼하게 매뉴얼을 만들고 도상훈련까지 했던 이가 코로나19와의 전쟁을 직접 지휘할 수 있었던 것은 천운, 진짜 로또였다. 게다가 그는 리더로서도 더할 나위 없이 탁월했다. 임 실장은 그를 이렇게 기억했다.

> "그냥 일꾼이셨습니다. 차분하게 다 해내죠. 남하고 싸우는 걸 한번도 본 적 없고, 소리를 높이는 일도 본 적 없습니다. 직원들이 청장을 신뢰하면서도 힘들어했어요. 일을 많이 해서요. 그런데 다들 일이 많아도 일을 하는 재미가 있었다고 합니다. 박수 쳐주고, 인정해주니까 일이 많다고 짜증낼 이유는 없었죠. 정 전 청장은 의사 출신으로 보건소장도 해봤고, 공공의료 관련 과장, 국장으로 일했어요. 보통 감염병과 방역 전문가인 다른 질병관리청 분들과 달리 건강보험 체계나 보건의료 행정까지 꿰뚫고 있었습니다."

정 전 청장의 리더십은 협업에 힘을 더했다. 초기 대응에서 드

정부가 없다

라이브스루, 워크스루 방식으로 실시간 검사를 진행하고 효율적 프로세스를 만든 것은 모두 아래로부터 올라온 아이디어였다. 정부는 실시간으로 취합해 시·군·구 보건소에 전파했다. 컨트롤 타워는 이 같은 협업이 신속하게 실행되는 데 판단하고 결정하고 지원하는 역할을 했다. 생활치료센터 아이디어가 올라왔는데 의료센터가 아니라서 건강보험 지급이 안 되는 등 법적 문제가 발생하자 시행령을 개정하면서 신속하게 거들었다.

안타깝지만 이 같은 분위기는 오래가지 못했다. 2장에서 언급했듯 과학방역을 둘러싼 고충 외에도 분위기는 싸늘하다. 정부의 역할을 제한하는 '작은 정부'는 곳간지기 역할에 따라 재정건전성을 정책우선순위에 둔다. 보건의료 정책도 예외가 아니다. 코로나 전담으로 지정됐던 공공병원의 경우, 예전처럼 병상을 복구해야 하는데 당장 버티기 힘든 처지다. 당초 코로나 전담하느라 전공이 다른 의사, 간호사들 다 나갔고, 떠난 환자들 돌아오는데도 오래 걸리기 때문에 지원이 필수적인데 지원은 부족하다.

주간지 〈시사인〉은 2022년 11월 '팬데믹에 헌신했지만 돌아온 것은 심각한 적자, 공공병원의 위기'라는 제목의 기사를 통해 "경기도의료원 소속 6개 공공병원 가운데 5곳이 임금 체불 위기에 처하게 된다"고 보도했다. 6개월 동안 정부가 지원하기로 한 손실보상금은 '언발에 오줌 누기' 정도로, 정부와 지자체가 책임지고 지원해줘야 한다는 게 보도의 핵심 주장이다.

공공의료 관련 예산 문제는 곳곳에서 갈등을 빚고 있다. 국립중앙의료원은 복지부와 협의해 1,050병상 규모의 신축 계획을 확정했으나 기획재정부가 예산을 대폭 삭감, 760병상으로 규모를 줄이겠다고 하면서 곤경에 빠졌다. 2023년 1월 기재부는 의료원 이전 지역에 대형병원이 여럿 있기 때문에 1,000개 병상 운영은 과도하다고 판단했다고 밝혔다. 의료계에서는 공공병원 확충이 골자인 공공의료가 경제논리에 밀렸다며 반발하고 있다. 진료비 부담을 낮춰 취약계층 의존도가 높은 공공병원 수는 2019년 12월 기준 전체의 5.5%, 병상 수는 9.6%에 불과하다.

윤석열 정부의 필수의료 강화 정책도 논란이 이어진다. 지난 정부가 의료보건 예산을 방만하게 사용했기 때문에 꼭 필요한 이들에게 집중하자는 것이 핵심인데, 역시 돈이 문제다. 필수의료에 집중한다는 정부 방침은 재정 건전성을 우선하는 원칙과 충돌한다. 일단 건강보험의 문재인케어 지출을 줄여서 재원을 확보하겠다는 구상인데 이것도 문제다. 필수의료란 건강보험 재원이 아니라 정부 재정을 투입하는 것을 고려해야 한다고 2023년 1월 시민건강연구소가 논평을 냈다. 필수의료 개념도 이전보다 후퇴했다는 지적이다.* 필수의료를 어디까지 볼 것인지 여부에 따라 몇 조 사업이 될 수도 있는데 몇 천억 원으로 가능할까?

건강보험과 보건의료 예산을 줄이면 국민들은 실손보험 등 각자도생으로 예고 없는 질병에 대비해야 한다. 민간 보험사들이 환

---

* "윤석열표 '필수의료 강화론'은 허상에 불과하다", 〈프레시안〉(2023.1.16)

영할 수밖에 없는 정책이다. 반면 궁극적으로는 국민들도 각자 쌈 짓돈으로 실손보험을 들어 병원 문턱을 낮추게 되고, 과잉진료 가능성이 높아짐에 따라 건강보험 재정 부담도 늘어날 수밖에 없다. 민간 실손보험을 없애거나 줄여야 국가가 책임지는 건강보험이 오히려 튼튼해질 수 있다는 복지부 내 일부 주장은 정부가 바뀌자 쏙 들어갔다.

외교란 무엇인가

　　　　　　　　　일반 시민으로서 가장 관심 없는
뉴스가 외교 분야였다. 한일 양국은 맨날 티격태격 하는 것 같고,
미중 관계도 갈등, 분쟁, 충돌 같은 제목으로 소비됐다. 세계를 보
는 창인 우리 언론은 주요 국 외에는 별 관심이 없었다. 언론이 국
제 뉴스를 비중있게 다루는 것이 선진국 척도란 얘기를 20여 년
전 국제부 기자 시절에 들었는데 여전히 좁고 얕다. 대체로 그렇
다는 얘기다. 좋은 외교, 국제뉴스가 어딘가 있기야 하겠지만 포털
에서 내 눈에 띄지 않으니까.

　그런데 청와대 근무하면서 가장 흥미진진했던 분야 중 하나가
외교였다니, 이것도 내게는 반전이다. 순방 외교를 준비하는 회의
에서 외교부가 가져온 사전 보도자료는 대체로 어느 나라 정상과
회담을 했고, 어떤 성과가 예상되며, 어떤 MOU를 체결했다는 내
용이다. 외교적 언어는 모범생처럼 조용했고 눈에 띄는 게 없었다.
그런데 뭔가 궁금해서 묻기 시작하면 끝없이 재미난 이야기가 나

　　　　　　　　　　　　　　　　　　　　　　　　정부가 없다

왔다. 복잡한 국제 정세에서 강대국과의 줄타기 외에도 전 세계를 대상으로 '내 편'을 늘려나가는 노력이 흥미로웠다. 신남방, 신북방 외교정책은 기존에 잘 안 보이던 세계로 시야를 넓혀줬다.

외교란 무엇인가? 최종건 외교부 전 차관은 "교과서적으로 말한다면 우리 국익을 해외에서 최대로 늘리기 위한 행정"이라고 했다. 통상과 경제, 국가안보와 환경 등 중요한 현안들은 이제 어느 국가가 홀로 해결하기 어렵다. 다른 나라와 연대하고 네트워크를 구축해 공동의 현안을 같이 해결해야 한다.

외교의 시간이 다르게 흐른다는 것을 실감한 것은 2017년 7월 문재인 전 대통령의 베를린 평화구상이었다. 사실 그때는 몰랐다. 마냥 한가하고 좋은 소리처럼 보였다. '핵과 전쟁 위협이 없는 평화로운 한반도 만들기'가 첫 번째 원칙이었다. 너무 당연한 얘기 아닌가? 누구도 반대할 리 없는 목표라 생각했다. 두 번째 원칙인 '북한 체제의 안전을 보장하는 한반도 비핵화 추구', 이게 말이 어려워서 그렇지 우리가 흡수통일이라든지 다른 마음 갖지 않을 테니 비핵화하자는 설득이다. '한반도 평화협정 체결을 통한 항구적 평화체제 구축'이 세 번째 원칙이었다. 정부 출범 이전에도, 이후 2017년 가을에도 북한의 미사일 도발이 드물지 않던 시기다. 그러나 목표와 방향이 분명하면 그 다음에는 물밑 외교가 진행되더라.

2018년 초 평창올림픽으로 갑자기 분위기가 바뀌었다. 그저 좋은 목표, 말로 생각했던 구상이 실제 현실로 다가왔다. 비록 남북

관계는 정부가 바뀌면서 다시 얼어붙었지만 당시의 기억과 경험
은 앞으로 다른 진전의 토대가 될 수도 있다. 그렇게 만들지 못한
다면 그게 문제다. 최종건 외교부 전 차관은 외교에 대한 초보적
질문에 답하면서 이후 남북미 삼각 외교를 사례로 들었다.

"6·10 북미 정상회담을 앞두고 5월 말 미국이 정상회담을 취
소하겠다고 했습니다. 당시 북한의 메시지가 거칠었는데 이런
상황에서 어떻게 회동하냐고 트럼프 대통령이 제동을 걸었죠.
북한은 우리 대통령에게 중재를 요청했습니다. 당사자 역할도
있지만 서로 말 붙여주고, 이야기하도록 중재하고, 중간에서
광 파는 것도 외교죠. 문 전 대통령이 트럼프 전 대통령에게 노
벨상을 가지라고, 우리는 평화를 갖겠다고 설득했습니다. 결국
무산될 뻔한 정상회담까지는 성사됐습니다."

지난 정부는 5년간 최소한 평화는 지켜냈다. 남북 분쟁으로 희
생된 군인은 없다. 평화, 다자주의, 연대, 보건, 방역이라는 보편적
언어로 우리 외교를 이어갔던 시기다. 외교의 품격이 올라갔다고
최 전 차관은 자부했다. 모두가 안전하지 않으면 아무도 안전하지
않다는 데 글로벌하게 의기투합했던 시절이다.

요즘 외교부는 어떻게 일하고 있는가? 위안부 문제 등에서 이
전 정부의 정책을 180도 뒤집을 때, 직업 공무원들은 어떤 생각을
하게 될까? 똑똑한 외교부 엘리트들의 상태가 궁금했다. 외교부를

잘 아는 전직 관료의 말이 인상적이었다.

"외교부 사람들은 결기가 없어요. 자기들 열심히 하던 일이 다
뒤집혀서 정반대로 해야 하는 상황이라면, 누군가 박차고 나올
법도 한데 조용하잖아요. 사표 쓰는 이가 한 명도 없어요. 외교
부 공무원들이 소심한 건 사실 먹고 사는 문제이기도 해요. 사
법고시를 치른 판검사야 그만두면 변호사로 밥벌이 하는 것이
고, 행정고시를 치른 기재부나 산업부 공무원들은 기업으로 쉽
게 옮기죠. 공정위나 국세청 이들은 로펌에서 '자문', '고문'으
로 모셔가죠. 다 전관예우 기대치가 있으니까 현직을 그만둬도
어디든 비싼 몸값 받고 움직입니다. 그런데 외무고시 합격한
외교관들은 그런 전관예우 능력을 발휘할 만한 곳이 별로 없어
요. 갈 곳이 안 보이니까 대충 참고 지내는 거죠. 그래도 그렇
지, 결기가 없어요."

외교관의 경험이면 학교에서 후학들이라도 가르칠 수 있지 않
을까? 갸웃했지만 더 묻지 않았다. 사실 기업이나 로펌에서 "그것
좀 잘 챙겨달라"며 뭐든 로비하는 데 전관예우의 힘을 동원하려고
전직 공무원들을 모셔가는 것도 마냥 잘한다고 할 수는 없는 일.
로비의 세계는 오묘하지만, 기업이 그런 곳에 쓰는 돈은 끝내 소
비자에게 전가되는 법이다. 하여간에 외교관은 전관예우 써먹을
곳이 없어서 참고 산다고? 그래서 결기가 없다고? 전직 외교부 간

부의 말이다.

"2022년의 외교부와 2023년의 외교부는 서로 싸울 수밖에 없는 입장이 되어버렸죠. 2023년 일을 주도하는 이는 영혼 없이 돌아다닌다는 말이 파다해요. 그렇게 자기 의견이 강한 사람도 아니었고요. 다만 그들도 알아요. 정권 바뀌면 수사 대상이 될 수 있다는 것. 외교 현안이 정무적 현안이 되어버려서 자기들이 결정할 수 있는 것은 아무것도 없는데 말이죠."

정부가 없다

영업사원 1호의 외교

문재인 정부 시절 주요 언론과 야당은 한결 같이 '외교참사'만 외쳤다. 여야가 바뀌고, 정권이 바뀌어도 야당이 외교참사만 말하는 것은 변하지 않았다. 버락 오바마 전 미국 대통령이 베트남의 허름한 쌀국수 집에서 미국인 유명 셰프 앤소니 보뎅과 밥을 먹는 것은 베트남 사람들의 호감을 얻은 서민적 행보이고, 문재인 전 대통령이 중국의 일반 식당을 찾은 것은 '외교참사'라니 이중잣대를 따지는 것도 피곤한 일이었다. 언론들은 글로벌 외교 무대의 앞뒤에서 바쁘게 돌아가는 일에 관심을 두지 않았다. 외교무대의 어젠다를 기억하는가? 관련 보도를 본 기억이 있는가? '혼밥' '홀대' 같은 단어만 난무하는 게 외교 보도였다.

정준희 언론학자는 KBS 〈저널리즘 토크쇼J〉에서 "가십 이상의 사실은 관심이 없고 가십을 통해 현 정부의 어떤 무능력을 부각시키는 데만 관심이 있다"고 지적했다. 맥락을 더 읽어내기 위한 노력이 부족하다는 얘기다. 징후들이 나타나면 그걸 모아 분석을 하는 게 아니라 징후도 제대로 읽지 못했다.*

한반도 비핵화나 평화는 결코 단번에 해결되는 문제가 아니다. 몇 년씩 공들여 미국을 달래고, 중국을 지렛대로 삼고, 북한과 줄다리기를 하는 게 기본이다. 대체 어떻게 돌아가고 있는지 퍼즐을 맞춰 큰 그림을 보는 것도 쉽지 않은데, 부스러기들만 이야기로 남는다.

문재인 정부의 외교참사 보도가 가십 수준이었다면, 윤석열 정부의 외교참사는 스케일이 다르다. 대통령 부부와 친한 검사 후배 부부의 부인이 민간인 신분으로 1호기에 탑승해 해외 순방을 수행한 것은 '비선실세' 트라우마를 건드렸다. 공적 역할 없이 공무에 나서는 것은 위험한 일이다. 2022년 6월 윤 대통령의 북대서양조약기구NATO 정상회의 참석은 이 이슈에 더해 폭탄이 하나 더 터졌다. 당시 대통령을 수행한 최상목 대통령실 경제수석은 '탈중국' 정책을 시사하는 발언으로 다른 뉴스를 삼켜버렸다. 단어 하나 고르는 것도 전략인 국제 무대에서 최대 교역국인 중국과 거리두기를 천명한 것을 놓고 온갖 해석이 쏟아졌다. 중국도 예민하게 반응했다. 윤 대통령은 귀국길 기내 간담회에서 "어느 특정 국가를 배제하거나 이렇게 하는 것은 아니다"라고 말했다. 같은 해 9월 영국 엘리자베스2세 여왕의 장례식에 참석한 윤 대통령 부부

* 〈저널리즘 토크쇼J〉 "정파적 이익만 좇는 '막무가내' 외교 보도", KBS(2019. 7.7)

정부가 없다

는 '조문 패싱' 논란의 중심에 섰다. 이어진 뉴욕 순방은 한미 정상 회담이 48초 스탠딩 회담으로 그친 일조차 단신으로 밀려났다. 이른바 '국회에서 이 XX들이 승인 안 해주면 바이든은 쪽팔려서 어떡하나?'는 막말 파문이었다.

2023년은 "한미가 미국의 핵전력을 공동 기획-공동 '연습' 개념으로 운용하는 방안을 논의하고 있다"는 대통령의 〈조선일보〉 신년 특집 인터뷰로 시작됐다. 조 바이든 미국 대통령은 즉각 부인했다. 기자들은 한국과 공동 핵 연습에 대해 논의하고 있느냐고 물었으나 대답은 "아니오"였다. 사실상 윤 대통령이 '연습'이라는 단어를 잘못 쓰면서 한국 대통령실은 해명에 진땀을 흘렸고, 미국 백악관은 냉정하게 수위를 낮췄다.

불과 며칠 뒤 핵무기 발언이 또 문제가 됐다. 1월 11일 외교부 국방부 업무보고 자리에서 윤 대통령은 "여기 뭐 대한민국에 무슨 (전술핵) 배치를 한다든지, 우리 자신이 '자체 핵'을 보유할 수 있습니다"라고 말했다. 한국과 미국의 한반도 비핵화 원칙에 완전히 배치되는 발언이다. 설혹 정부가 그런 전략적 고민을 물밑에서 하고 있을지라도 가볍게 꺼낼 사안이 아니기 때문에 박정희 대통령 이후 누구도 공개적으로 언급하지 않았다. 만약 진정 뜻이 있다면 물밑 외교전을 벌이면서 신중하게 조율되어야만 하는 메시지다. 미국 제임스 마틴 비확산센터의 지그프리드 헤커 교수는 "한국인들이 생각하는 것보다 더 큰 일"이라며 "결국 (원전, 의료 등) 민간 핵

프로그램을 잃고, 안보 상황도 나빠질 것"이라고 언급했다.*

2023년 한국 외교부와 대통령실이 어떻게 정신줄을 붙잡고 있었는지 다시 돌아봐도 대단하다. 다시 며칠 지난 1월 15일 "UAE의 적이 이란이고, 우리의 적은 북한이다. UAE는 우리의 형제 국가다. 형제국의 적은 우리의 적이다"라는 윤 대통령 발언이 나왔다. 아랍에미리트 순방 중 군사훈련 협력단 아크부대를 방문해서 격려하는 과정에서 튀어나왔다. 이란은 외교적으로 문제 삼고 나섰고, 이란과 관계 회복 중이던 UAE 입장도 곤란했다. 대통령실은 "장병 격려 차원의 말씀"이라며 "한-이란 관계와 무관하다"고 해명했고 사실상 뭉갰다.

취임 1년도 안 되어 국제 외교무대 순방 때마다 사고가 터졌는데 대부분 대통령발이란 것도 놀라운 일이지만, 2023년 3월 일제 강제징용 문제에 대한 정부 해법, 이어진 한일정상회담, 후쿠시마 오염수 사태만큼 당혹스러운 건 없었다. 윤 대통령은 대통령이 되기 전부터 한일관계 개선에 적극적인 모습을 보였다. 2021년 8월 대선 예비후보 시절에 "후쿠시마 원전이 폭발한 것은 아니다. 지진과 해일이 있어 피해가 컸지만 방사능이 외부에 유출돼서 사람이 죽고 다친 건 아니다"라고 말한 것은 당내 비판도 거셌다. 윤 정부 초대 국토부 장관이지만 당시에는 예비후보로 경쟁하던 원희룡은 "대통령으로서 준비는커녕 기본 자질이 안 되어 있다"고

* 〈스트레이트〉 "대통령이 외교 리스크…논란 거듭되는 이유는?", MBC(2023.2.5)

비판했다.

2022년 9월 일본 자위대까지 참여해서 처음으로 실시한 동해 상 한미일 합동훈련이 마침 독도 앞바다에서 이뤄졌다. 우리군 독도 훈련은 축소했다. 일본은 독도가 일본 땅이라는 입장을 2023년 에도 이어가고 있다. 2023년 3월 정부의 일제강점기 강제징용 피해자 배상 방안 발표는 일련의 흐름에 정점을 찍었다. 피해자들의 반발은 거셌고, 일본 전문가마저 한국 측의 양보에 놀라움을 숨기지 않았다.*

> 이렇게까지 양보할 수 있다니 놀랍다. 한국 측이 아슬아슬한 한계선까지 양보한 것 같다. 일본은 지금까지 견해를 계승한다 는 데 그쳤으니 결국 아무것도 안 한 것인데 한국은 직접 돈을 모아 대신 변제한다. 윤석열 정권이 한일 관계를 이렇게까지 중시하다니 놀랍고 인상적이다.
>
> – 기무라 간 고베대 교수

위안부 문제는 유엔조차 2022년 11월 일본 정부에 피해자 보상과 공식 사과를 요구했다. 박근혜 정부 당시 한일 외교장관 협의를 거론하며 "할 것 다 했다"고 한 일본에게 유감을 표명했다. 국제사회는 그냥 넘어갈 일로 보지 않는데, 한국 정부는 이제 팬

* 일본 전문가들 "한국에서 이 정도까지 양보하다니…", 〈한국일보〉(2023.3.6)

찮다고 한다. 윤석열 정부는 피해자 우선주의에 무지하거나 무심하다. 중요한 건, 정부가 '미래지향적인 한일관계를 위해', '과거사에 발목 잡히지 않도록' 결단했다고 믿는 국민이 10명 중 4명 수준에 달하는 현실이다. 무엇이 옳은지 따지기보다, 우리 편이 뭐라 하든 옳다는 신념이 더 강한 시대다.

정부는 선택할 수 있다. 피해자 구제보다 한일 관계 회복을 통해 얻을 수 있는 게 더 많다고 믿을 수도 있다. 영국 주간지 〈이코노미스트〉는 '굴욕적인 친일 외교'를 비판하는 시위대를 취재하며 질문을 던졌다. 윤 대통령은 과연 그들의 분노를 달래기 위한 일을 더 많이 했는지, 아니면 그것을 부추기는 일을 더 많이 했는지, 그게 의문이라 했다.[*] 국가의 이익을 확보했는지 여부는 잘 모르겠지만, 나쁜 뉴스를 나쁜 뉴스로 덮는 전략이라면 성공했다. 여야는 후쿠시마 오염수 방류 문제로 충돌했다. 외교 쪽에 이렇게 사건사고가 많은 것도 이례적이다.

일본의 정치학자 시라이 사토시는 《국체론》에서 일본 아베 정부가 한반도 평화의 훼방꾼을 넘어 전쟁을 원했다는 주장을 전했다.[**] "세계에서 유일하게 '북한에 더욱 압력을' 가하라고 주장한 아베 정권은 한반도 유사 사태(전쟁)가 발생하기를 기대했고, 그렇게 할 이유가 있다"는 내용이다. 한반도 평화가 무너지면 전쟁을 포기한 평화헌법에도 불구, 자위권 발동이 가능해지고, 한반도 복

---

[*] "South Korea has a plan to end its forced-labour feud with Japan", 〈The Economist〉(2023.3.6)
[**] 《국체론》, 시라이 사토시, 메디치미디어(2020)

구 수요는 경제에 이롭다. 시라이 사토시는 나름 정통 보수가 살아있던 일본 자민당이 '어리석은 우익'에 점거당했다고 지적했다. '아시아 유일의 일등국'으로서 중국과 한국이 몰락해야만 마음이 놓이는 이들이 일본 극우란다.

　이런 이웃과 잘 지내는 것에만 전력을 다하면서 오무라이스와 폭탄주 곁들인 다정한 모습에 열 올리는 우리 정부가 불안하다. 후쿠시마 오염수도 일본을 편들면서 국민들의 불안은 가짜뉴스 취급한다. 대체 무엇을 위한 한일 관계인가? 그러나 정부 내부의 평가는 사뭇 다르다. 영업사원 1호의 활약에 고무되어 있다고 했다. 한쪽에서는 외교 무대마다 글로벌 호구가 되었다고 맹비난하는데, 한쪽에서는 잘한다, 잘한다 한다. 외교인들 다르겠나.

경제 정책, 대책은 있는 건가?

2022년 9월 22일 원달러 환율이 1,400원을 돌파했다. 금융위기 여파가 남아있던 2009년 3월 이후 13년 만에 처음이었다. 약 한 달 반 동안 1,400원에 머물다가 그해 말 1,200원대까지 떨어졌다. 글로벌 달러 초강세라 어려웠다고 치자. 정부는 외환시장을 안정시키기 위해 해야 할 매뉴얼이 있다. 하지만 이창용 한은 총재는 "이론적으로는 지금 통화 스와프가 필요 없는 상황"이라고 했다. 당시 9월 한달 외환보유액은 200억 달러(약 28조 원) 가까이 급감했다. 외환당국이 환율을 방어하기 위해 달러화를 시중에 내다 판 것으로 해석됐다. 정부에서는 당시 어떤 고민을 했던 것일까?

"원달러 환율 1,300원이라는 숫자 자체가 흔한 것이 아니었어요. 위기 때나 만나는 숫자죠. 그런데 1,400원대 중반까지 갔어요. 1,500원 간다는 불안한 소문이 나돌았죠. 환율이 이 정

정부가 없다

도로 요동치면 뭔가 해야 하는데 당국에서 별다른 반응이 없었습니다. 통화 스와프가 쉽지 않다고 해도, 우리 정부가 보유한 미국 국채를 담보로 미국 연준이 달러를 빌려주는 환매조건부 달러화 대출 '피마 레포'라든지, 국민연금이 보유하고 있는 미국 국채를 활용하는 방안이든지 뭐라도 해야 하지 않나 싶었는데 조용했어요. 답답해서 정부 고위관계자에게 물었는데 싸늘한 반응만 돌아왔습니다."

금융당국 관계자 O의 말이다. 상황을 어떻게 인식하느냐, 1,400원을 위기로 보느냐, 거기서부터 반응이 달랐다고 한다. O는 "칼을 빼라는 것이 아니라, 반쯤 빼서 칼날이라도 보여줘야 할 때가 있는데 2022년 대응은 그런 것조차 없어서 기이했다"고 말했다.

미국에서 물가가 안정되기 시작하면서 달러도 함께 안정되고, 환율이 다시 1,200원대까지 떨어진 것은 행운이었다. 정부는 2023년 6월 말 일본 정부와 100억 달러 규모의 통화 스와프를 체결했다. 한일 양국 모두 100억 달러의 외환보유고를 확충하는 효과를 거둔 조치다. 이 무렵 환율은 1,300원 안팎에서 움직였다. 1,400원 시절에 별 일 없듯 지내다가도, 1,300원 시절에 뭔가 할수도 있다. 환율 방어가 결코 쉬운 일은 아니다. 시간이 걸리는 법이니까 이해하고 넘어가자.

2019년 8월 한국 정부는 정당한 근거 없이 취해진 일본 정부의 무역보복 탓에 비상이 걸렸다. 일본 수출규제 대응 관계장관회의를 신설해 일주일에 두 번씩 모였다. 대일 의존도를 줄이고 경제체질을 개선하는 것을 목표로 하는 범부처 TF도 운영했다. 국회 추경 심의과정에서 대응을 위한 군자금 마냥 2,732억 원을 반영했다. R&D 세액공제를 늘리고 대체국에서 해당물품이나 원자재를 수입해야 할 경우 할당관세를 적용했다. 중소기업에는 세금 납기를 늦춰줬다. 돌이켜보면 불화수소 등 일본이 수출 규제에 나선 품목들에 대한 자립화가 단계적으로 이뤄지는 등 위기가 기회가 됐지만 당시 분위기는 험악했다. 일본에 당장 굽히고 들어가야 한다는 보수 진영의 주장이 거셌다. 그 위기를 돌파하는 과정은 그야말로 정부와 기업이 일사불란하게 움직인 사례였다.

무슨 일이 터지면 늘 '비상'을 외치고 '대책회의'를 하는데, 실제로 이게 효과가 있다. 장관이 참석하는 회의인 만큼 부처 공무원들이 무엇이라도 내놓아야 하기 때문이다. 서랍 속에 잠자고 있던 방안이든, 새롭고 참신한 방식으로 커닝을 했든, 뭐든 내놓는다. 정부 서비스 소비자, 이 경우 기업들에게 실제 무엇이 필요한지 경청하는 자리가 생기고, 우선순위도 정해야 한다. 그래야 뭐라도 국민들에게 발표하면서 안심시킬 수 있기 때문이다. 그래야 언론에게 덜 두들겨 맞기 때문이다.

2023년 우리나라 경제성장률 전망은 계속 하향조정 됐다. OECD와 IMF가 각각 한국 경제성장률 전망치를 1.5%까지 낮췄고 우리 정부는 1.4%로 전망하고 있다. 우리나라 경제성장률이

2% 아래로 떨어진 것은 심각한 흉작을 겪은 1956년(0.6%), 2차 오일쇼크를 겪은 1980년(-1.6%), 외환위기를 맞은 1998년(-5.1%), 글로벌 금융위기를 겪은 2009년(0.8%), 코로나 발발 첫 해인 2020년(-0.7%)까지 5차례뿐이라고 한다.* 그런데 올해에 이어 내년도 1%대 성장에 그칠 수 있다는 전망이 해외 투자은행인 시티, JP모건, HSBC 등에서 나왔다. 1954년 관련 통계를 작성하기 시작한 이래 2년 연속 1%대 성장을 기록한 적은 아직 없다.

새 정부 출범하자마자 2022년 5월부터 대중 무역적자 행진이 시작됐다. 우리나라 무역수지가 1년 넘게 연속 적자를 기록하는 가운데 대중 무역적자만 170억 달러(약 22조 3,000억 원)에 달했다는 것은 2023년 6월 전국경제인연합회 보도자료다. 전체 무역적자 중 대중국 적자 기여도가 1년새 12.8%에서 43.2%까지 대폭 늘었다. 중국과의 기술격차 축소라는 문제도 있지만, 중국과의 관계는 최악으로 치닫고 있다. 최상목 대통령실 경제수석이 "중국의 호황에 의존하는 시대는 끝났다"며 탈중국 선언을 내놓아 시장을 놀라게 하고, 주중 중국대사가 현지 기업들을 불러 "중국 투자할 때 지정학적 리스크를 감안해라", 사실상 중국에 투자하지 말라고 한 것은 믿는 구석이 있어서였나?

싱하이밍 주한 중국 대사가 2023년 6월 야당 대표와 만찬을 하면서 "일각에서 미국이 승리하고 중국이 패배할 것이라는 데 배팅

---

* "내년 성장률 1%대 전망 속속⋯韓 경제 '장기 저성장' 비상등", 〈중앙일보〉(2023.9.7)

을 하고 있는 것은 분명히 잘못된 판단이자 역사의 흐름도 제대로 파악하지 못한 것"이라고 말한 것은 분명 오만했지만 양국 관계는 꼬여도 한참 꼬였다. 경제에 주는 피해가 이만저만이 아니다. 기술 경쟁력을 갖춘 중국이 노골적으로 반중 정서를 드러내는 한국과 손잡을 이유가 있을까? 대통령과 경제수석, 주중 대사가 차례로 말 한마디로 천냥 빚을 쌓고 있을 때 뭔 대책이 통하겠나 싶기도 하지만, 그럼에도 불구하고 일 안 하나? 보통 이러면 수출 진흥을 위한 확대장관회의 같은 거라도 매주 열고 그러지 않나? 비상 대책을 남발하는 것도 곤란하지만, 적신호가 켜지면 뭐라도 하지 않나? 이 정부의 경제 정책은 그래서 이해하기 어렵다.

정부의 곳간은 어떻게 써야 할까?

　　　　　　　　　　　약자들을 보호하는 사회안전망에
도 미운 털이 박혔다. 세금으로 누군가를 지켜주는 제도를 누군가
악용하기 때문에, 때려잡아야 한다는 사고방식이 분명하다. 국민
의힘은 6월 실업급여 제도 개선 공청회에서 "실업급여가 달콤한
시럽 syrup 급여가 됐다"고 했다. 일부 부정 수급 사례를 들었다. 하
지만 좋은 일자리가 있다면 누가 실업급여를 받을까?

　"꿀 빤다는 의미의 '시럽급여'라면 일 안 해도 꼬박꼬박 나오는
국회의원들의 세비 아니냐"는 코멘트를 〈조선일보〉가 인용했다.
일부 '도덕적 해이'가 있어 이를 개혁해야 한다는 사회적 공감대
가 커지고 있는 과정에서 시럽급여라는 거친 말이 나오면서 정책
효과가 반감하는 역풍이 불었다고 했다. 게다가 양질의 일자리를
만들지 못해 실업의 고통을 만든 정치권에서 이런 발언이 나오자

전문가들은 "정치인들이 할 말은 아니다"라고 지적했다는 보도다.*

"실업급여 받는 도중 해외여행… 자기 돈으로 내가 일했을 때 살 수 없었던 샤넬 선글라스를 사든지, 옷을 사든지 이런 식으로 즐기고 있다"는 박대출 국민의힘 정책위의장의 발언은 여성에 대한 차별적 모욕이다. 실업급여 받으러 가는 여성은 표정도 검열하고, 실업급여 어떻게 쓸 건지 허락도 맡아야 한다는 건가? 마침 대통령 부부와 구설수로 얽혔던 일명 천공대사가 "노동자들이 지금 국제적으로 여행을 간다? 아… 노동자는 그렇게 안 되는 것을 하고 있는 거예요"라고 유튜브 방송을 한 것도 논란이 됐다.** 노동자는 산업역군으로 국가 경제를 떠받치면서 여행도 가면 안 되고, 실업급여로 가면 더더욱 큰일이란다.

더 황망한 것은 이게 나름 전략이 아니었다고는 말 못하는 사정이다. 반 세기쯤 거슬러 올라가면 '시럽급여'의 원조 '복지 여왕welfare queen' 전략으로 선거에서 이겼던 전설이 등장한다. 로널드 레이건 미국 대통령이다. 신자유주의를 앞세워 미국의 복지 시스템과 사회안전망에 처참하게 구멍을 냈던 레이건 전 대통령은 1976년 선거 유세에서 '복지 여왕'에 대한 저격을 처음 시도했다.

사회안전망 지원의 낭비와 남용을 말하며 저소득층을 위한 푸드 스탬프로 티본 스테이크를 사 먹고, 수영장 딸린 집에서 사는 이들의 이야기를 꺼냈다. 시카고의 한 여성을 예로 들면서 80개의

---

* "'시럽급여' 할 말인가…野 선동 맞설 무기가 '거친 입' 뿐인 與", 〈조선일보〉(2023.7.14)
** https://twitter.com/doremipablue/status/1679634100045639680?s=20

이름, 30개의 주소, 15개의 전화번호를 사용해 푸드 스탬프, 사회 보장연금, 존재하지 않는 4명의 퇴역 군인 남편을 위한 재향군인 수당을 수령하면서 비과세 현금 수입이 연간 15만 달러에 달한다고 주장했다. 피같은 세금의 정부 수표를 받는 '캐딜락녀'. 흑인 미혼모에 대한 인종차별적 고정관념을 연상시키기 위해 조작된 인물이라는 이야기도 있었지만 린다 테일러라는 실존 인물이 있었다. 존재 만으로 가난한 사람들과 흑인 여성에 대한 수많은 악의적인 고정관념에 신빙성을 부여한 인물이다.* 아동 인신매매까지 했던 특이한 사례였으나 일부 팩트에 조작을 더한 이미지는 강고했다.

복지 수혜자는 게으르고 도움을 받을 자격이 없다고 믿는 이들의 선입견을 이용한 '복지 여왕' 비유는 파장이 컸다. 진실은 중요하지 않았고, 상징성은 중요했다. 취업을 거부하고 계속 아이를 낳는 게으른 아프리카계 미국인 여성의 이미지는 꽤 오래갔다. 빈곤과 불평등에 대한 의미 있는 대화에서 대중의 주의를 분산시키는 좋은 방법이었다. 오늘날에도 미국 대중은 복지에 대해 두 가지 통념을 갖고 있다. 복지를 받는 대부분이 흑인이고, 흑인들은 다른 미국인보다 덜 헌신적이라는 식이다.**

불평등과 양극화가 심화되는 우리 사회는 더 탄탄한 복지가 필

---

* "She was stereotyped as 'the welfare queen.' The truth was more disturbing, a new book says", 〈The Washingtonpost〉(2019.5.21)

** "Deadbeat Dads & Welfare Queens: How Metaphor Shapes Poverty Law", Ann Cammett, 〈Boston College Journal of Law & Social Justice〉(2014.5)

요하다. 좌우를 막론하고 어느 정당도, 정치인도 사회보장의 국가 책임을 강화한다는 정책 방향에 드러내고 반대하지 않는다. 정부 곳간을 채우는 방식에 의견이 엇갈릴 뿐이다. 재정 전문가인 나라살림연구소 이상민 수석연구위원은 "놀랍게도 재정건전성 financial soundness 논쟁은 한국에서만 벌어지는 일"이라고 전한다.* OECD 회원국 등 다른 나라에서는 재정건전성 논쟁 자체가 거의 없는 대신 '재정의 지속가능성 financial sustainability'을 논의한다고 한다. 그는 "재정건전성은 부채가 적고 재정수지가 흑자일수록 좋다고 평가받는 반면 재정의 지속가능성은 중장기적인 재정의 건강 상태 유지에 관심을 둔다"며 "조금 거칠게 말하면, 지금 당장 빚을 져서라도 필요한 투자를 하면 재정의 지속가능성은 더 높아진다"고 밝혔다.

정부는 국민을 지키는 데 돈을 써야 한다. 일자리를 잃은 국민을 '실업급여'로 보호하고, 빈곤과 질병으로부터 보호하는 데 돈을 써야 한다. 이진석 전 청와대 국정상황실장은 "앞으로 사회정책 분야에서 가장 중요한 과제는 돌봄"이라며 "난제 중에 난제이지만 이것을 해결하지 못하면 모두 어려워질 것"이라고 말했다. 정부가 해야만 하는 일이 많다는 걸 우리도 끈질기게 관심 가져야 한다.

정부는 국민의 미래를 위해서도 돈을 써야 한다. 정부 출연연구소나 대학이나 기초과학을 연구하는 현장의 국가 연구개발 R&D

---

* [이슈] 누구를 위한 재정건전성인가?, 이상민, 〈월간참여사회〉(2023.3)

2024년도 예산을 전년 대비 16%나 삭감한 것은 아무리 봐도 실수다. 국가 R&D 예산이 줄어든 것은 1991년 이후 33년 만에 처음이란다. 당장 성과는 안 나더라도 10년, 20년, 30년 보고 가야 될 인재 육성, 기초과학 부분 예산을 깎는 것은 근시안적 처사다. 더구나 예산 삭감 이유가 나눠먹기식 R&D 카르텔 때문이라는 윤석열 대통령의 시각은 현장에서 애쓰는 연구자들을 좌절하게 만든다. 1년 가까이 논의를 거듭해 만든 예산안을 대통령 지시에 따라 두 달 만에 수정, 졸속 예산안으로 만든 과학기술정보통신부 공무원들의 좌절도 만만치 않을게 분명하다. 문제를 정교하게 해결하지 않고 칼부터 빼 드는 방식은 부작용이 더 클 수밖에 없다.

정부는 곳간에 돈을 쌓아놓고 안 쓰는 방안을 찾을 게 아니라, 꼭 필요한 지출을 위해 곳간을 채우는 방안을 더 찾아야 한다. 정부는 2024년 총지출 증가율이 2.8%에 불과해 건전재정을 말하지만 총수입 증가율이 -2.2%다. 총수입이 줄어드는 것이 더 문제이고, 세입 감소의 주요 이유는 법인세 등 대규모 감세 때문이다. 법인세율 인하만으로 향후 5년간 약 30조 원의 세수 감소가 예상되고 있다.[*] 이쯤 되면 사고다. 조세 정책을 어떻게 운용하고 있는 것인가? 지속적인 세수 감소는 꼭 필요한 복지 지출 감소 등의 부작용을 낳고, 재정 지속가능성을 흔들 수 있다. 더구나 우리 경제가 침체 위기의 문턱에 서있는 상황을 감안하면, 경기 안정화를 위해,

---

[*] "세수 확충 없는 '건전재정'…임기 내내 허리띠만 졸라맬 판", 〈한겨레〉(2023.8.30)

취약계층 보호를 위해 정부가 할 일이 정말 많다. 국민을 보호하는 데 실력이 부족한 정부도 문제지만, 정부가 국민 보호에 아예 관심이 없다면 더 큰일이다.

5장
공무원들이 영혼을 갖고 일하려면

공무원들이 영혼을 갖고 일하려면

첫 번째 중앙집권화 대신 분권화 노력이 필요하다.

전국 단위의 위계적 관료제는

장인정신이 움틀 기회를 지극히 제약하기 때문이다.

두 번째는 자율성이다.

그래야 일의 과정에서 결과를 동시에 생각하는 장인정신이 발현되고,

직업윤리가 커 나갈 수 있다.

공무원은 무엇으로 사는가

알고 있는가? 공공기관 적정 실내 온도는 43년째 그대로다. 여름에 냉방 설비를 가동하려면 28도를 넘겨야 한다. 난방 설비 가동 시 평균 온도 18도를 유지해야 한다. 1980년 에너지 절약 대책의 일환으로 마련된 기준이다. 당시 서울의 7월 평균 최고기온은 26.7도였는데, 2023년 7월에는 30.2도였다. 공무원의 사기를 진작하기는커녕 혹독한 근무환경은 자존감마저 흔든다. 무슨 부귀영화를 누리겠다고⋯ 공무원들이 떠나는 이유 중에 폭염의 기억도 한몫하지 않았을까?

"나 내일부터 SK맨⋯민간 기업 택하는 공무원들" - 〈조선일보〉 (2023.6.4)

"박봉에 툭하면 국회 호출⋯30·40대 엘리트 관료, 기업으로 대이동" - 〈한국경제〉(2023.6.6)

"알바보다 보수 낮고 승진 느려" MZ 공무원 65% 이직 의향 -

〈중앙선데이〉(2023.6.10)

"안정적 직장은 무슨…박봉에 욕먹고 공황장애" 공무원이 떠난다 - 〈머니투데이〉(2023.6.26)

공무원들의 더위 걱정을 대신해줄 무렵, 그들이 공직을 떠난다는 기사가 우르르 쏟아졌다. 한국행정연구원의 '2022년 공직생활 실태조사'에 따르면 6,000명 응답자 중 45.2%가 '기회가 되면 이직할 의향이 있다'고 답했다. 재직기간 5년 이하인 20~30대 비율은 65.3%다. 실제 인사혁신처 자료에 따르면 2022년 재직기간이 1년 미만인 공무원 중 퇴직한 사람은 3,123명으로 2년 전보다 두 배가량 늘었다. 재직기간 3년 미만 공무원 중 퇴직자는 8,492명이다. 한동안 공시생들의 행렬이 너무 길어 문제가 됐는데, 이제는 그들이 이직의 꿈을 꾸고 있다. 무엇이 힘들게 공무원에 임용된 청년들을 민간 기업으로 내몰고 있는 것일까?

행정안전부가 2020년 중앙행정기관과 지방자치단체 공무원 중 주니어(1980~2000년대 생) 1,810명과 시니어(1960~1970년생) 1,196명을 대상으로 조사한 결과, 직장생활 키워드가 사뭇 달랐다. 주니어들은 '일한 만큼 보상', '자유로움'을 꼽은 반면 시니어들은 '성취감', '소속감'을 앞세웠다. 당연하게도 회식에 대해 '여가 시간 침해'라는 주니어의 의견과 '소통의 기회'라는 시니어의 생각

정부가 없다

도 엇갈렸다.*

'일한 만큼 보상'과 '자유로움'은 공직 사회가 민간에 비해 취약한 부분이다. 인사혁신처에 따르면 9급 공무원 시험 경쟁률은 2013년 84대 1에서 2022년 22대 1까지 떨어졌다. 2023년 9급 공무원 1호봉 월급은 177만 800원이다. 민간 대비 공무원 보수 수준은 2020년 90.5%에서 2022년 82.3%로 줄어들고 있다. '일한 만큼 보상'에 충족될 리 없다. 다만 공직 쪽이 좀 더디기는 하더라도 시대 변화를 아예 외면하는 것은 아니다. 보상도 월급이 전부는 아니지 않을까?

중앙부처 국장 P는 부인이 중앙부처 산하 외청 공무원이다. 그는 부인을 보면서 공무원을 다시 생각하게 됐다.

"아내가 속한 청은 집행조직이라 갑자기 밤새워 야근하거나, 국회 가서 의원실 질의에 방어하거나, 대통령실에 불려가는 일이 없어요. 정부가 움직이는 데 중요한 기능이고 나름대로 전문성도 있는데 안정적입니다. 업무도 꾸준하고, 적당한 시기에 승진할 수 있어서 아내는 공직 생활에 만족하고 있어요. 공무원 보상 중에는 유학이나 해외근무가 또 중요한데 고시 출신이 기수별로 적절해서 경쟁이 별로 없더군요. 동기보다 잘해야 한다는 생각보다는 역할 분담해서 잘하면 되고요. 워라밸이

* [행정포커스] 163호

가능한 공직 생활이더라고요. 그에 비하면 중앙부처의 저는 조직 내에서 생존하면서 일하는 정도가 훨씬 치열했어요. 야근하고 주말 근무를 계속해야 승진할 수 있었죠. 요즘 친구들은 그런 경쟁을 원하지 않잖아요. 내가 좋아서, 내가 즐거워서 일하고 밤새면 좋겠지만 그런 공무원은 거의 없고요. 그런 희생을 통해 뭐라도 보상받을 기대가 있으면 되는데 보상은 적고요. 그런 상황에서 왜 그렇게 힘들게 굴러야 하나, 의구심이 드는 거죠."

P는 전형적인 시니어 공직자다. '성취감'이 중요했다. 자신이 직접 혁신적으로 뭔가 바꿀 수 있다는 점이 좋았다고 했다. 새로운 제도를 만들면서 뿌듯해했고, 세상을 바꿀 수 있는 기회가 있으니 좋았다고 했다. 그런데 요즘에는 성취감마저 흔들렸다. 공무원보다 민간에서 일하거나 창업을 통해 엄청난 변화를 만들 수 있는 세상이 되어버린 것을 깨달았기 때문이다.

"공무원이 뭔가 바꾸려고 한다는 것은 남들이 안 한 일을 해보는 겁니다. 그래서 힘들어요. 공격이 많이 들어와요. 국회, 언론의 공세를 다 방어하면서 바꿔야 합니다. 기존 이해관계자들도 많은데 가만히 있겠습니까? 제도를 바꿔서 조금이라도 손해를 볼 것 같으면 정부를 비판합니다. 궁극적 방향이 옳다고 믿으면서도 설득 과정이 고통스러운 건 사실입니다. 이걸 아무런 인센티브 메커니즘 없이 계속할 수 있을까요? 젊은 사무관, 서기관들 끌고 가는 것도 쉽지 않아요. 왜 그렇게까지 고생해야 하냐고 묻는 진심이 눈빛에 드러나요.

기업 힘이 더 커진 것도 느껴집니다. 예전에는 부처에서 결정하면 기업도 맞춰주는 분위기였는데 지금은 부처 쪽에 요구사항을 말하지도 않아요. 대통령실 쪽으로 직접 자료를 넣고, 국회에서 움직이죠. 기업들이 돈이 많아지니까 동원할 수 있는 네트워크 인프라도 수준이 달라졌어요. 돈으로 다 해결하죠. 정부 정책마저 원하면 바꿀 수 있다고 생각합니다. 실제로 공무원의 힘은 약해졌고요. 입장이 엇갈려 갈등이 생기면 힘들어요. 실무자들이 애써 논의했는데, 장관은 이상한 채널을 통해 편견을 갖는 경우도 있습니다."

P는 최근 신기술 확산 방안으로 기존에 없던 방식의 아이디어를 구상했다. 그런데 다른 부처에서 영역 침범이라는 반응이 제기됐다. 어찌어찌 설득해서 예산안에 대해 기재부 동의를 구해 국회로 갔는데 예산이 갑자기 다른 부처로 넘어가 버렸다. 오랫동안 준비했지만 뒤늦게 같은 아이디어로 국회 고공 플레이까지 한 다른 부처에 밀린 셈이다. 공무원의 정책에 먼저 아이디어를 냈다는 식으로 저작권 보호를 기대할 수도 없다. 누구든 잘하면 그뿐이라고 생각하다가도 기운이 빠지는 것은 어쩔 수 없다.

P는 "젊은 실무자들은 신규 사업을 만들고 싶어하지 않는다"며

"다시는 다른 부처와 엮이고 싶지 않다고 한다"고 말했다. 예산을 확보하기 위해 기재부를 설득하고, 타당성을 조사하고, 자료를 제출하고, 그랬는데 끝내 다른 논리에 밀리면 기운이 빠진다. 부처 간 다툼도 정치다. 그런데 복잡한 현대 사회에서는 이건 우리 부처 일이라고 칸막이 칠 수 있는 일보다 여러 부처가 협업할 것이 훨씬 많다. 그걸 또 공이라고 다퉈야 하나? 뭔가 밀어붙였다가 감사나 수사까지 걱정해야 하는 마당에…

"젊은 친구들은 10년 전에 공무원 시작했다면 좋았겠다고 말해요. 권한과 자존감, 보상 메커니즘이 계속 하락 추세이니 어쩔 수 없어요. 요즘 친구들 보면 안 됐죠. 그런데 신기한 것은 엄청난 인재들이 계속 들어온다는 겁니다. 특목고 나온 유학파들을 비롯해 다들 영어도 잘하고 예전 우리보다 더 열심히 합니다. 사실 국가 주도로 경제를 이끌 때는 공무원들의 혁신적 판단과 아이디어가 기여한 측면이 있었지만, 요즘 같아서는 저렇게 똑똑한 친구들이 공무원 안 해도 될 것 같다는 생각이 들어요. 일본만 해도 공무원 시험 보는 사람들이 많지 않다고 들었어요. 인재들은 민간으로 가기 때문에 공무원들이 사람 뽑으러 리크루팅 하러 다닌다고요."

인재 유입이 이어진다면 다행이다. 다만 불과 몇 년 만에 엘리트들을 바보로 만드는 문제는 따져봐야 한다. 공무원들이 전문성이 떨어진다고 생각하는 이유는 순환보직으로 인한 잦은 인사이동(36.2%), 연공서열식 평가, 승진(19.0%), 과다한 업무량(14.5%) 순이다. 한국행정연구원이 2021년 공무원 4,133명을 대상으로 조사했다. 고시 엘리트들은 어느 순간 기업으로 들어간 예전 친구들보다 전문성이 떨어지는 자신을 발견한다. 어떤 인간이 이런 문제에 고심하지 않을까? 공무원도 마찬가지다. 인사가 만사, 부서 배치가 문제라면 해당 부서에서 1~2년 연장 근무가 가능한 TO를 늘리는 실험이라도 필요하다.

어떤 이들은 세종시에 틀어박혀 있는 것을 문제로 꼽기도 한다. 시의적절하게 현장과 학계의 의견을 주고받는 접점이 부족하다는 얘기다. 다만 이 문제는 우리가 코로나 당시 학습했듯, 비대면으로 풀 수 있는 문제다. 땅덩어리 넓은 미국 같은 나라에서 매번 공무원과 회의하는 전문가들이 있을까? 화상회의, 이메일에 덜 익숙할 뿐이고, 전문가들을 얼굴 보는 자리로 소집하는 데만 능숙할 뿐이다.

공무원의 성취감이 민간에 밀린다고 볼 이유는 없다. 저마다 다른 성취의 척도가 있을 수 있고, 세상을 조금 더 개선하는 과정에서 당연히 민관 협업이 확대될 수밖에 없다. 권한이 축소된다는 것은 어쩌면 과거 막강했던 관료 사회의 기준이 너무 높았을 수 있다. 주니어들이 '일한 만큼 보상'과 '자유로움'을 바란다면, 최소한 자유는 더 확대하는 것이 불가능하지 않다. 그것은 조직 문화와 관행, 프로세스에서 개선할 수 있다. '보상'은 조금 다른 관점에서 볼 수밖에 없다. 월급 말고 보람, 권한, 여전히 그런 보상이 유효하다. P는 지자체로 옮겨 더 큰 권한을 갖게 되면서 일하는 즐거움이라는 보상까지 챙긴 동료의 사례를 전했다.

"지자체 과장급으로 간 서기관 동료는 만족도가 높더군요. 중앙부처 본부 과장이라고 해봐야 8명 데리고 일했는데, 지자체는 20~30명 정도 구성인데다 진짜 현장의 인허가를 결정하는 것이 많아서 권한도 크더라고요. 공공성이 있고 없고가 아니라 뭔가 에너지를 내면서 하고 싶은 일, 할 수 있는 일을 하면 좋겠어요."

하고 싶은 일을 거침없이 할 수 있는 것은 어느 직역에서나 최고의 보상이다.

인사가 만사인데,
유능할수록 힘든 공무원

언론사는 특종 잘하고, 저널리즘 지키면 됐지 KPI[Key Performance Indicator], 핵심성과지표 같은 목표를 세우는 일에 익숙하지 않았다. 깐깐한 기자들은 KPI와 OKR, 즉 목표[Objective]와 핵심 결과[Key Results] 같은 목표 설정 방법론 관련 기사는 썼지만 그건 남의 일이었다.

반면에 기업은 언론사와 사뭇 달랐다. 언론사 조직관리가 엉성했다면, 기업은 적어도 고민이 많았다. 언론사에는 별도 HR(휴먼 리소스, 말 그대로 인력자원이다) 조직이 없거나 부족했지만 기업은 HR이 몹시 중요했다. 기업에서는 일단 목표가 분명해야 했고, 비전이 명확해야만 조직이 움직였다. 직원들을 교육하고 동기 부여하는 일만 궁리하는 HR 조직 동료들은 항상 열심히 일했다. 사실 어떤 인사평가 방식을 적용해도 불만족이 이어지고, 회사원들의 익명 게시판인 블라인드가 터져 나갔지만 계속 고민을 이어갔다. 시행착오가 있다 한들 조금이라도 나아질 수 있으니까.

언론사와 사뭇 다른 기업의 HR을 관심 있게 지켜보던 나는 '어쩌다 공무원', 어공이 됐다. 정부의 작동 방식, 공무원의 인사평가와 조직 관리를 아주 조금 곁눈질해볼 기회였다. 청와대에서 일을 시작한 첫해 인사평가는 내게 충격 그 자체였다. 대놓고 연공서열에 따라 직급 순서로 평가해달라는 청을 은근슬쩍 받았다. 그렇게 할 이유도 없고, 그렇게 하고 싶지 않다고 말했더니 당연히 수긍하는데 답변이 문제였다. 그러면 우리 비서관실 사람들만 불이익을 받을 것이라고 했다. 다른 비서관실은 다 관행대로 하는데 혼자 관행을 거부하면 연공 대비 평가가 낮을 수 있는 우리 방 동료만 다른 방 사람들에게 밀린다는 얘기였다.

이렇게 하나마나하게 인사평가를 해도 될까? 그런데 어차피 부처에서 공무원들의 승진은 평가로 이뤄지지 않는다고 했다. 승진은 '라인'을 잘 타는 게 관건이라 했다. 이게 말이 되나? 사고만 치지 않으면, 때가 되면 '선배'가, '형님'이 끌어줄 것이라는 믿음. 그렇다면 티 나는 일, 새로운 일, 관행과 다른 일을 하지 않는 게 현명하다. 조용히 평판이나 관리하는 게 유리하다.

이때의 경험을 하소연했더니 모든 정부 조직이 그렇지는 않다는 얘기를 한때 인사과장을 역임했던 고위공무원 Q로부터 들었다. 그렇다면 다행이다. 하지만 그리 간단하지 않다. 철밥통이란 게 문제가 된다. 연공서열이 가장 객관적 지표란 것도 문제가된다.

"일을 하지 않거나 게을리하는 것은 자기평가와 외부 평가의 불일치에서 나오기도 합니다. 사람들이 생각하는 것에 비해 대개 자신이 더 뛰어나다고 생각하는데 평가가 공정하지 않고 자신을 알아주지 않는다고 불만이 팽배하죠. 평가는 연공서열 기본에 플러스 마이너스 요인이 있는데 그게 좌절감을 주기도 합니다. 자신이 납득할 이유를 달라는데 상대적으로 가장 객관적인 것이 연공서열입니다. 발탁하려면 조직의 80~90%가 동의하는 인재도 있겠지만, 보직을 잘 받아서 성과가 좋다는 둥 뒷말이 끊임없이 이어지죠. 게다가 하위 1%가 아니라 0.1%라도 자를 수 있다면 다를 수 있겠지만 '출세포기공무원', 이른바 출포공은 정말 어쩔 수 없어요."

실제 내부에서도 고민이 이어진다. 성과평가는 원래 모든 조직의 가장 중요한 고민이니까 경영학과 교수들이 너도나도 연구하느라 난리겠지. 정답은 없는데 공무원은 더 힘들다. 중앙부처 공무원 P의 말이다.

"공직에서는 KPI 인사 평가가 힘들어요. 외부 교수들이 평가하는데, 일이 핑장히 바쁜 과에서는 올해 한 일을 5~6장으로 만들어내는 동안, 업무가 좀 한가했던 과는 20~30장 자료를 내서 평가를 더 잘 받기도 하거든요. 보정하고 조율하면서 나름대로 시스템을 만들었지만 개개인 평가까지는 또 어렵죠. 안

정적인 실무 집행 기관으로 몇 건 조사해서 몇 건 처리했다는 식으로 정량 평가가 가능한 곳은 일반적 회사처럼 매출과 시장점유율 따질 수 있는데, 중앙부처는 그게 어려워요. 여전히 승진은 연공서열, 고시 기수 중심이고요."

요즘 세대들은 이런 오래된 시스템에 만족할까? 조금 담담하고 차분한 MZ 세대의 말이 아니라 글을 볼 기회가 있었다. 브런치 스토리에 'MZ세대 공무원의 사는 이야기'를 연재하는 라미 님에게 많이 배웠다.* MZ세대 공무원의 조직에 대한 단상, 인사 시즌 단상, 공무원 성과평가, 직장 내 평판의 허상, 직장에서 존경하는 상사, 워라밸 단상 등이 솔직하게 쓰여 있다. 초보 공무원을 위한 출장 꿀팁, 보고서 꿀팁, 인간관계 꿀팁까지. 아, 이게 요즘 공무원이구나 감탄했다.

공무원 평가는 크게 근무성적평정(근평)과 BSC(균형성과표, Balanced Score Card)가 있는데, 근평은 승진. BSC는 성과급을 결정한다. 그는 이 성과등급이 실제 성과에 비례하느냐에 대해 절반만 동의했다. 세 가지 이유는 이렇다.

첫 번째, 부서점수와 개인점수를 합산하는데 부처별로 4대6, 5대5 정도. 즉 아무리 개인이 열심히 해도 소속 부서의 평가가 낮으면 곤란하다. 일을 대충 하는데 부서 덕을 볼 수도 있다. 즉 성적

* "MZ세대 공무원이 생각하는 공무원 성과평가", https://brunch.co.kr/@357b70ad6acf4f8/41 라미 (2023.2.18)

정부가 없다

표가 나오는데 어떤 반에 배정됐느냐에 따라 절반은 운에 내줘야 한다. 그는 부서 점수가 좀 낮아지는 편이 좋다는 의견을 조심스럽게 붙였다.

두 번째, 시험을 보는데 저마다 시험지가 다르다. 실제 성적이 개인 역량보다 각자 배분된 업무 특성에 좌우된다는 얘기다. 아무리 뛰어난 역량이 있어도 마이너한 업무를 담당하면 티도 안 나고 성과도 안 난단다. 그렇다고 중요한 업무가 '일잘러'에게 배정되는 것도 아니다. 담당자가 인사이동으로 떠나면 그때그때 새 사람에게 돌아간다. 일 잘하던 에이스가 갑자기 TF로 차출되더니 눈에 안 띄는 업무를 맡아 성과등급이 낮아진 사례도 있다. 그는 조직의 필요에 따라 차출해놓고 개인에게는 불이익이 돌아가는 것은 불공정하다고 지적했다.

세 번째 이유는 사실 모든 조직에서 일어나는 일이지만 상사 운을 간과할 수 없다. 어디에서나 상사의 평가 역량이 중요하겠지만, 특히 공공 부문은 눈에 띄는 성과를 만들기 어려울 경우, 상사 취향을 탄다. 팀원은 그대로인데 팀장이 바뀌니 팀원 간 평가 서열이 확 달라지는 경우, 이건 사실 조직 생활에서 드물지 않다.

이 정도면 어느 조직에서도 부딪칠 수 있는 인사 평가 얘기다. 공무원도 다르지 않다. 이런 BSC 결과, 고성과자와 저성과자 공무원의 월급 차이는 라미 님 기준으로 약 20만 원. 성과에 따른 보상은 크지 않다. 그래도 이마저도 없으면 열심히 하는 이와 태업하는 이에게 차이를 둘 수 없다는 이유로 그는 연공서열보다는 성과주의를 지지했다. 저 정도 보상 격차면 눈 딱 감고 일 덜하는 것이 맞지 않나? 매우 이기적으로 생각해본 나와 달리 라미 님은 올곧은 분인 듯하다. 그런데 라미 님의 다른 글에서 공무원에게 평판 좋은 것이, 일 잘하는 것이 꼭 좋은 일일까 반문하는 내용이 나온다.

유능하다고 소문난 이들은 계속 격무 부서에 배치되어 초년 차부터 매일 12시 넘어 퇴근하고 주말근무까지 하면서 동기들보다 6개월이나 1년 먼저 승진한단다. 일반적으로 승진하면 이전보다 편한 보직도 갈 수 있겠지만, 유능하다고 소문난 이들은 계속 바쁘다. 승진하고도 바쁘고 중요한 자리로 간다. 그렇다고 유의미한 보상은 보이지 않는다. 성과 등급도 꼭 열심히 하는 순서대로 나오는 것이 아니고, 유학도 오히려 어느 정도 여유있는 부서에서 근무하는 이들이 잘 가더란다. 다른 동기들보다 1년 먼저 승진하기 위해 매일 야근에 주말근무? 이걸 감수하는 이들은 언제까지 있을까?

그는 영화 〈헤어질 결심〉(박찬욱 감독, 2022)의 대사를 인용했다.

"품위가 어디에서 나오는지 알아요? 자부심이에요."

물론, 영화에서 남자는 자부심 있는 경찰이었으나, 여자에게 미쳐서 완전히 붕괴됐고, 이 말을 사랑 고백으로 접수한 여자는 남자의 사랑이 끝나는 시점에 사랑을 시작한다. 이건 영화 얘기고, 보통 사람들인 우리는 각자 일터에서 품위 있기를 바란다. 자부심을 동력으로 일한다.

그 자부심 따위 내동댕이쳐질 위기라는 것이 문제의 핵심이다. 요즘 관운이 좋다는 것은 한직에 있는 사람이란다. 마음 편하고, 책임질 일 없는데 월급은 같기 때문이다. 기업은 항상 위기를 말하고, 경쟁시키고, 도태되면 죽는다. 그런데 정부가 도태되면 국민만 다친다.

영혼 없는 공무원 탓은 이제 그만

　　'영혼 없는' 관료제란 개념은 생각보다 무섭다. 역사적으로 무수히 많이 반복됐겠지만, 독일 출신의 미국 정치철학자 한나 아렌트는 1963년 저작 《예루살렘의 아이히만》에서 2차 세계대전 시기 독일 나치의 만행을 통해 드러난 관료제를 주목했다. 수백 만 유대인을 학살한 책임자 아돌프 아이히만을 악마적 인간이 아니라 관료제적 타성에 따라 명령을 수행한 하나의 톱니바퀴로 보면서 인간의 노동이 관료제적 무자비함 속에서 어떻게 왜곡되는지 '악의 평범성'을 이야기했다.* 톱니들은 관료제 시스템을 작동시켜놓고 시스템이 한 일이라며 뒤로 숨지만 아렌트는 톱니도 한 인간으로서 구체적 책임을 진다고 역설했다. 즉 영혼 없는 톱니 취급은 문제를 해결하거나 개선하는 데 도움이 되지 않는 출발점이다. 영혼 없는 공무원을 탓하는 일을 멈

---

* 《예루살렘의 아이히만》, 한나 아렌트, 한길사(2006)

정부가 없다

추고 무엇이 진짜 문제인지 찾아야 한다.

우리 공무원들은 역사적으로 유능했다. 국가 주도 개발 국가에서 관료제는 한때 '한강의 기적' 한 축이었다. 가장 똑똑한 인재들이 시험을 치르고 국가를 운영했다. 그들은 힘이 셌다. 그러나 견제 받지 않는 권력이 계속 멀쩡할 리 없다. 1997년 IMF^{국제통화기금} 구제금융 신청은 우리 관료제가 고장 났다는 것을 적나라하게 드러낸 일로도 평가된다. 관료제는 어느새 무능과 비효율, 부패의 온상으로 손가락질 받기 시작했다. 사회가 조금 더 투명해지면서 정책 리스크도 높아졌다. 최근에는 복지부동이다. 영혼이 없다는 말도 듣는다. 그런데 이게 나쁜가?

> "공무원은 영혼 없는 게 당연할 뿐더러 그게 맞습니다. 대통령 선거를 통해 집권하면 공약했던 일을 추진해야죠. 국민들이 그러라고 지지를 표로 보여준 거잖아요. 180도 뒤집고 말고가 중요한 게 아니라 새 정부의 방향성과 철학을 토대로 일을 제대로 수행하는 것이 공무원의 역할입니다. 이 점에서 우리 공무원들은 상당히 유능해요. 어느 쪽으로 지시해도 그걸 묵묵히 수행하잖아요."

고위공직자였던 지인 S는 오히려 쿨하게 정리했다. 고집 세우고 하던 대로 계속하는 것이 아니라, 새 정부의 요구에 맞추는 게 공무원 능력이라고. 입장이 오락가락한다고 해서, 시키는 대로 한다고 해서 영혼 없다고 비난하면 안 된다고 주장했다. 시키는 대로 일하게 하려고 정권 잡는 것 아니냐고. 지자체장이었던 T는 "공무원들이 시키는 일을 잘하게 하기 위해, 꼼꼼하게 현안 점검하고, 지시하고, 여러 단위의 회의를 하는 것"이라 했다. 그런데 거기에도 선이 있다. 할 말을 해야 할 때가 있기는 있다.

박근혜 정부 시절 최순실 딸 정유라 편을 들지 않고 사실관계에 충실한 보고서를 제출했다가 찍혔던 노태강 당시 문화체육관광부 체육국장. 국립중앙박물관으로 좌천된 뒤 대통령 관심사라는 지시에도 불구, 프랑스 사치품을 판매하는 전시회는 할 수 없다고 버티다가 결국 공직을 떠났다. 이후 문재인 정부에서 중용되어 문화부 제2차관을 역임했지만 그가 한때 영혼을 지키다가 잘린 공무원이라는 사실은 변하지 않는다. 시키는 대로 다 한다고 해서, 해서는 안 될 일을 해놓고 면책을 기대하면 안 된다. 그런 상황에서 버티다 불이익을 당한 이들이 생각보다 많기 때문이다.

노태강 전 차관은 한 인터뷰에서 "국민들 앞에 드러난 것 이상으로, 양심적으로 고민하고 저항했던 공무원들이 많다"는 점을 기억해달라고 했다. 지시사항 거부하다가 산하기관으로 좌천된 직원들이 너무 많아서 나중엔 사람이 없어 다시 부르는 사태까지 벌어졌다고 한다.*

그는 공무원이 영혼을 지키려면 제도적 보호 장치가 필요하다

* 노태강 전 국장 "용감하게 대들었어야 했다 싶어요", 〈한겨레〉(2017.2.17)

정부가 없다

고 했다. 소신 있게 할 말 하다가 부당하게 공무원 신분을 박탈당해도 어디 가서 하소연할 곳이 없단다. 공무원에 대한 평가와 감시에 시민들이 개방적으로 참여하는 방안도 제안했다. 지금도 절차가 있지만 누가 참여할지는 공무원이 정하는데, 평가자 선정 자체를 민간에 맡기자고. 역시 국민 무서운 줄 알면 일하는 태도가 달라진다는 것일까?

"영혼 없는 공무원은 위에서 시키면 옳은지 그른지 의도적으로 판단을 안 하지요. 여러 가지 불이익을 고려해서 스스로 판단능력을 닫아버리는 거예요. 국민들은 이런 공무원들이 미우시겠죠. 하지만 공무원들이 밉다고 그들이 가진 '공공성'까지 미워하면 안 됩니다. 일 안 하고 복지부동 하는 공무원이 있으면 국민들이 당당하게 항의하고 따져야 하지만, 공무원들이 불합리한 지시에 대해 자유롭게 자기 판단을 이야기할 수 있도록 우리 사회가 지켜줘야 해요."

결국 공무원들이 지시를 잘 수행하는 것만큼, 불합리한 지시에는 할 말을 하도록 제도적 뒷받침이 필요하다. 할 말 하는 공무원이 마땅한 보호를 받아야 하고, 공무원에 대한 평가는 투명해져야 한다. 어떤 제도도 완벽할 수 없는 것을 전제로, 제도의 순기능적 존속을 위해서는 제도 내부에 복원력을 위한 장치를 마련해 놓아야 한다. 관료제도 그렇다.

'영혼 없는 공무원을 위한 변론'에서 아주대 행정학과 강명구 교수는 일 자체를 위해 일을 잘 해내려는 장인 의식에 주목했다.* 영혼 없이 '노동하는 동물^animal laborans'에 머물지 않고 '어떻게'에 더하여 '왜'라는 질문도 동시에 할 수 있는 '일하는 인간^homo faber'으로 이끄는 노력을 장인 의식에서 찾을 수 있다는 얘기다. 그는 공무원을 '민중의 지팡이'로 칭송하거나 '영혼 없는 철밥통'으로 비하하는 그 어떤 극단도 문제 해결의 실마리를 제공하지 못한다고 지적했다. 공무원도 '생각하는 손'을 가진 '일하는 인간'으로 이러한 바람과 희망이 현실화되기 위한 제도적 노력을 두 가지로 제시했다.

첫 번째는 중앙집권화 대신 분권화 노력이다. 전국 단위의 위계적 관료제는 장인정신이 움틀 기회를 지극히 제약한다는 이유다. 두 번째는 자율성이다. 그래야 일의 과정에서 결과를 동시에 생각하는 장인정신이 발현되고, 직업윤리가 커 나갈 수 있다고 강명구 교수는 지적했다. 이른바 '소소한 장인주의'다. 관료제 개혁의 핵심은 공무원을 무지막지한 경쟁체제로 내모는 것이 아니라 일하는 공무원의 소소한 저항과 소소한 장인주의를 살리는 길이라는 주장은 관료제를 보는 우리의 관점에 새로운 시사점을 던진다.

---

* "관료제와 장인정신: '영혼 없는 공무원'을 위한 변론", 아주대학교 강명구, 〈한국행정학보〉 제51권 제4호(2017)

'소셜'이 사회주의?
조직이 똑똑해지려면

　　　　　　　　　　기업에서 일할 때 1년여 '소셜 임
팩트' 조직에서 많이 배웠다. 기존 사회공헌이 좋은 일에 단순 후
원하는 방식이라면, 사회적 가치와 재무적 성과를 동시에 추구하
는 '소셜 임팩트'는 새로운 시대정신이다. 이런 가치를 쫓아 지속
가능한 미래를 위해 '소셜 벤처'에 투자하는 '임팩트 투자'도 계속
증가하고 있다. '소셜 social', 사회적인 가치를 추구하는 이 단어가
'사회주의', 더 나아가 '공산주의', '빨갱이'로 오해를 살 수 있다는
것은 상상도 못했다.

　사회적 경제 활성화를 국정과제로 채택, 시장 실패를 보완하고
양극화 등 사회 문제를 해결하려고 했던 문재인 정부 시절, 일각
에서는 담당자들이 은근히 태업으로 버텼다는 이야기를 들었다.
어느 지방자치단체 사회적 경제 담당 고위공무원이 "아무리 그래
도 나랏일 하는 공무원으로서 어떻게 빨갱이 경제를 위해 일할 수
있겠냐"고 하소연했다고 한다. 10년 넘게 정부와 협업해온 연구자

R의 말이다.

"공무원들 중에 '소설'만 들어가면 사회주의라고 하는 이가 지금도 많아요. 공부하지 않으니까요. 책도 읽고 똑똑한 공무원은 투명 인간 취급을 받습니다. 원래 잘난 이가 있으면 주변이 괴롭잖아요. 똑똑한 이는 신념에 따라 열정을 쏟다가 주변과 부딪치면서 결국 좌천되더군요. 간혹 단체장이 똑똑하면 그 아래 공무원들은 재앙으로 여겨요. 일이 너무 많아지기 때문이죠."

똑똑하지 않아서 문제이고, 똑똑하면 튀어서 문제다. 이렇게 문제가 무엇인지 분명해지면, 해법도 모색할 수 있다. 현안은 물론 새로운 트렌드를 공부하지 않아도 괜찮은 문화를 공부하는 문화로 바꾸면 된다. 다 같이 좀 더 똑똑해지면 된다. 공무원이 아니라 회사원이든, 어디서든 공부하지 않고 버티기 힘든 게 당연하다. 기술 발전을 기반으로 세상의 변화 속도가 빨라지는데 어떻게 소싯적 공교육으로 버틸 수 있겠는가?

"날마다 형식적이고 어려운 문서들이 생산되는데 그만큼 실익이 있는지 이해하기 어렵습니다. 문서의 형식성에 집착하면서 대동소이한 내용들이 정부가 바뀌어도 계속 반복되는 것 같아요. 여기에 대한 위기감도 없습니다. 위로 올라가면서 누군가가 필터링 하며 걸러내야 하는데 아무도 모릅니다. 누가 뭐라 하지도 않아요. 악화가 악화를 낳습니다."

R의 언급처럼, 공무원 세계에는 이른바 '표지 갈이' 보고서가 적지 않다. 표지만 바꿔서 예전 내용을 '복사해 붙인' 문서를 나도 본 적이 있다. 청와대까지 올라온 정책홍보 관련 회의였는데, 어느 부처 보고서 내용이 몹시 익숙했다. 몇 년 전 기업에서 일할 때 본 내용이었다. 제목이 달랐지만 바로 관련 내용을 검색할 수 있었다. 나름 점잖게 말을 꺼냈더니 그 부처 간부가 곤혹스러워하며 "해당 업무를 전담할 조직이 없어서 생긴 문제"라고 대답했다. 동문서답이라고 느꼈지만, 조직과 예산이 최우선인 공무원의 논리가 어떻게 작동하는지 알 수 있었다. 예컨대 기존 각 조직 업무에 혁신적 방향성을 더하는 대신, 혁신 전담 조직이 별도로 있어야 혁신이 가능하고, 제대로 일할 수 있다는 식이었다.

1년도 안 되어 그 부처에 새 혁신 조직이 생겼다는 소식을 들었다. 청와대든 새 기관장이든 윗사람들이 정책 과거사는 모를 것이라 생각하면서 몇 년 전 로드맵을 마치 새것처럼 포장하는 데 가담했던 이들이 조직이 커지면 달라질까? 좀 더 선의로 해석하면, 순환보직으로 업무를 넘겨받은 이들끼리 실상 잘 모르고 그랬을 수도 있다. R은 "칸막이 행정을 없애야 한다고 하지만, 옆 부서에서 무엇을 하는지 모르는 공무원이 태반"이라고 전했다.

그렇다면 역시 공부가 해법이 될 수 있다. 옆 부서에서 뭐 하는지 알 수 있도록, 전체 조직이 칸막이 없이 현안을 파악하고 공부하면, 새로 맡은 부서의 보고서가 표지만 바꾼 예전 내용인지 알아볼 안목이 생기고 시야가 넓어지지 않을까? 그 많은 공무원 교육 프로그램은 어떻게 작동하고 있을까? 투명성도 중요하다. 정부 현안에 대한 관련 자료를 더 많이 공개하면 민간 전문가의 관심이 높아질 테고, 민관 논의가 더 확대되면 관도 그만큼 더 신경 쓸 수밖에 없다. 민관 사이의 칸막이, 장벽을 낮추는 일이다. 칸막이 문제는 부처 내부뿐 아니라 부처 간에도 중요한 이슈다. 담당자 찾아 헤매는 게 일이었던 R의 말이다.

> "기존 정부는 다 해체한다는 방향으로 고민해야 합니다. 일 중심으로 가야죠. 예컨대 청소년은 여가부, 청년은 행정안전부, 교육부가 챙기는데, 청년이라 해도 결국 복지, 교육, 경제라는 안건 별로 갈 수밖에 없는 상황에서 부처 칸막이가 의미 있나요? 현안에 대해 내 담당이 아니라고 할 게 아니라, "제 담당은 아니지만 제가 해볼게요"라고 말하면 좋겠지만, 사고 날 수도 있고, 월권 논란도 가능하고, 귀찮잖아요. 열심히 일하지 못하게 하는 장치는 너무 많아요."

예컨대 한반도 평화라는 어젠다 앞에서 통일부, 국방부, 외교부가 각각 따로 일하는 것이 맞나 싶을 때가 종종 있었다. 청와대, 국가정보원까지 한 몸으로 움직여도 될까 말까 한 일이 아닌가? 이

정부가 없다

런 고민은 뭐든 해당 어젠다를 책임지는 컨트롤 타워에 대한 필요성으로 이어지게 마련이다. R은 "궁극적 해법은 아니겠지만, 정부 거버넌스와 상관없이 프로젝트 베이스로 일하는 것도 때로 효율적"이라고 말했다. 예산, 기획, 홍보만 잘 짜면 불과 몇 명의 소규모 팀으로도 움직일 수 있다. 부처나 기관이 생존을 위해 쓸데없는 일, 보고용 업무를 할 게 아니라, 뭐든 만들어내는 사람들에게 힘이 실리면 어떨까?

세종시 주변 풍경도 개선의 여지가 많다. 다들 서울에서 행정도시 세종을 오가는 번거로움을 말하는데, 정확하게는 서울-오송-세종이다. KTX 오송역에서 세종시까지 가는 택시비는 2만 원에 육박한다. 상당수 공공기관은 오송역 부근에 오피스텔 거점을 마련하고, 회의실로 쓴다. 날마다 오송역 부근에서 수십 건의 자문회의, 심사회의, 검토회의가 열리고 있다. 택시기사와 오송 오피스텔 임대사업자만 돈을 번다는 자조적 이야기가 나온 지 오래됐다. 코로나 덕분에 그나마 온라인 화상회의가 진행되기도 했으나, 직접 얼굴 보는 것이 중요한 공무원들이 여전히 많다.

문제를 파고들면 끝이 없다. 공무원이 유능하다는 것은 사고 치지 않는 것인지, 뭐든 성과를 내는 것인지, 정의도 제각각이다. 분명한 것은 어느 조직이든 목표를 분명히 하고, 조직 구성원의 기를 살리는 것은 리더의 몫이 크다. "우리 장관님은 관심도 없어요. 아무것도 안 해요. 그런데 맨날 바빠요." 어느 주요 부처 공직자의 하소연이 그 장관만의 문제일까?

공무원 조직을 흔들어야 할
별정직의 자세

공무원 조직도 고여 있는 순혈 집단이 아니다. 민간에서 들어오는 개방형 공무원들을 꾸준히 늘려왔다. 사실 메기처럼 고인 물을 흔들어야 하는 존재다. 어쩌면 공무원의 영혼을 깨우는 일도 할 수 있는 이들이다. 정치 커뮤니티 섀도우 캐비닛의 김경미 대표는 '어공', 어쩌다 공무원 출신이다. 시민단체에서 일하다가 서울시 별정직 공무원이 됐고, 문재인 정부 청와대 인사비서관실에서 행정관으로 일했다.

"인사비서관실 근무할 당시 개방형 별정직은 인사 시스템 개혁에서 중요한 문제였어요. 어디에 자리를 늘릴지 말지 따져봐야 하는데, 일단 부처에서는 개방직에게 권한 있는 직위는 주지 않아요. 크게 의미 없는 자리, 외딴섬 같은 자리를 대개 내어주죠. 누가 또 왔냐? 잘하나 보자. 그런 분위기에서 고군분투하는 경우들이 있는데 아쉽죠."

대변인 등 홍보 라인 자리를 개방형 별정직으로 공개하는데 정작 내부 상황과 맥락을 잘 모르다 보니 소통에 어려움을 겪는 경우는 나도 목격했다. 제대로 소통하려면 모든 회의와 의사 결정 과정에 참여해야 하는데 배타적인 문화는 그리 곁을 내어주지 않는다.

"나름 마음먹고 정부로 들어갔는데 학을 떼고 나오는 별정직도 있고, 선출직 최고 리더와 같은 라인이랍시고, 머리 행세를 하면서 공무원들에게 몸만 대라는 식으로 군림하는 이도 있습니다. 말을 듣는 척해도 그런 태도는 공무원들의 불만만 살 뿐이죠. 개방형이 잘 돌아가려면 첫째, 제대로 된 권한을 내어줄 것인지, 둘째, 전문성을 적극 흡수할 수 있도록 지원 시스템이 있는지, 셋째, 들어온 이들이 점령군처럼 굴지 않고 전문성에 더해 조직에 부족한 점들, 영혼이나 사회 변화를 바라보는 관점을 잘 전달할 수 있는지 여부가 중요합니다."

김경미 대표가 처음 서울시에 들어갔을 때 부딪친 일은 사소한 동시에 결정적이었다. 원래 서울시 신입 공무원들은 내부망 이용법부터 문서 쓸 때 폰트까지 몇 달씩 교육을 받는다는 것을 나중에 알게 됐다. 그가 임기제 별정직으로 들어갔을 때 아무도 가르쳐주지 않았다. 다른 이들이 계속 '이호조'를 언급해서, 그런 이름의 사람이 있었나 했단다. 'e호조'는 서울시 내부 시스템을 지칭한다. 적응하는 데 시간이 걸렸다. 어떻게 일해야 하는지 알려주기 위해 개방형 별정직에게 최소한의 교육 시스템이 필요하다는 생각은 체험에서 비롯됐다.

조직 최고 리더가 신경 쓰는 주요 역점 사업일수록 별정직과 일반 공무원들의 태도가 확연히 갈리면서 오히려 성공 가능성을 낮추는 일도 두드러졌다. 역점 사업은 그야말로 해내겠다는 목적을 갖고 들어온 개방형 별정직들이 많았다. 몸을 갈아서 쓰는 이들이 들어온 것인데 똑똑한 일반 공무원들은 이런 역점 사업을 오히려 피했다. 조례나 시스템을 만들어 놓고 하는 방식이 아니라 뭔가 지르면서 달려가는 역점 사업의 특성상 나중에 감사 대상이 된다는 것도 늘공들의 몸을 사리게 했다. 어차피 떠날 별정직과 남아서 계속 일해야 하는 일반 공무원들은 서로 속도가 달랐다. 별정직들은 마음이 급했고, 일반 공무원들은 신중했다. 예산 집행 조례도 없이 공무원을 움직이려면 역점 사업으로 인해 나중에라도 다치지 않을 것이라는 안전망이 관건이었다. 별정직 떠난 뒤 줄줄이 감사 받을 가능성이 있다면 일반 공무원 입장에서는 가급적 발 빼는 것이 능사다.

알고 보니 그것은 리더 스타일도 영향을 미쳤다. 성과를 내야 하는 만큼 업무 강도가 높았는데 역점 사업에 나선 이들을 따로 챙겨주는 리더가 있고, 그렇지 않은 리더가 있었다. 어느 시장은 어떻다더라, 어느 도지사는 어떻다더라, 좁은 바닥에서 말만 많았다. 일 잘하는 공무원들이 활약하는 유능한 정부는 두 트랙을 제대로 움직여야 한다. 일하는 방식이 서로 다른 별정직과 일반 관료들이 시너지를 내면서 협업해야 한다.

"서울시 들어가기 전에 시민사회 쪽 분들을 만나면 공무원들에 대한 부정적 하소연도 꽤 있었어요. 막상 들어가 보니 쌍방 문제도 있기는 하더라고요. 선출직 리더와 별정직들은 선명하게 방향을 설정하고, 그 방향에서 일반 공무원들이 자부심을 느끼도록 해줘야 합니다. 실력도 기본이지만 진짜 중요한 것은 태도더라고요. 공무원을 대하는 태도의 문제로 점수 깎이는 것을 많이 봤습니다. 어르고 달래는 문제가 아니라 군림하지 않으면서 같이 가고 싶게 만드는 태도도 실력입니다. 별정직들이 들어가서 기존 공무원들과 못 어울리는 경우도 있지만 핑계를 대면 안 됩니다. 별정직은 임기제잖아요. 서울시장, 대통령과 가치관이 맞는 이들이 조직에 들어갔으면 일해야죠. 적어도 5급 이상으로 들어갔다면 공무원들에 둘러싸여서 일을 못했다는 식으로 말하는 분들은 무능하고 무책임한 겁니다.

공무원의 영혼을 살리는 역할은 어쩌면 '늘공'이 아니라 별정직 공무원들의 몫입니다. 자기 보신만 챙기는 것이 아니라 영혼을 갖고 일하는 분들이 공익에 대한 마인드를 잘 활용하도록 하는 것은 리더의 몫입니다. 최고 리더의 목적이 공익과 결합되면 자긍심이 올라가며 열정적으로 일할 수밖에 없어요. 하지만 공익과 상관없다고 판단하면, 까라면 까야 하니까 안 할 수는 없고 태업하게 되는 수순인 거죠."

꽃가마 타는 장관 대신
실무부터 해본다면

쉽지 않지만 개방형 별정직이 더 개방될수록 안과 밖의 대화가 쌓인다. 그 과정에서 서로 성장한다. 밖에서도 공무원들이 움직이는 방식을 이해하는 것이 민관 협력을 키우는 길이다. 행정조직을 경험할 기회가 늘어나는 편이 좋다. 그런데 시민단체나 기업에서 일하다가 공무원으로 가는 경우와 달리 왜 교수들은 장관 자리만 수락할까? 김경미 섀도우 캐비닛 대표는 공무원 조직에 대한 경험 없이 장관 자리를 바로 맡는 것에 부정적이다.

"부처에서 차곡차곡 올라간 이들은 조직 이해가 높아요. 장관 역할이 무엇인지, 조직을 어떻게 돌릴지 아는데, 교수들은 직위에 대한 환상뿐이라 조직 운영에 실수가 많습니다. 늘 코멘트만 했지 결정에 대해 정치적 책임까지 져본 적 없어 결정하는 연습이 안 되어 있습니다. 장관은 대통령 주요 공약을 입법

정부가 없다

화하고 실행하고 성과를 만들어야 합니다. 국민들에게 이 정부에 투표한 효능감을 주는 일이죠. 그런데 그 과정에서는 야당가서 설명하고 설득하고, 청와대 사람들도 만나고 여기저기 뛰어다녀야 하는데 을의 입장에서 뭘 해본 경험이 없는 분들은 국회 가는 것도 싫어하고 국정감사는 더 싫어하죠. 책상에서 빨간펜만 돌리는 경우가 적지 않습니다."

정책 실행은 그냥 되지 않는다. 예산도 따내야 하고, 법도 뚫어야 하고, 조직도 키워야 뭔가 실행이 이뤄진다. 공무원들이 이런 일들을 장관에게 가르칠 수는 없다. 전문성은 검증됐으나 조직 장악력이 없었다는 평가는 큰 조직을 이끌어본 적 없는 교수 출신 장관들에게 흔히 따라붙는다. 부처 이기주의에 휘둘리거나, 사안을 판단하고 분별할 역량이 부족한 경우도 종종 발생한다. 어느 장관은 산하 기관장 자리 챙기는 인사만 신경 쓰더라, 장관 부인의 은사가 어느 기관장으로 내정됐더라는 식의 이야기만 듣고 나간다. 임명직 장관 자리를 꽃가마 1~2년 타다가 가는 자리로 이해하는 이들이 분명히 있다. 업무 파악에 몇 달, 적응에 몇 달을 보내다가 떠나는 이들이 얼마나 될까? 그나마 사고를 치지 않으면 다행이다.

"6개월 정도 해본 뒤 이해가 떨어지고 학습이 안 되면 공무원들이 장관을 밖으로 돌려요. 국내외 행사 참석이 늘어납니다.

밖에 나가면 장관님 장관님 하고 떠받들잖아요. 입맛 맞는 자료 위주로 올리고, 얼굴마담 잘하도록 하고 서로 분위기 좋게 가는 겁니다. 일반 공무원들은 장관으로 교수는 정말 안 왔으면 좋겠다고 생각합니다. 실제 여러 공무원들에게 들어보면, 장관으로 선호하는 후보는 1위가 실세 정치인이에요. 2위는 정치인, 3위는 관료더군요.

정치인들은 국회 상임위 활동을 해서 부처 현안에 익숙하고, 여야 협의를 해봐서 필요하면 청와대 뛰어가고, 당대표 만납니다. 국회나 청와대 앞에서 쫄지 않죠. 예산 따려면 기재부, 조직 늘리려면 행안부 뚫어야 하는데 그것도 실세가 유리하다는 겁니다. 이러니 가장 선호하지 않는 후보, 진짜 안 왔으면 좋겠다고 토로하는 장관 후보가 교수입니다. 그나마 '폴리페서'가 낫다는 얘기도 많아요. 우리는 폴리페서를 걸러내고 부정적으로 봤는데 공무원 입장은 다르더라고요. 정무적 정치적 활동에 어느 정도 훈련이 필요하다는 이유죠."

사실 교수는 전문성에서 훌륭한 공직자 후보다. 주요 역점 사업이라든지, 성과를 내는 일도 얼마든지 할 수 있다. 그렇다면 경로를 좀 바꿔보는 것이 어떨까? 실무 경험부터 쌓는 것이 중요하다.

"장관으로서 국정 운영을 함께할 정도면 개방형 별정직으로 국장, 실장급으로 먼저 일해보는 것이 좋습니다. 정당이 발전

정부가 없다

했으면 정당 학습도 해본 이들이 낫습니다. 인사혁신처에서 공무원 헤드헌팅도 합니다. 국장급에 능력 있는 사람들을 모셔보려고 하죠. 직접 찾아가서 설득하고 연봉도 맞춰보는 시스템과 절차가 있어요. 하지만 교수님들은 본인이 장관급이라 생각하기 때문에 국, 실장 자리를 제안 받으면 불쾌하게 여긴다고 하더라고요. 어느 명예교수님이 외청 부장급으로 간 적 있는데 이게 뉴스까지 되더라고요."

미국에서는 실무를 거쳐 장관급으로 올라간 사례가 수도 없이 많다. 로버트 라이시 클린턴 정부 노동부 장관 역시 항소법원 판사 서기, 법무장관 보좌관, 연방통상위원회 정책기획실장을 거치고 하버드 케네디스쿨에서 학생들을 가르치다가 클린턴 정부에 합류했다. 오바마 정부에서 국무장관 후보로 언급되다가 국가안보보좌관을 역임한 수잔 라이스는 마이클 듀카키스 매사추세츠 주지사의 보좌관 출신으로 빌 클린턴 정부에서 국가안보회의 국장, 국무부 아프리카 담당 차관보를 역임했다. 그는 씽크탱크인 브루킹스연구소 선임연구원으로 자리를 옮겼다가 오바마 정부에서 유엔대사로 임명됐다.

국내에서도 강경화 전 외교부장관의 경우 장관 보좌관으로 특채됐고, 김대중 대통령의 통역사로 3년간 일했다. 이후 당시 코피 아난 유엔 사무총장의 요청으로 유엔 인권고등판무관실 부판무관으로 이동했다. 부처에서 실무를 익힌 뒤 국제 기구를 거쳐 돌아온 셈이다. 국내 네트워크가 많지 않지만 조직에 대한 이해는 분명했다. 김현종 전 국가안보실 제2차장의 경우, 미국 변호사, 대학교수, WTO^{세계무역기구} 법률자문관 등을 거쳐 참여정부에서 외교통상부 1급인 통상교섭조정관으로 시작했다. 대내적으로는 차관급이지만 대외적으로는 통상장관인 통상교섭본부장이 된 것은 1년 뒤 일이다. 그는 문재인 정부에서 다시 통상교섭본부장으로 영입됐고 이후 차관급인 국가안보실 제2차장이 됐다. 직급보다 권한과 책임만 본 셈이다.

참여정부 때 장·차관 가이드북을 만들었다고 한다. 청문회를 준비하면서 언행을 어떻게 해야 하는지, 평판관리는 어떻게 하고, 국정감사는 어떻게 대응하고, 기자들은 어떻게 상대하고 시시콜콜한 내용이 조금 웃기기는 하지만 실제로 도움이 된다고 한다. 공무원들은 이런 자료를 무슨 생각으로 만들었을까? 내부적으로 이런 알짜 자료는 PDF 파일로 공유하자는 의견이 나왔는데, "기자들이 부정적으로 보도할 수 있다"는 이유로 무산됐다. 업데이트해서 책자로 제공되기는 한다는데, 결국 어떤 표현들이 국민 정서에 안 맞는지 하나하나 가르치면서 살얼음판을 걷듯이 청문회를 준비한다. 공무원들은 실제 업무보다 이런 뒷수습하느라 진이 빠진다.

유능한 장관을 임명하는 게 이렇게 어려울 일인가 싶지만 사실 어렵다. 지난 정부에서 개인적으로 도저히 납득하기 힘든 장관 내정에 당황한 적이 있다. 그는 결국 희한한 논란에 발목이 잡혀 내정이 철회됐다. 건너 건너 물어봤더니 그에 앞서 물망에 올랐던 십수 명이 장관 자리를 고사했다고 한다. 찾다 찾다 스펙 괜찮은 이가 추천됐고, 그가 수락하면서 내정 절차가 진행됐다고 했다. 그가 낙마한 이후 끝내 새 장관이 임명될 때까지 그 장관직을 고사한 이가 다시 10명 가까이 됐다. 최종적으로 장관 된 이는 스물 몇 번째 후보였던 셈이다.

2023년 9월에도 개각 소식이 들려왔다. "문재인 모가지를 따는 것은 시간문제"라고 발언했던 신원식 국방부 장관 내정자, 이명박 정부 시절 문화체육관광부 장관으로서 문화예술계 블랙리스트를 작성·관리했다는 의혹 속에 또다시 문체부 장관으로 임명된 유인촌 내정자, 김건희 여사와의 오랜 인연이 논란이 된 김행 여성가족부 장관 내정자. 이 부처 공무원들은 내정자를 방어하는 데 전력을 다했지만 청문회는 파행이었다. 대체 현안과 새로운 흐름을 공부하고 부처 간 칸막이를 뛰어넘으며 신나게 일하는 것은 언제쯤 가능할 것인가? 민관 커리어의 벽을 낮추는 건 어떻게 가능할까? 정통 공무원도 민간을 넘나들며 경험을 쌓아 장관에 도전할 수 있어야 하지 않나? 왜 직업공무원들의 끝은 차관이라는 것을 당연하게 여기는 것일까?

기득권 카르텔 행정고시는
어떤 문제를 낳았나

"현재 공무원 사회는 일 잘하는 게 아니라 충성이 중요한 조직
입니다. 일하는 능력으로 경쟁하지 않으니 충성만 남는 거죠.
중간 직급인 사무관부터 난리입니다. 차라리 그 시간에 일을
해야 하지 않겠어요? 화려한 학력이나 경력에도 불구, 무능한
공직자들이 적지 않습니다. 업무에 노력하기보다 줄 잘 서서
괜찮은 경력 한 줄 더 넣는 데 골몰합니다. 결국 이들이 능력과
실력으로 끊임없이 경쟁하도록 해야 합니다. 개방형을 더 개방
하고 '열린 정부'로 만들어야 합니다. 그러기 위해서는 시험 제
도를 바꾸는 수밖에 없어요."

개방형 전문가로 임용되어 십 년 이상 공직을 경험한 고위공직
자 U는 단호했다. 경쟁이 없는 조직은 정체된다. 시험 제도, 인사
제도를 바꿔서 개방직을 늘리고 경쟁력을 키워야 한다고 강조했
다. 현재 개방직 공무원을 임용하면서 일부 자리를 내놓기는 했지

만 대부분의 부처는 승진도, 이동도 없는 구조에 개방직을 묶어두고 있다. 조직의 예산을 다루면서 돈의 흐름을 파악하는 자리 등은 절대 개방직에게 개방되지 않는다. 조직 내에서 정치적으로 힘을 갖는 자리도 열외다. 한마디로 개방직은 조직에 들어가서 기존 공무원들과 경쟁할 기회가 없다. 공무원 퇴임 이후 로펌이나 좋은 자리를 가려면 결국 스스로 영향력을 키워야 한다. 서로 밀어주고 끌어주는 카르텔이 힘을 발휘한다. 일 잘하는 게 중요한 게 아니다.

김동연 경기도지사는 2021년 대선 출마를 선언하면서 공약 1호로 공무원 개혁을 내놓았다. 핵심은 5급 공개경쟁채용시험(옛 행정고시) 폐지다. 그는 당시 "공무원 철밥통을 깨고, 유연한 정부를 만들겠다"며 "시험 한 번으로 보장되는 공무원 정년을 폐지하겠다"고 밝혔다.[*] 공무원으로서 경제부총리를 역임하고 34년간 공직에 평생을 바친 이로서 공무원 개혁부터 꺼내든 것은 나름 전문가의 자신 있는 한 수였을까? 자신이 가장 큰 수혜자이자 성공사례인 행정고시를 없애겠다고? 그는 5급 시험을 폐지하는 대신 7급 채용을 늘려 내부 승진과 민간 경력직을 확대하겠다고 했다. 공직으로 입문할 기회를 넓히겠다는 구상이다. 이와 함께 7급과 9급 신규 채용에서는 일정 비율을 지역, 학력, 계층 등을 고려해 사회적 약자에 할당하겠다고 공약했다.

---

[*] 김동연, 대선 1호공약… "5급 행정고시 폐지" 공무원 개혁, 〈연합뉴스〉(2021.10.26)

그동안 고위직은 행시 출신이 독차지했다. 현장 경험 하나 없이 고시만 패스하면 5급 사무관부터 시작했다. 행시에 합격한 젊은 승자들은 옛날 과거시험에 급제한 마냥 융통성 없는 위계질서를 붙들고 하위직 공무원들 위에 올라섰다. 하위직은 사무관, 서기관까지는 어찌어찌 올라간다고 해도, 고시 출신에 치이기 일쑤이고 미래에 대한 비전을 갖기 어려웠다. 사실 행시 출신과 7급 출신의 신분을 나누면서 직급이 깡패인 공직사회의 풍경도 시대착오적이다. 일사불란하게 위에서 지시하면 아래에서는 무조건 따르면서 '패스트 팔로우'를 잘하는 것이 한국의 경쟁력인 시대가 저물었다. 공직 사회는 여전히 그 시절에 머물고 있다.

행시 출신들이 현장 경험을 쌓기 어렵게 만드는 것도 문제다. 국민과 직접 만나는 공공 업무는 보통 하위 직급의 몫이다. 행시 출신들이 현장과 실제 서민들의 밑바닥 사정을 알아갈 기회도 없이 우월의식과 선민의식이 자연스러운 '그들만의 리그'에 익숙해지는 것은 국민들에게 해롭다. 실제 공공 서비스에 절실한 사람들을 직접 만나는 경험이 쌓일수록 공직 생활에 보탬이 되지 않을까?

점진적이든, 급진적이든 행정고시를 없애면 고위직 하위직의 불가피한 태생적 갈등과 위화감을 줄일 수 있을 뿐만 아니라 철밥통 대신 경쟁이 생긴다. 행정고시는 경쟁하지 않는 순혈주의 분위기를 이끌어온 핵심 고리다. 한번 시험에 붙으면 정년까지 보장되고, 정년 이후에도 회전문 낙하산, 전관예우까지 평생을 보장하는

고시 제도는 일본도 비슷했다. 그러나 일본은 2012년 우리 행정
고시와 닮은 1종 시험을 폐지했다. 연공서열에 의한 승진 대신 실
적에 따른 성과주의를 도입하고, 퇴직 이후 산하 공기업으로 옮기
는 낙하산 관행에도 제동을 걸었다. 공무원의 전문성을 재활용하
도록 길은 열어주되 투명하게 관리하는 인재 뱅크 형태의 관민인
재교류센터가 등장했다.

미국은 개방형 임용제를 통해 외부 인사를 적극 영입한다. 결원
이 생기면 부처에서 자율적으로 채용한다. 석사 이상 인재를 대학
으로부터 추천 받아 면접과 논술을 거쳐 중간 간부로 임용하는 제
도도 있다. 싱가포르는 모든 공무원을 개방형으로 뽑는다. 대학 졸
업자 가운데 성적과 면접을 통해 채용한다. 고급 공무원 선발을
위해 최우수 고교 졸업생 중에 해외 유학을 지원하고 나중에 사무
관으로 특채하는 제도도 있다. 공무원 보수는 매년 국내총생산GDP
성장률과 개인 실적에 따라 결정된다.* 각국의 공무원 인사 혁신의
방향은 분명하다. 다양성과 경쟁을 늘린다는 목표다.

* [커버스토리] "세계는 지금 공무원 채용 개편 중", 〈주간경향〉(2010.8.31)

다양성, 정부 빼고 다들 난리인 이유

1980년대 말 영국의 똑똑하고 잘 난 정부 인사들이 대형 사고를 쳤다. 세제 개혁을 한답시고 인두세poll tax를 도입한 것이다. 자산 대신 개인의 '머릿수'에 세금을 부과했는데 부자들은 세금이 줄었고, 약자들은 도저히 낼 수가 없었다. 25만 명이 거리로 나서서 저항했다. 믿을 수 없지만 실제로 영국에서 일어난 일이다. 대체 왜 이런 일이 생긴 걸까?

세제 개혁 책임자들은 모두 부유한 명문가 자제들이었다. 옥스퍼드대나 케임브리지대 출신이었다. 영지에서 꿩을 사냥하고, 카드 게임과 파티를 즐기는 이들이었다. 똑똑한 그들은 협업도 좋아했고 함께 토론도 즐겼다. 그런데 다 같은 부류였다. 자기들끼리 현명하다는 착각에 빠졌다. 그들은 평소 만나보기도 어려웠던 보통 사람의 입장을 전혀 이해하지 못했다. 끼리끼리 어울린 것이 치명적 한계였다는 지적이다. 이처럼 동일한 배경을 지닌 똑똑한 사람들이 의사 결정 그룹에 배치되면 집단적 맹목 현상을 보이기

쉽다.

부유한 엘리트들끼리 세제 개혁을 시도했다가 실패한 영국 정부의 사례는 왜 능력주의보다 다양성이 중요한지 영국 기자가 추적한 책《다이버시티 파워》에 등장하는 수많은 에피소드 중 하나다.* 유유상종, 자기들만의 세상에 사는 잘난 인간들만 모이면 리스크다. 기업도 그렇지만 정부 운영 사례가 가관이다. 2023년 우리 정부를 생각하면서 봐도 모든 사례가 통한다. 법대 나온 검사들끼리 뭐든 다하면 구멍이 생길 수밖에 없다. 현재 대통령실 1급 비서관들 자산이 평균 48억 원이다. 세계관이 보통 사람들과 다른게 당연하다. 요즘 대통령실 판단이 도무지 이해가 안 된다고? 그들은 뭐가 문제인지 인지하지 못한다. 왜? 다양성이 없는 집단이기 때문이다.

2000년 영국 블레어 정부는 범죄를 줄이기 위해 폭력배가 체포되면 바로 현금인출기로 끌고 가 그 자리에서 100파운드를 내게 한다는 방안을 고안했다. 폭력배 대부분은 현금카드가 없었을 뿐만 아니라 은행 계좌에 100파운드가 없을 수 있다는 사실을 정부의 그 누구도 생각하지 못했다. 바보 같은 방안이었지만 그들은 진지했다.

미국 CIA는 오사마 빈 라덴의 위험성을 간과했다. 1996년 아프가니스탄의 동굴에서 미국에 전쟁을 선포한 그는 긴 턱수염에 허

* 《다이버시티 파워》, 매슈 사이드, 위즈덤하우스(2022)

름한 차림이었다. 당시 CIA 분석가들은 동굴에 사는 초라한 행색의 남자를 위협적으로 보지 않았다. 하지만 그의 차림새, 동굴 거주, 모든 게 콘셉트였다. 차림새는 선지자 스타일이었고, 동굴은 신성한 상징이었다. 그걸 놓친 CIA는 다양성과 거리가 멀었다. 최고 엘리트들의 집단이었지만 대부분 중산층 출신, 개신교 앵글로색슨 백인 남성이었다. 1967년 CIA의 직원이 1만 명이 넘던 시절에도 아프리카계는 20명이 채 되지 않았다. 그들에겐 이른바 '관점의 사각지대perspective blindness'가 너무 컸다. 능력 문제가 아니라, 어떤 종류의 문제와 리스크는 아예 안 보이는 게 핵심이다.

사람들은 서로 다른 준거 프레임frame of reference을 갖는다. 각자 속한 집단의 프레임이 강력하다. 미국인과 일본인에게 물고기 영상을 보여주는 실험을 했다. 미국인들은 물고기 모양 등 사물을 기억했던 반면, 일본인들은 조류 흐름이나 물 색깔 등 상황을 봤다. 연구자들은 개인적 사회인 미국과 상호의존적 일본 문화의 차이라 했다. 둘 다 '관점의 사각지대'가 존재한다. 불완전한 관점이다. 둘을 묶어야 통찰력이 더 커진다.

요즘 세상사는 혼자 감당하기에 지나치게 복잡하다. 인간의 창의성에서 가장 중요한 트렌드는 문제 해결의 주체가 개인에서 팀으로 바뀌는 거다. 집단의 수행능력에 다양성은 필수다. 서로 비슷비슷한 의견에 동조하느라 시간을 보내는 대신, 서로 다른 의견을 활발하게 교환하는 과정에서 해결 방안이 나온다. 다양성이 중요한 이유는 그것이 올바르기 때문이 아니라, 다양성이 능력주의보

정부가 없다

다 결과가 낫기 때문이다. 다양성과 탁월한 능력 중 하나만 선택할 수 있다던 미국 스칼리아 대법관은 틀렸다. 능력 위주로 구성했으니, 정부 고위직에 다양성 없는 건 문제가 아니라고 했던 윤석열 대통령도 틀렸다.

몇 년 전 '그 많던 여성들은 어디로 갔을까?'라는 주제로 '세바시, 세상을 바꾸는 시간 15분' 특강을 했다. 미디어의 차별을 이야기해달라는 요청을 덥석 수락한 것은 그해 초 신년특집 대토론을 온통 5060 아재로 채운 방송사 홍보 사진에 열 받았던 기억 덕분이다. 출연진은 다들 명망가였지만 한국 사회에 대해 이야기해줄 사람은 중년 남자밖에 없는가?

이 방송사가 여성을 무시하거나 차별하려는 의도가 있었다고 생각하지 않았다. 그러나 이쯤 되면 별생각 없이 패널을 구성하는 것이 더 큰 문제다. 미디어가 실질적으로 차별하면서 의식하지도 못했으면 무능한 거다. 맥킨지 컨설팅은 몇 년째 계속 다양성을 말하고 있다. 실제 다양성을 갖춘 조직의 성과가 좋기 때문이다. 성별 다양성을 추구하는 기업은 그렇지 않은 기업보다 15%, 인종 다양성 추구 기업은 35% 이상 높은 성과를 낸다는 맥킨지 보고서는 2015년에 나왔다.* 이후 추가 연구에 따르면, 경영진의 젠더 및 인종 다양성 상위 기업의 자기자본수익률은 하위 그룹보다 66%

---

* Why diversity matters, Mckinsey & Company(2015.1)
https://www.mckinsey.com/capabilities/people-and-organizational-performance/our-insights/why-diversity-matters

높다고 한다.*

컬럼비아대 연구팀은 살인 미스터리 풀기 실험을 했다. 친구 넷이 한 팀인 그룹과 친구 셋에 아웃사이더 1명을 포함한 팀이 경쟁했다. 정답률은 아웃사이더가 섞인 팀이 75%, 동질그룹은 54%, 개인은 44%다. 아웃사이더 팀은 의견 충돌이 이어졌고, 올바른 결정을 내리고도 확신하지 못했다. 동질그룹은 대부분의 시간을 서로 동의하느라 보냈다. 틀릴 가능성이 높은데도 자신들의 답이 옳다는 확신은 더 강했다.

세계적인 기업들은 다양성을 높이기 위해 빠르게 움직인다. 돈을 쓰고, 조직을 바꾼다. 몇 년 전부터 출간된 구글의 지주회사 알파벳, 애플, 페이스북, MS 등 테크 기업들의 다양성 보고서는 이들 기업이 양성 확대를 위해 얼마나 애쓰는지 생생하게 보여준다. 다들 DEI^Diversity, Equity, Inclusion, 다양성, 형평성, 포용성을 기업 자랑하는 잣대로 삼고 있다.

2017년에는 '포춘' 500대 기업 중 3%만이 다양성 데이터를 공개했지만, 2021년 '포춘'이 EI 공개 및 성과를 500대 기업 선정의 중요한 지표로 삼자 전체 500개 중 262개 기업이 인종 및 민족 구성 비율을 어느 정도 공개했다.**

한국 기업 중에는 아직 다양성 보고서를 내는 곳이 없다. 기업

---

* Delivering through diversity (2018), Diversity wins: How inclusion matter, Mckinsey & Company(2020)

** 《다정한 조직이 살아남는다》, 엘라 F. 워싱턴, 갈매나무(2023)

에서 일할 당시 정부에 대한 개인정보 제공 현황 등 '투명성 보고서'를 국내 최초로 시작하기는 했으나 '다양성 보고서'를 만들지 못한 게 아쉬움으로 남았다. 틈날 때마다 떠들고 강연하는데 갈 길이 멀다. 기업뿐 아니라 영국 BBC 등 미디어도 별도 보고서를 내면서 다양성과 포용성을 중요하게 소통한다. 대학도 마찬가지다. 국내에서는 서울대, 고려대가 시작했다.

다양성 측면에서 우리 사회는 아직 많이 부족하지만 특히 정부쪽은 심하다. 검찰 출신뿐 아니라 모피아, 옛 재무부 마피아 군단이라는 현 기획재정부 출신들도 한통속이다. 한덕수 국무총리, 추경호 경제부총리, 김대기 대통령실 비서실장, 최상목 경제수석부터 모피아 출신이다. 2023년 5월 기준 행정부 내 10개 정부기관 15개 직위와 44개 공공기관 50개 직위를 모피아(12%)가 독식하고 있다.

"문화체육관광부 제2차관, 보건복지부 제1차관 등 전·현직 모피아 38명 중 29명(76%)이 대통령실과 타 부처 내 산하기관장직 등에 임명된 것으로 파악했다. 기재부 출신은 65개 직위를 차지했는데, 이 중 56개 직위(명목 기준 86%)가 타 부처의 차관직이나 산하 공공기관장직 또는 이사직이었다. 이들 모피아 10명 중 7명이 퇴직 후 재취업한 '회전문 인사'와 타 부처에 재취업한 '낙하산 인사' 사례로 꼽힌다. 이들은 기업 사외이사 등 민간 경력을 거쳐 다시 고위공직에 재취업해 이해상충 우려가 높은 것으로 경실련은 분석하고 있다."*

    예산을 틀어쥐고 있는 기재부가 네트워크로 움직인다. 대체 다양성이 다 뭐란 말인가? '학연·지연·혈연' 대신 '실력·능력·노력' 방향으로 세대가 바뀌면 다양성도 높아질까? 정당의 저출생 대책 회의에 5060 남자들만 참석하는 바람에 회의가 파투^{破鬪} 난 이야기를 전해들었다. 다양성이 경쟁력이고 솔루션이다.

* [경실련-NGO저널 공동기획] ① 돌고돌아 모피아…권력지도엔 '낙하산·회전문', 경실련 (2023.5.10)

정부가 없다

세계 31위 정부는
여전히 투명성을 기피하지만

다양성과 더불어 정부가 더 신경 써야 마땅한 것이 투명성이다. 국민이 위임한 권한으로 국민 세금을 국민을 보호하는 데 잘 쓰고 있는지, 헌법정신에 맞게 움직이는지 국민에게 보고할 의무가 있다. 더 많은 공개가 '디폴트', 기본값이라면 참사나 재난 뿐 아니라 사안마다 정부 논의를 공개하라고 시위하지 않아도 된다. 국민을 개, 돼지로 만만하게 보지 않고 언제 정부를 혼낼지 모르는 호랑이로 인식하도록 만드는 열쇠도 투명성이다.

국제투명성기구는 해마다 부패인식지수를 조사해 국가청렴도 순위를 매긴다. 한국은 2016년 52위에서 2022년 31위로 올라섰다. 경제 관련 순위에 비해 턱없이 낮지만 역대 최고 성적이다. 정부의 투명성에 대해서는 오랫동안 정보공개청구소송 등을 통해 애쓴 시민단체와 언론이 있다. 정보공개제도가 시행된 지 25년 동안 조금씩 나아졌다고들 했다. 그런데 중요한 정보는 여전히 비공개 대상이다. '업무의 공정한 수행' 등 법률상 비공개 요건을 자의적으로 확대해석 하는 일부 정부기관의 행태가 문제다. 그 권한과 비례해서 기관 운영이 훨씬 더 투명해야 하는데 정반대다. 거의 모든 정부기관에서 홈페이지에 공개하는 조직도와 소속 공무원 명단을 대통령실은 공개하지 않는다. 이는 나의 청와대 근무시절에도 이해할 수 없는 일이었다. 어떤 사람들이 무슨 마음으로 일하는지 그 이야기를 국민에게 공개하면 좋겠다고 생각했는데 '대외비'로 두는 것이 많았다. 그런데 사실 더 공개해도, 더 투명해져도 좋다고 생각한다. 문제가 생긴다면 역시 투명하게 밝히면서 풀어나가면 된다. 정부의 투명성을 훼손한 대표적 사례는 최근 검찰의 특수활동비 문제이다.

> "검찰 내부에서는 특수활동비를 '오리발'이라고 부른다고 한다. 지출 증빙이 워낙 허술한 탓에 허투루 쓰다 걸려도 딱 잡아떼면 그뿐이기 때문이다."*

〈뉴스타파〉가 저 '오리발'을 취재한 이야기도 영화 같다. 진실을 추적하는 취재 분투기를 그린 〈스포트라이트〉(토마스 맥카시 감독, 2015), 〈더 포스트〉(스티븐 스필버그 감독, 2017), 〈그녀가 말했다〉(마리아 슈라더 감독, 2022) 같은 영화들 못지 않다고 감히 말할 수 있다.

* 실체 드러나는 '윤석열 특활비'… 검찰의 거짓말과 동문서답, 〈뉴스타파〉(2023.7.13)

정부가 없다

〈뉴스타파〉와 3개 시민단체(세금도둑잡아라, 함께하는 시민행동, 투명사회를 위한 정보공개센터)는 3년 5개월의 행정소송 끝에 특수활동비 등 검찰 예산 자료 1만 6,735장을 사상 처음으로 확보했다. '검찰 예산감시 프로젝트'다. 대법원은 특수활동비, 특정업무경비, 업무추진비 공개 범위를 세세하게 분류하면서 업무추진비는 '언제, 어디서, 얼마나 썼는지' 공개하라고 판결했다.

그런데 2017년 1월~2019년 9월 대검과 서울중앙지검이 내놓은 535건의 영수증은 음식점 이름과 결제 시각을 삭제한 상태였다. 복사 상태가 나빠 식별되지 않는 경우 등 전체 영수증의 61%가 판독 불가였다. 74억 원에 달하는 검찰 특수활동비 지출증빙자료는 아예 존재하지 않는다. 윤석열 중앙지검장은 재임했던 2017년 5월~ 2019년 7월까지 38억 6,300만 원의 특활비를 썼다. 재직일 기준 하루 평균 480만 원을 현금으로 사용할 수 있었다. 어지간한 이들의 한 달 월급을 하루에 썼다는 것인데 어디에 썼는지 제대로 공개하지 않고 있다.

〈뉴스타파〉는 다음과 같은 의혹을 다시 제기한다. 검찰이 특수활동비 증빙 자료를 집단적으로 무단 폐기했다는 의혹, 이 같은 불법 행위가 조직적으로 이뤄졌을 가능성, 총장 몫 특활비의 존재, 규모 확인 및 현금 보관용 금고의 존재 가능성, 총장 몫 특활비의 무증빙 지출 확인 및 회계 부정 의혹, '13월의 돈잔치'와 '명절 무더기 지급' 등 특활비 오남용 가능성 등이다. 수사권과 기소권을 독점한 검찰에 대해 저런 의혹을 확인하는 방법은? 사실 국회밖에 없다. 우리는 아직 가보지 않은 길을 보고 있다. 권력기관은 얼마나 더 투명해져야 하는가? 〈뉴스타파〉가 2023년 권력에 거슬리는 언론이라는 사실도 우리는 기억할 필요가 있다.

잼버리 사태 이후 공무원들의 '흥청망청 외유성 출장'이 도마 위에 올랐다. 사실 외유냐, 출장이냐 그 갈림길은 뭘 보고 어떤 보고서를 남겼는지 살펴보면 좀 낫다. 하나마나한 이야기를 담은 복붙 보고서인지, 제대로 보고 온 것인지 국민들은 이제 금방 알아볼 수 있다. 어떤 보고서는 제대로 내용을 담았지만 묵살됐고, 어떤 보고서는 한숨이 나온다. 그동안 깐깐하게 따져보지 않았을 뿐, 그 보고서 내용까지 다 공개된다는 것은 충분히 견제가 된다.

사실 시답잖은 이야기만 나누는 공공 회의록을 본 적 있는가? 가끔 놀랄 만큼 한심한 회의도 있다. 언론은 일일이 챙겨 보도할 여력이 없는 모양이고, 지켜볼 눈이 많지 않은 현실도 아쉽지만, 정보가 더 공개되기 시작하면 달라질 수 있다. 많은 전문가를 동원해 포럼, 컨퍼런스, 세미나를 진행하는 데 세금을 썼다면 그 관련 자료 정도는 국민도 쉽게 볼 수 있어야 하지 않을까? 개인정보를 제거한 판결문 정보를 투명하게 공개한다면 오히려 사법 신뢰를 높일 수 있지 않을까? 불필요한 오해가 있을 수 있어 '대외비'라고 하는 경우가 많은데 이해관계자들이 어떻게 다른 목소리를 내는지 투명하게 보는 편이 오해를 줄이는 길이 아닐까?

정부가 마냥 피곤할 것이라고 우려할 필요 없다. 국민의 관심이 오히려 공무원들이 신명 나게 일할 수 있는 동력이 될 수 있다. 국

정부가 없다

제투명성기구 조사에서 31위보다는 좀 더 선진국다운 순위로 올라섰으면 좋겠다. 2016~2022년 6년 만에 52위에서 21계단이나 올라선 저력이 있는 게 우리 정부였다.

기업 로비에 밀려 국민 보호를 뒷전으로 미루는 정부,

예산을 아낀다며 정부의 필수적 역할을 축소하는 정부도

모두 국민들이 투표로 선택했다.

정부가 바뀌면 일상의 먹고 사는 문제부터

소소한 일들까지 많은 것이 달라진다.

정치인들에게 분노하고 냉소하며 끝내 외면하는 것은

정부가 더 무능해지도록 방치하는 길이다.

정부가 일을 제대로 하도록 만드는 것도

결국 국민의 손에 달려있다는 얘기다.

행정의 부재로 자식을 떠나보낸 뒤

가족 잃은 분을 만나서 무엇을 물어야 할지 모르겠다는 이유로 만남을 주저했다. 상처를 다시 건드리는 일이 되는 건 아닌지 고심했다. 유가족협의회 쪽에 인터뷰를 청한 뒤 기다리는 내내 초조했다. 그러나 9월 초, 서울시청 앞 이태원 참사 희생자들의 분향소 천막 앞에서 고 박가영 님의 어머니 최선미 님을 만나 뵙고, 때늦은 후회가 몰아쳤다. 진작 찾아뵐 것을… 그저 지나가며 위로라도 드릴 것을…

10·29 참사 이후 벌써 1년이 되어간다고 무심히 던진 인사부터 생각이 짧았다. 최선미 님은 담담하게 대답했다.

"벌써 1주기라고 하는데, 저희에게는 어려운 시간이었잖아요. 너무 길어요. 너무너무 길어서, 한 시간도 길고, 하루도 길고, 지난 11개월이 마치 11년 산 것 같아요. 지금도 집에 있으면 마치 '미친년'처럼 아이 흔적을 찾아 다녀요. 아이가 있는 곳,

아이와 갔던 곳, 집 안에서도 하나하나 의미가 담기지 않은 게 없잖아요. 그래서 차라리 서울에 옵니다. 충남 홍성에서 오전 7시 첫차 타면 용산역까지 2시간 10분 걸려요."

KTX가 없는 동네라 무궁화 열차를 타면, 역까지 이동하는 시간을 감안해 왕복 6시간 일정이다. 집에 혼자 있으면 힘들어서 서울의 합동분향소에 아이를 보러 오는데, 막상 와보면 영정만 보고 가는 것이라 괴롭고, 집으로 갈 때면 아이 두고 가는 마음이라 또 흔들린단다. 지방과 서울을 오가는 유가족들은 대부분 기차에서 많이 운단다.

"다른 참사도 마찬가지겠지만, 오송 지하도 침수 참사나 이태원 참사는 명백히 행정의 부재가 원인입니다. 세월호 참사는 선박회사 문제도 있었고, 대구지하철 참사는 방화범이 있었지만 이태원에서 벌어진 일은 행정부 잘못입니다. 그런데 대통령부터 말단 공무원까지 정부에서 사과한 사람이 단 한 명도 없어요. 국회 행안위에서 이태원 참사 특별법이 통과되는 날, 이상민 행안부 장관은 국회의원들과 악수하고 인사 나누면서 옆에 서 있는 유가족들은 쳐다보지도 않았어요."

믿기지 않지만, 그 누구도 사과하지 않았다. 행정의 부재로 159명이 목숨을 잃었는데, 대통령, 행안부 장관, 서울시장, 경찰청장

정부가 없다

은 물론 실무자까지 아무도 사과하지 않았다. 야당 지도부도 안타
깝다고 유감을 표했을 뿐, 지켜주지 못해서 미안하다는 이야기는
하지 않았다.

> "조문이라는 것은 유가족에게 위로를 전하는 일인데, 오세훈
> 서울시장은 유가족을 만나지 않고 슬쩍 녹사평역 분향소에 다
> 녀갔어요. 느닷없는 두 번째 방문도 카메라 기자들과 함께했을
> 뿐 사과는 없었습니다. 분향소에 공무원들이 조문 왔을지는 모
> 르겠지만, 신분을 밝히고 온 분은 없어요."

책임이 두려운 탓인지 사과하지 않는 정부 대신 "늦게 와서 미
안하다", "지켜주지 못해 미안하다", "끝까지 함께하겠다"고 위로하
는 것은 서울광장을 지나가는 시민들이다. 말없이 유가족을 안아
주기도 하고, 관련 뉴스를 스크랩해서 가지고 온 분도 있고, 꼼꼼
하고 세심한 조언을 남기는 분도 있었다고 한다. 몹쓸 망언을 쏟
아내는 빌런은 100명 중 한두 명뿐, 대부분 사람들이 마음을 보냈
다. 사랑하는 이를 떠나보낸 유족을 조롱하고, 빨갱이로 몰아붙이
는 일부 악다구니가 상처로 남는 와중에도 버틸 수 있는 이유다.

유가족들은 '10·29 이태원 참사 피해자 권리 보장과 진상규명
및 재발방지를 위한 특별법' 제정을 요구하고 있다. 재난 참사가
생명을 침해당하지 않고 보호받을 권리가 박탈된 결과라는, 헌법
에 따른 개념이 피해자 권리 보장이다. 4월에 183명의 국회의원

이 공동발의 했고, 8월에 야당 단독으로 국회 상임위인 행정안전위원회를 통과했다. 유가족들은 이제 법사위를 거쳐 본회의 통과까지 가야 한다고, 국회 일정을 입법 전문가 마냥 훤히 꿰뚫고 있다. 행정의 부재로 참사가 발생했는데, 행정부와 입법부가 아니라 유가족들이 직접 나서야만 하는 상황은 정부가 없다는 생각을 더 깊게 만들었다.

"여당 의원들은 참사 이전이 아니라 참사 이후만 조사하자고 했어요. 사고 이후는 경황이 없었다, 몰랐다고 빠져나갈 수 있으니까요. 일부 야당 의원들은 유가족들이 더 세게 나오면 자기들이 명분을 갖고 싸울 동력이 된다고 하더라고요. 자기들이 국회의원이 된 이유를 모르는 것 아닌가요? 시민들이 이런 일을 당했을 때, 대신 싸우라고 뽑아준 겁니다. 시민이 먼저 싸워주면 그 명분으로 정치하려고 거기 갔습니까? 정치인들이 해야 하는 일을 우리가 하고 있어요. 행정부가 잘못했는데, 입법부가 견제도 못하고 있잖아요."

여당은 참사 이후만 따져보자고 했지만, 참사 이전 상황은 여전히 의문투성이다. 그날 왜 인파를 관리하는 기동대 하나 없었는지, 경찰 마약단속반이 50명이나 이태원 현장에 있으면서 왜 질서 유지가 안 됐는지 납득할 수 없는 일들이 적지 않다.

정부가 없다

"경찰은 왜 움직이지 않았을까요? 직업의식이나 일말의 사명감도 없었을까요? 마약단속 잘하면 특진이라도 기대한 것일까요? 유가족들이 경황없어 넘어갔지만 피해자 모두를 상대로 마약 혐의로 조사하려고 한 것은 뭐죠?"

폭우 속 유가족들의 삼보일배 장면에 울컥했는데, 외려 그는 고생을 반겼다. 몸 고생, 마음고생을 고해처럼 받아들이고 있었다. 그는 "마음이 무거우면 무거울수록 좋다"고 했다. 약을 먹어도 잠들지 못해 며칠씩 잠 못 자는 고통을 부둥켜안고 있었다. 피해자 가족이 자책할 일이 아니라고 했더니, "새끼를 못 지킨 부모가 무슨 부모냐"며 "내가 죄인"이라고 자조했다. 그는 평생 입에도 대지 않던 술도 시작했다. 그는 "왜 제 정신을 차리려고 했는지 모르겠다"며 "제 정신으로 살 이유가 없다"고 했다. 인터뷰하는 자리에 합류한 또 다른 유가족은 "그래도 산 사람은 살아야 한다는 얘기는 정말 듣기 싫다"고 말했다. 암이라도 걸리면 좋겠다는 농담이 농담 같지 않았다.

"내가 살아간다고 생각하면 못 살아요. 난 죽어가고 있다, 아이와 가까워지고 있다고 생각해야 버팁니다. 딸 옆에 묻히려고 합장묘 썼습니다. 빨리 정리하고 새끼 옆으로 가겠다는 생각뿐이었어요. 4월에 이태원 참사 진상 규명을 위한 '진실 버스'를 타고 열흘 동안 전국을 다닐 때는 그것만 끝나면 딸에게 가려고 했죠. 그런데 다녀와서도 해결이 안 되니까 갈 수가 없어요."

인터뷰 도중 서울광장을 지나가던 시민들이 최선미 님에게 청계광장 가는 길을 물었다. 그러나 한 블록만 올라가면 되는 그 길을 최선미 님은 몰랐다. 그는 오로지 서울광장 분향소만 오간다. 서울광장 건너편 덕수궁에도 가본 적 없다. 몸도 마음도 부축할 힘이 더 필요하다. 정부 지원으로 사회복지사와 상담하는 것만으로는 부족해 보였다.

"진상규명과 사과를 바랍니다. 그런데 그 일이 램프의 요정 지니에게 비는 소원만큼 판타지 같아요. 같이 가면 길이 된다고요? 사막에서 길을 만들었더니 모래바람이 다시 길을 없애는 기분입니다. 이제는 길을 내는 것보다 표지석을 세우고 싶어요. 우리가 여기를 지나왔다는 표지석, 그게 특별법입니다."

10·29 참사를 잊지 말아야 하는 이유는 차고 넘친다. 추모 기념물이 어디에 있으면 좋겠냐는 얘기에 내가 이태원 아니냐고 반문했더니 예상하지 못한 대답이 나왔다.

"대통령, 장관부터 다들 다시는 실수하지 않도록, 참사 기억공간은 용산구청, 행정안전부, 서울시청으로 들어가야 한다고 생

정부가 없다

각해요. 행정안전부 벽 하나에 참사 희생자들, 산재 희생자들 이름 다 새겨야 한다고 믿어요. 행정안전부라면서요. 사람 죽지 않는 게 안전이잖아요. 기억해야 할 것 아닙니까? 사고 나면 정부는 빨리 잊혀지기를 바라고, 유가족들은 합동분향소에서 버티고, 단식하고, 행진하고, 거리로 나오는 일이 반복됩니다. 무슨 공식 같아요."

문득 인터뷰하던 서울광장 한쪽에 추모비가 있어도 좋겠다는 생각을 했다. 잊지 않고 기억하는 것이 시민에게는 위안이 되고, 공무원에게는 각오를 다질 기회 아닌가?

정부가 책임을 회피하는 이유

2023년 7월 18일, 서울 서이초등
학교 선생님이 스스로 목숨을 끊었다. 도를 넘은 학부모 민원에
시달려온 사실이 하나둘 드러났다. 수만 명의 교사들이 모여 교권
과 인권, 생존권을 외치며 절규했다. 전국에서 추모 행렬이 이어지
고, 시민들이 온 마음으로 애도하고, 그동안 교실의 붕괴를 무심하
게 외면했던 시간을 미안하게 생각하는데, 정부는 달랐다. 이 사건
이 학생인권조례가 빚은 교육 파탄의 단적인 사례라는 대통령실
관계자, 학생 인권이 지나치게 우선시되면서 교사들의 교권이 땅
에 떨어졌다는 이주호 교육부총리의 발언은 학생과 교사를 갈라
치기 하는데 급급했다. 공감은커녕 책임을 떠넘기며 얄팍한 정치
공세만 이어갔다.

교실 현장의 아우성이 이미 심각한데도 불구, 교권과 학생인권
을 함께 보호해야 할 시스템을 제대로 마련하지 못한 책임은 누구
에게 물어야 하나. 이것이 개인의 고통, 우울증의 문제가 아니라

시스템이 잘못됐다는 것을 인정하고, 재발 방지를 위해 어떻게 제도를 바꾸겠다는 얘기를 정부가 해주기를 바라는 게 그리 큰 욕심일까?

정부의 무책임한 대응에 분노하는 시간들이 계속 이어졌다. 2023년 7월 19일 집중호우로 인한 산사태 현장에서 구명조끼도 없이 실종자 수색에 투입됐다가 숨진 고 채수근 해병대원 사건도 상부의 책임을 은폐하려는 움직임이 노골적이고 조직적이었다. 국방부는 해병대 1사단장 등의 과실치사 혐의에 대해 지휘부 책임을 무마하려고 시도했다. 여기에 반발한 박정훈 해병대 수사단장은 항명과 상관 명예훼손으로 보직해임 되고 재판에 넘겨졌다.

해병대 최고위직들에게 책임이 있다는 것을 인정하는 것이 정부에 어떤 부담이 된다는 뜻일까? 대통령실까지 보고됐다가 뒤집힌 이 사건은 누구를 의식한 조치인가? 수사외압 의혹에 대통령까지 거론되면서 대통령실은 가짜뉴스라고 발끈하고 있다. 공방 속에 진짜 책임을 묻는 일은 길을 잃고 있다. 억울하게 숨진 장병의 죽음이 어떤 경위로 발생했는지 낱낱이 밝히고 책임을 묻겠다는 것이 과한 기대인가?

이게 처음이 아니란 것도 슬프다. 성추행 피해에 이어 2차 가해에 시달리다가 세상을 등진 공군의 고 이예람 중사. 2021년 공군은 책임을 회피하기 위해 피해자 사생활 문제로 몰아가려 했다는 사실이 재판 과정에서 드러났다. 진짜 파렴치했다. 당시 공보장교가 기자들을 상대로 조심스러운 척 부부 불화 관련 이야기를 '카더라' 마냥 전달한 내용이 고스란히 드러났다. 공군참모총장이 경질될 수 있다는 위기감에 분위기와 여론을 돌려보겠다며 그런 짓을 저질렀다.

책임지지 않는 사회는 영화와 드라마에서도 종종 목격하게 된다. 현실이 더 영화 같은데, 영화가 현실을 담는 건 당연하다. "학생이 일하다가 죽었는데 누구 하나 내 탓 하는 사람이 없어." 영화 〈다음 소희〉(정주리 감독, 2023)에서 소희의 죽음을 추적하던 오유진 경감(배두나)의 대사다.

학생이 현장실습이랍시고 고객 욕받이 하다가 스스로 목숨을 끊자, 모든 어른들은 저마다 책임을 회피하느라 난리다. 회사는 그가 가정형편도 안 좋고 정서적으로 문제가 많았다고 피해자를 비난한다. 회사 이미지 망쳤으니 우리가 피해자라며 학생을 보낸 학교를 욕한다. 실습 취업률도 성과지표인 학교에서 교사는 소희의 도움을 외면하고도 몰랐다고 발뺌한다. 피해자 성질머리 탓까지 한다. 실습을 감독할 교육청에서는 책임을 따지는 경찰에게 일개 장학사가 뭔 힘이 있냐며 적당히 하자고 한다. 경찰 상사는 노동청, 교육청이 할 근로기준법 위반 사건을 왜 경찰이 하냐고 나무란다. 명백한 부당 노동행위를 폭로한 내부고발자는 몹쓸 인간으로 몰아버린 뒤 추문으로 묻었다. 소희의 친구들은 저마다 자기 탓을 하며 괴로워하는데 실제 책임 있는 자들은 적반하장 화만 낸다.

이 영화를 보고 나서 너무 부끄럽고 참담해서 얼굴을 들 수가 없었다. 청년들 앞에서 떳떳하게 이 사회의 어른이라고 말하지 못하겠다. 영화의 오유진 경감처럼 그저 네 탓이 아니라고 학생들에게 말할 수 있어야 하지 않을까?

드라마 〈D.P.(시즌2)〉(한준희 감독, 2023)에서는 총기난사 사건을 놓고 군 조직 내부의 문제가 아니라 개인 일탈로 몰아가려는 군 당국이 나온다. 무도한 책임 회피 노력은 상황을 계속 악화시킨다. 드라마를 함께 보던 아들의 말에 내심 놀랐다. "우리 부대에도 자살한 병사가 있었어요. 군에서 이런저런 고생이 많았던 모양인데, 막상 일이 터지고 나니 여친과 문제가 있었다는 둥 우울증이라는 둥 뭔가 다른 이유를 갖다 붙이려고 난리였다고 했어요."

아들은 당시 사고 수습 과정에 참여한 이로부터 하소연을 들었던 모양이다. 군에서 목숨을 잃는 이들이 공식적으로만 한 해 150여 명에 달한다고 한다. 군은 그 많은 죽음에 대해 진상을 규명하고, 책임자에게 책임을 물었을까? 책임을 물어야 그 다음 사건사고의 가능성이 줄어드는 것 아닌가? 정부가 책임을 지지 않고 모두 개인 탓으로 떠넘기면 비슷한 사건이 반복될 수밖에 없다. 책임지는 정부를 갖고 싶다는 게 그렇게 큰 욕심일까?

"2014년 세월호 참사 당시 누구 책임인지 여러 가지 조사가 진행됐습니다. 사실 1993년 서해페리호 침몰사고로 292명이 희생된 뒤 여객선 안전관리업무가 강화되면서 해경이 이를 한국해운조합에 위탁했습니다. 그런데 해운조합은 여객선 사업자들인데 매의 눈으로 볼 수 있겠어요? 해경과 해운조합 책임 공방을 보는데, 문득 이게 다 해양수산부 책임이라는 생각이 들더군요. 여객선 산업을 활성화하지 못해 낡은 여객선들을 들여왔고, 노후 선박이 방치됐습니다. 우리가 근원적으로 잘했으면 이런 일이 생겼을까 싶더라고요. 공무원은 단순히 안전관리를 누가 하느냐를 보는 게 아니라 근본적 문제를 봐야 합니다. 책임지는 마음이 늘 있어야 해요."

해양수산부에서 일했던 전직 공무원 X의 말이다. 당시 이주영 해수부 장관은 몇 달간 수염과 머리를 깎지 않았다. 참사 당일 진도로 내려가 가족들로부터 멱살 잡히면서 "죄송합니다. 제가 죄인입니다"라고 사죄했고, 136일 동안 진도군청 빈 사무실에 간이침대를 놓고 지냈다. X는 "당시 이주영 장관에게 고마웠습니다. 공무원은 같이 아파하는 마음을 가져야 하고, 상처 주는 얘기는 하지 않아야 합니다"라고 했다.

국민을 보호하지 못했을 때 정부가 책임지는 방식은 사임이든 해임이든, 자기 목을 거는 일이다. 무엇이든 피해자 탓으로 떠넘기고, 다른 이유를 찾으며 책임을 회피하는 것이 어쩌면 더 자연스럽다. 일에 태만했고 방치한 경우도 있겠지만, 우연이 겹쳐 재난이 되는 경우도 있는데 책임을 떠안아야 한다면 피하고 싶을 수 있다. 프로젝트가 잘못되면 팀원들은 팀장 책임이라고 탓하고, 팀장은 팀원들을 원망하는 풍경 흔하게 보지 않았나? 하지만 공무원은 근본적 문제를 보고 책임을 더 넓게 져야 한다는 X의 소회는 정부의 존재 이유를 건드린다.

피해자를 기억해야 하는 이유

남들 다 관광명소 사진 찍는데 엉뚱한 데 꽂히는 사람들이 있다. 그런 게 통하면 반갑다. Y가 보여준 스코틀랜드 에든버러 사진 한 장을 보고 나는 흥분했다. 배경은 길이 2.5km의 포스 브리지^{Forth Bridge}. 1890년에 완공된 스코틀랜드의 상징이자 유네스코 세계유산이다. 지금도 관광명소이자 다리 역할에 충실하다. Y의 눈에 들어온 건 부근 붉은 기념비^{Forth Bridge workers memorials}였다. 한때 4,600여 명의 노동자가 공사에 참여했고 유지 보수도 간단치 않았던 이 다리에서 73명이 산재로 숨졌다. 스코틀랜드 정부는 그들의 노고를 기리며 기념비에 이름을 함께 새겼는데, 이 과정이 그렇게 간단하지 않았다. 1890년, 그리고 그 이후 긴 세월 희생된 이들을 기리고자 2005년에 위원회를 만들었고 2012년에 기념비를 공개했다. 알려진 것과 달리 '숨겨진 희생자'들을 찾는 작업은 2019년까지 이어졌다. 잊혀진 죽음을 찾아내는 데 100년이 더 걸린 셈이다.

스코틀랜드 에든버러의 포스 브리지. 다리가 놓인 한쪽 강변에 기념비를 세워 건설 도중 숨진 이들의 희생을 기억하도록 했다. Y 촬영 및 제공.

산재공화국 대한민국은 산재 희생자들을 기억하는 데 인색하다. 태안화력발전소의 고 김용균 씨, '구의역 김군' 외에도 한 해 800명이 넘는 이들이 산재로 희생되지만 이름 없이 묻힌다. 우리나라 도로, 다리, 지하철, 건물에 산재 희생자들을 추모하는 자리가 있는지 궁금했다. 1968년 완공된 경부고속도로 추풍령휴게소에는 순직자 위령탑이 있단다. 준공기념탑만큼 잘 안 보이고, 샛길 너머 어딘가 숨어있는 느낌이라지만, 하여간 있다. 공식적으로 77명, 실제로는 수백 명이 공사 중 사고로 숨졌다고 한다.

Y의 에든버러 사진에 얼마 전 다녀온 런던의 한 장소가 떠올랐다. 관광명소인 다우닝가 10번지 총리 관저 부근, 처칠 기념관War Rooms 바로 옆에 회색 구체가 있다. 자세히 들여다보니 2002년 인도네시아 발리 폭탄 테러로 희생된 202명, 그중에서도 23명의 영국인 희생자들을 추모하는 기념비였다. 그들의 이름이 새겨져 있다. 관광객의 눈에는 워낙 명당 자리인데다, 런던도 아닌 발리에서

발생한 재난사고의 희생자들을 이렇게 기억하는 게 낯설었다. 그런데 억울한 희생자들을 기억하고 아픔을 나누는 일, 그게 공동체의 역할 맞다.

발리 폭탄테러로 인한 영국인 희생자들을 추모하는 기념비. 영국 외교부 건물 앞에 있다.

발리 폭탄테러 기념관. 폭탄 테러 현장 건너편에 세워졌다.

정부가 없다

인도네시아 발리 테러 현장에도 기념비가 있다. 역시 난데없는 테러 공격으로 희생된 무고한 이들의 이름을 남겨놓았다.

Y는 런던 대화재 기념비[The Monument] 사진도 보여줬다. 1666년 대화재[The Great Fire]를 기억하는 곳이다. '대화재'라는 재난 이름도, '기념비'라고 직진하는 작명도 무겁게 다가온다. 당시 한 제과점의 오븐에서 시작된 화재로 세인트 폴 대성당을 비롯해 13,200채의 집이 불탔다. 공식 사망자는 6~8명에 불과했다는데, 5일간 이어진 화재로 일부 시신이 다 녹아내렸거나 극빈층들이 시민으로 등록되지 않은 탓이라는 해석이 나왔다. 지옥불처럼 여겨졌던 재난은 이후 도로를 넓히고, 목조 대신 석재로 집을 짓는 등 런던의 발전 계기가 됐다. 그리고 재건의 일환으로 영원히 기억할 기념비를 세웠다. 불이 시작된 부근이란다. 세인트 폴 대성당을 재건축한 크리스토퍼 렌 경이 이 기념비 건축도 맡았다. 도시가, 공동체가 앞으로 더 나아가려면, 그 재난을 지우고 묻어버릴 게 아니라 기억해야 한다.

그런데 우리는 어떨까? 우리는 삼풍백화점 붕괴 참사로 희생된 502명을 따로 기억하기 어렵다. 고급 주상복합 아파트가 들어선 그 자리

런던 대화재 기념비. Y 촬영 및 제공.

에는 작은 비석조차 허락되지 않았다. 그 땅을 팔아 보상금을 마련해야 했던 서울시나, 인근 주민들이나 추모 조형물을 혐오시설 취급했다. 밀려난 위령탑은 결국 지하철로 3개 역 떨어진 양재 시민의숲에 뜬금없이 세워졌다. 성수대교 붕괴 희생자들을 위한 위령비는 한강 둔치에 있다. 강변북로 부근에서 지나가다 봤지만, 진입이 까다롭다. '헛, 여기 있었네' 하면서 스쳐 지나가곤 했다. 도보나 대중교통 접근은 안 된단다. 서울숲 부근인데 그쪽엔 표지판도 없다. 전북 이리시가 익산군과 통합한 뒤 익산시로 이름을 바꾼 것은 1977년 이리역 폭발사고 이미지를 지우려 했다는 얘기도 있던데, 우리는 확실히 기억하는 데 주저하는 사회였나 보다.

미국의 9·11 테러 희생자를 추모하는 공간 '그라운드 제로'는 많은 이들이 찾는 곳이다. 세계무역센터 쌍둥이 빌딩이 있던 그곳에 기념공간을 조성했다. 희생자들의 이름 패널을 방문자들이 만져볼 수 있도록 해서 추모의 마음을 더 고양한다. 9·11 메모리얼 박물관은 별도로 마련되었다. 무너진 건물의 잔해가 보존되어 있고, 사람들을 구조한 소방관들의 이름도 함께 기록되어 있다. 부서진 소방차 등 당시의 처참함을 보여주는 잔해도 그대로다. 기억하고 추모하는 것, 그리고 다시는 비극이 되풀이되지 않도록 생각하고 마음을 모으는 것, 그런 과정을 거쳐 우리는 상처를 달래고 공동체에 대한 신뢰를 조금 더 쌓을 수 있다. 고통스러운 참사, 혹은 사고의 아픔을 기억하는 사회, 그런 정부를 갖고 싶다는 바람이 그리 큰 욕심일까?

정부가 없다

국익만 따지는 정부는 위험하다

넷플릭스 드라마 〈외교관〉(데보라 칸 연출, 2023)은 국익을 둘러싼 물밑 전쟁을 소재로 한다. 영국 항공모함이 페르시아만에서 공격 당해 군인들이 희생됐으나 누구 소행인지 불확실한 상태. 중동에서 활약하던 미국의 직업 외교관 케이트가 급작스럽게 주영 미국대사로 임명되면서 이른바 외교관들의 물밑전쟁이 본격 펼쳐진다. 영국과 미국은 오랜 동맹국이지만 속셈은 제각각이다. 영국은 참사의 배후를 이란으로 지목하며 미국의 군사적 지원을 바라고, 미국은 끌려 들어가지 않으려고 조심스럽다. 와중에 미국 대통령과 영국 총리는 마치 도널드 트럼프 전 대통령과 보리스 존슨 전 총리를 보듯 막무가내 인사들이다. 거짓과 기만, 권모술수가 난무하는 외교전에서 강직하고 솔직한 주인공이 드라마를 이끌어간다.

정치적 이득을 먼저 따지는 등장인물들에게 국익은 명분이다. 국익이란 무엇인가? 영원한 동맹도 없고, 국익을 따지는 데 진실은 중요하지 않다. 픽션인 드라마이지만 각국 정부의 셈법은 제각각이고 틈만 나면 뒤통수칠 궁리라는 건 현실적이지 않은가?

미국은 외국인들을 영장 없이 도청, 감청할 수 있다. 테러를 막고 중국, 러시아 견제를 위해 필요하다는 이유로 2008년 해외정보감시법 702조를 통해 명시했다. 이 조항은 2024년 초 효력이 끝나는데 연장 여부를 놓고 미국 정부와 의회가 충돌하고 있다. 외국인 감시를 핑계로 미국인들의 자유까지 침해하고 사찰하는 우려가 있기 때문이다. 미국은 2013년 정보당국 직원이던 에드워드 스노든이 미국 정부의 광범위한 글로벌 도·감청 사실을 폭로한 뒤 주요국에 사과했지만 도청은 이후에도 종종 문제가 됐다. 미국 정보기관이 우리나라 국가안보실 고위 관계자들의 대화를 감청한 것으로 보이는 기밀문건도 2023년 4월 유출됐다.

당시 기자들의 질문을 받은 대통령실 관계자의 답변이 매우 인상적이다. 그는 "언론의 자유가 늘 국익과 일치하지 않지만, 국익에 부딪치면 언론은 자국 국익을 먼저 생각하는 게 옳은 길이 아닌가 생각한다"고 밝혔다. 김태효 국가안보실 1차장은 "미국이 어떤 악의를 가지고 했다는 정황은 발견되지 않고 있다"고 했다.

미국이 국익을 위해 외국 정부 도·감청에 진심인 것도, 자국민들까지 마구 사찰하는 것도 각각 따져볼 문제이지만, 대통령실의 해명은 다소 신박하다. 우리 정부가 도청당한 피해자인데 이 같은 사실을 취재하고 보도하는 것이 국익에 맞지 않는다고? 게다가 악의가 없었다는 말은 도청을 당한 한국이 아니라 미국이 해야 하는 변명 아닌가? 대체 우리의 국익인지 남의 나라 국익인지 뭔가 이 상하지 않은가?

이 정부가 국익을 앞세워 언론 자유를 억압한 사례가 처음은 아니다. "국회에서 이 XX들이 승인 안 해주면 바이든이 쪽팔려서 어떡하나", 2022년 9월 윤석열 대통령의 비속어 논란이 불거진 뒤 김은혜 홍보수석은 "대통령의 외교 활동을 왜곡하고 거짓으로 동맹을 이간하는 것이야말로 국익 자해 행위"라고 비난했다. 국익이 걸려 있으면 말실수든 막말이든 다 감싸고 덮어줘야 한다는 이야기다.

진실보다 국익이 우선이라는 사고방식은 사실 정부뿐 아니라 대중들도 곧잘 빠져드는 함정이다. 과거 황우석 교수 사태 당시, 문제를 처음 보도한 MBC는 '국익에 저해되는 보도를 했다'며 국민적 분노를 샀다. '국가적 인재'인 황 교수를 지키고 비호하는 것이 국익인 것으로 여겨졌다. 대체 누구를 위한 국익이며, 누가 누구와 싸우는 것인가?

정부가 국익을 어떻게 바라보는지 여부는 몹시 중요하다. 국익이란 개념이 이처럼 엉터리로 쓰여도 문제고, 때로 위험한 개념이기 때문이다. 국익을 다른 무엇보다 중시하는 경향은 자칫 극단적 내셔널리즘으로 빠져든다. 국수주의다. 또 개인의 인권, 생명의 가치보다 국가가 우월하다는 생각은 파시즘으로 흘러간다. 일본의 군국주의, 독일 나치즘이 그랬다. 주변 국가를 짓밟고 무고한 이들을 학살하는 명분은 국익이었다. 민족이나 종교, 국가 같은 집단

정체성을 앞세우는 선동은 대개 폭력적인 집단 박해, 지하드, 세계대전으로 이어졌다. 불온한 이데올로기 옆에서 국익은 언제든 동원될 수 있다.

우리의 국익은 무엇인가? 드라마 주인공인 '외교관'조차 만국의 평화가 국익의 궁극적 목표다. 나는 한반도 평화보다 더 우선하는 국익이 있는지 모르겠다. 동맹과 더 친밀하게 지내고, 협력을 얻어내는 것도 그 국익을 위한 과정들이다. 평화를 국익의 목표로 보지 않을 경우, 국익은 본질적으로 전시상황의 프레임이다. 미국이 첩보전으로 다른 나라를 도청하는 것은 언제든 상대의 뒤통수를 치기 위한 준비에 가깝다. 국익이라는 이름으로 합리화하고 있지만 저런 첩보는 동맹이든 적이든 가리지 않고 언제든 싸울 태세에 필요하다. 동시에 자국민까지 도청하면서 개인의 기본권을 침해하는 것도 국익 프레임에 적당히 묻어가는 국가주의다.

국익을 최우선으로 하는 실용주의자였다는 평가가 남는 역대 대통령들이 있다. 이념과 가치 대신 실용이라는 점에 주목한다. 그 과정 자체가 한반도 평화와 번영을 위한 줄타기였다. 국익을 앞세워 개인의 권리와 이익을 침해해도 된다는 것은 민주주의가 아니다. 우리 헌법 정신에도 맞지 않는다. 정부가 국익을 이야기할 때는 가려 들어야 한다. 집권 정부의 이익인가, 평화를 위한 국가적 이익인가, 언론 자유를 비롯해 개인의 권리를 침해하며 국가를 앞세우는가.

정부는 쾌속정이 아니라 원양 정기선

역시 넷플릭스 드라마를 또 꺼내
본다. 〈애덤 코노버: 정부가 왜 이래 The G Word with Adam Conover 〉(존 울프
연출, 2022)는 코미디언 애덤 코노버가 정부 시스템을 들여다보는
다큐멘터리다. 정부의 역할에 대해 묻고 다닐 무렵 주변에서 추천
해줬는데, 거의 모든 장면에서 감탄을 거듭했다. '이것이야말로 내
가 하고 싶었던 질문과 답이로구나!' '정부란 무엇인지 이렇게 쉽
고 재미있게 풀어냈어야 하는 거구나!'

알고 보니 원작자가 마이클 루이스 Michael Lewis 다. 믿고 보는 미
국의 논픽션 작가, 영화로도 만들어진 《빅 숏 The Big Short 》, 《머니볼
Moneyball 》을 쓴 그 작가다. 게다가 제작자는 오바마 전 대통령 부부
다. 오바마 전 대통령은 심지어 출연도 해서 중간중간 자연스러운
연기를 선보인다.

원래 정부는 국민을 지킨다. 쥐의 사체가 함께 썩어가는 고기
로 소시지를 만들던 이들을 규제로 막은 건 100년 전 미국 정부

다. 불결하고 부패한 도축장을 그린 업튼 싱클레어 Upton Sinclair 의 소설 《정글 The Jungle》 출간 이후 도축 관련 위생규제가 강화됐다. 도축 시설에 농무부 직원들이 파견되어 검수한다. 100년 전 대공황 무렵 미국인 4명 중 1명이 농부이던 시절에는 그들이 망하지 않게 보조금으로 직접 지원했다. 은행이 파산할 때 연방예금보험공사라는 기구를 통해 저축한 이들을 지키는 것도, 허리케인 기상 정보를 예보해 해당 지역 주민들이 대비할 수 있도록 지키는 것도 정부의 일이다. 인터넷을 발명한 미국 국방고등연구사업국 DARPA Defense Advanced Research Project Agency 는 수십 년에 걸쳐 애플 시리 siri 의 원형 기술, GPS 등 '실리콘밸리 하루살이들'이 못하는 기술을 개발했다.

그러나 정부는 종종 로비에 밀려 국민 보호를 뒷전으로 미룬다. 1992년 미국 정부는 특정 업계 편을 들어주면서 식품영양 기준을 변경, 신선한 과일과 채소 권장량은 절반으로 줄이고, 곡물은 2배로 늘렸다. 2019년에는 돼지고기 검사관을 40%까지 감축하도록 했다. 정부 농업 보조금은 오늘날 농부 인구 비중이 1%인 상황에도 유지되는데 그나마 보조금 절반이 농업 대기업들 몫이다. 국민 세금으로 구축한 기상정보를 민간 기업이 유료화해서 정부를 밀어내는 과정도 적나라하다. 정부가 무료로 제공하던 허리케인 대비 필수정보를 돈 낸 사람들에게만 제공하는 것이 기업의 비즈니스가 되어 혁신으로 둔갑했다.

DARPA의 발명품 중에 그 유명한 '에이전트 오렌지'가 있다는 걸 최근에 알게 되었다. 예쁜 이름과 달리 베트남전에서 사용되어 40만 명의 사망자와 수십만 명의 기형아를 남긴 악마의 고엽제. 미국의 국익을 위해 사용했겠지만 미국 병사들뿐만 아니라 동맹인 한국 군인들까지 백혈병 등 고엽제 후유증이 지독했다. 정부가 하는 일이 때로 이렇게 무섭다.

드론 출격은 지난 20년간 50대에서 1만 대 넘게 늘었고, 전쟁 중이 아닌 국가에서도 드론 공습을 가해 2010~2020년 2,200명의 민간인이 사망했다. 오바마 정부 때부터 크게 늘었는데, 오바마 제작 다큐에서 이 부분을 놓치지 않는 것도 인상적이다.

이 다큐는 2022년에 나왔다. 코로나로부터 국민을 지키지 못한 원인이 무엇인지 따져 묻는 것도 당연하다. 대통령은 관현악단을 지휘하는 사람이다. 그런데 지휘봉을 잡자마자 말한다. 악기가 이렇게 많아? 다 필요해요? 도널드 트럼프 전 대통령은 정부 부처와 인력을 줄이겠다고 선거운동을 했다. 전염병 위협에 대응하는 국토안보부 자문위원도 자르고, 전염병 초기 경보도 없앴다. 2020년 고위공직자 80%가 정부를 떠났다. 연주자를 충분히 고용하지도 않았고, 지휘자가 음악에 관심도 없으니 남는 건 불협화음뿐이다.

미국이 코로나 대응에 실패한 것도, 정부가 일을 못 한 것도 이같은 맥락에서 자유롭지 못하다. 확진자 동선을 추적하고, 전국적으로 검사를 진행하는 기본도 지키지 않았다. 게다가 공중보건 필수인력이 턱없이 부족했는데 오히려 줄였다. 30만 명이 부족한 와중에 5만 6,000명이 2008년 이후 감축됐다. 자격을 갖춘 유능한 공무원들이 시의적절하게 일하도록 지휘했어야 하는 대통령은 코로나 앞에서 가짜뉴스를 퍼뜨리고 허풍만 떨었다.

'작은 정부'의 원조는 로널드 레이건 전 대통령이다. "여러분을 도우려고 정부에서 나왔다"는 정부 개입이 가장 무시무시하다고 선전했다. 정부 도움은 번거롭고 귀찮고 나쁜 것이라 했다. 주택개발부 70%를 축소하고, 담보대출 규제는 없애면서 자유시장이 주택 대란을 막아줄 것이라고 했다. 자유시장이 정부보다 낫다고 했다. 기업들도 정부가 무능하다는 말을 퍼뜨리는 데 기여했다. 이처럼 정부와 민간이 '반정부 신념'을 퍼뜨리자 자연스럽게 정부는 약해졌고, 효율성은 떨어졌고, 필요한 일은 하지 않게 됐다.

실종자가 1만 명이라는 얘기도 있지만 공식 사망자 1,392명을 기록한 2005년 허리케인 카트리나 재해 역시 정부가 피해를 줄일 수 있었으나 무기력했던 참사다. 1년 전인 2004년 연방재난관리청FEMA은 시뮬레이션 실험을 거쳐 재해 대응 설비 부족을 지적했다. 당시 이라크에서 대량살상무기를 찾는 전쟁에 집중하는 덕에 '가상의' 허리케인에 투자할 자금과 인력이 부족했다고 애덤 코노버는 전한다. 150만 명의 이재민이 발생하고, 파괴된 주택이 30만 채가 넘었으며 경제적 손실이 1,250억 달러로 추산된 카트리나 사태에서 대응은 총체적 부실이었다. 9·11 이후 FEMA 조직과 권한이 축소된데다 연방정부와 지방정부 간에 협력체계가 무너지면서 피해를 키운 사례다. 수많은 사람들이 제때 구조되지 못했고, 피난처는 수용능력을 초과해 제구실을 못 했다. 특히 사회경제적 자원이 부족한 흑인과 빈곤층에 피해가 집중됐다. 피해가 막심했던 뉴올리언스 지역의 경우, 빈곤율은 28%로 미국 전체 평균인 12%에 비해 두 배 이상 높았다. 흑인 비율은 68%로 미국 평균 13%에 비해 매우 높았다.

정부가 무슨 일을 하는지 국민들이 신경 쓰고 관심을 기울이지 않으면 국민은 보호받지 못한다. 대공황 시절 은행 파산 때 소비자를 구제하던 미국 정부는 2008년 소비자 대신 월스트리트의 대형 은행만 구제했다. 중요한 순간에 우리를 도울 수 있는 정부가 필요하다. 정부에 관해 알게 될수록, 더 나은 정부를 만들고 싶어진다.

애덤 코노버는 연방정부 외에 주 정부, 시 정부로 눈을 돌린다. 일상의 모든 순간을 어마어마하게 좌우하는 것이 정부인데 지방자치단체 정부의 힘이 만만치 않다. 우리로 치면 시나 구청이 생각보다 막강한 권한을 갖고 있는데 아무도 관심을 갖지 않으니 무소불위 치외법권이 되어버렸다고 할까? 애덤의 말마따나 레드삭스 야구선수는 알지만 그 존재도 모르는 지역 공직자들이 많은 문제의 원인이자 잠재적 해결사다.

미국의 인구는 전 세계 인구에서 4%를 차지하는데 전 세계 재소자 중 20%가 미국인이란다. 과하게 감옥에 갔다는 얘기다. 누구를 어떤 혐의로 기소할지 결정하는 이는 미국의 지방검사다. 그들은 당선 혹은 재선을 위해 성과가 눈에 보이는 엄벌주의로 쏠렸다. 미국인들은 그런 검사를 뽑았고, 사실 제대로 투표도 하지 않는단다. 트럼프가 승리한 2016년 대선 이후 민주당의 진보 정치인 버니 샌더스 캠프 출신 몇 명이 지역으로 갔다. 이들 중 '리클레임 필라델피아'라는 운동을 통해 지역정치에 나선 이들이 있다. 마약과의 전쟁에서 지나친 경찰활동을 줄여달라고 요구했고, 돈만 있으면 풀려나는 보석 제도도 규제해달라고 했다. 이 일을 하던 소프트웨어 개발자와 언론인이 끝내 정치인이 됐다.

실상 미국의 제도가 망가진 게 아니다. 현 제도를, 그것을 악용하는 이들을 밀어내고 국민을 위해 일하는 사람들이 들어가면 달라진다. 정부는 쾌속정이 아니라 원양 정기선 같다고 애덤은 말한다. 어느 쪽이든 방향을 바꿀 때 시간이 걸린다. 세상이 나아지지 않는다고 조급한 마음에 냉소주의에 빠지는 대신 더 책임감 있는 사람을 뽑으라는 얘기에 도달하는 순간, '아, 이 다큐 제작자가 오바마 전 대통령이었지' 실감난다.

기업 로비에 밀려 국민 보호를 뒷전으로 미루는 정부, 예산을 아낀답시고 정부의 필수적 역할을 축소하는 정부도 모두 국민들이 투표로 선택했다. 정부가 바뀌면 일상의 먹고 사는 문제부터 시시콜콜하고 소소한 일들까지 많은 것이 달라진다. 정치인들에게 분노하고 냉소하며 끝내 외면하는 것은 국민을 무서워하지 않는 정부가 더 무능해지도록 방치하는 길이다. 정부가 일을 제대로 하도록 만드는 것도 결국 국민의 손에 달려있다는 얘기다.

적극적 공공정책이 실패하지 않으려면

"깊은 균열이 우리 사회를 지탱하는 피륙을 갈가리 찢어놓고 있다. 그러한 균열이 사람들에게 새로운 불안을 그리고 새로운 분노를, 또한 우리의 정치에는 새로운 열정을 불러일으키고 있다… 이데올로기의 옹호자와 대중 영합주의자는 모두 새로운 균열이 초래하는 불안과 분노를 능숙하게 활용하지만, 그에 대처할 능력은 없다. 이러한 균열은 과거사의 반복이 아니라, 새로 나타난 복잡한 현상이기 때문이다. 반면에 이러한 정치인들에게는 열정적인 약장수의 '치유책'을 행동에 옮기면서 어마어마한 피해를 유발하는 능력이 있다."

한때 영국의 경제학자 폴 콜리어 Paul Collier 의 《자본주의의 미래 The Future of Capitalism 》에 열광하며 올해의 책이라는 둥 떠들고 다녔다. 사회가 깊은 균열로 갈갈이 찢기고 있는데 좌우 기득권자들은 불안과 분노를 이용할 뿐, 제대로 문제를 마주하고 해결하지 않아 피해를 방치하고 있다는 콜리어의 지적에 공감하지 않을 수 없었다.

불평등과 양극화가 심화되는 가운데 노동계급이 아니라 저학력자들과 지방으로 소외된 이들이 혁명적 세력으로 등장하기 시작했다. 그들은 고학력자들이 사회적·문화적으로 그들을 멀리한다는 것을 알고 있다. 더 우대받는 집단이 자신들의 몫과 혜택을 가로채고 있다고 믿는다. 이것이 꼭 도널드 트럼프나 영국의 보리스 존슨을 리더로 뽑은 나라만의 문제는 아닐 것이다. 그 어느 때보다 갈라진 세상. 폴 콜리어는 분열 대신 통합을 말하는 이는 있어도 움직임을 보이지 않는 이유는 이데올로기의 옹호자, 대중 영합주의자 모두 무능하기 때문이라고 일갈한다. 우리에게는 적극적 공공정책이 필요하지만 좌파든 우파든 사회적 가부장주의는 실패를 되풀이했다는 것이 그의 문제의식이다.

좌파는 국가를 잘 안다고 간주했지만, 불행히도 그러지 못했다. 우파는 정부 규제의 사슬을 끊으면 이기심의 능력이 해방되어 모든 사람이 풍요로워질 것이라고 굳게 믿었지만 시장의 마법을 터무니없이 과장했고, 덩달아 윤리적 제약의 필요성도 무시했다. 그는 사회적 신뢰가 무너진 자본주의를 고쳐 쓰려면 이데올로기보다 실용성에 집중해야 한다고 주장한다. 자본주의는 번영을 달성해야 할 뿐 아니라 윤리적이어야 한다고 역설하는 그는 가부장적인 국가 대신 '사회적 모성주의social maternalism'로 눈을 돌린다. 우리에게는 능동적인 국가가 필요하지만, 좀더 겸손한 역할을 수긍하는 국가가 필요하다. 우리에게는 시장이 필요하지만, 윤리에 단단히 뿌리박은 목적의식으로 통제되는 시장이 필요하다.

폴 콜리어가 제안하는 사회적 모성주의에서 국가는 경제와 사회 영역에서 능동적으로 행동하지만, 노골적으로 자신의 권한을 휘두르지는 않는다. 국가의 과세정책은 수취할 명분이 없는 이득을 힘센 자들이 가져가지 못하도록 제한해야 하겠지만, 신나게 부자들의 소득을 빼앗아서 가난한 사람에게 넘기지는 않을 것이다. 국가의 규제정책은 '창조적 파괴'로 인해 피해를 보는 사람들이 보상받을 길을 열어주되, 자본주의가 본연의 놀라운 역동성을 발휘하는 창조적 파괴의 과정 자체를 방해하지는 않을 것이다. 여기서 '타다금지법'의 경우를 생각해보자. 폴 콜리어의 주장과 정반대로 피해 받는 이들의 보상을 마련하지도 못했고, 창조적 파괴의 과정 자체를 방해한 사례다. 사회적 가부장주의에서는 엇나가는 가정들을 국가가 감시하고 규율하지만, 사회적 모성주의에서는 국가가 실용적인 지원을 통해서 그러한 가정이 겪는 충격을 덜어준다. 후자가 우리가 만들어가야 할 정부의 방향 아닐까?

코로나19의 유행이라는 전지구적 재난을 맞아 우리는 약자를 보호하고 공동체가 위기를 이겨내도록 이끄는 정부의 역할을 다시 생각하게 됐다. 신자유주의자들의 '작은 정부론' 대신 각국마다 '큰 정부' 얘기가 등장했다. 요람에서 무덤까지, 정부가 국민을 보호해야 한다는 믿음에 더해 국민도 공동체 일원의 책무를 다해야 한다는 깨달음을 얻었다. 공동체가 위기를 함께 이겨낼 수 있도록,

개인이 빡빡하고 엄격했던 코로나 책무를 감수한 우리나라는 피해가, 희생자가 가장 적었다. 다만 우리 정부는 방역에 성공했어도 피해자를 보호하는 데는 소극적이었다.

코로나19가 시작된 2020년부터 2021년 상반기까지 한국의 코로나 추가 재정 대응 규모는 국내총생산GDP 대비 4.5%에 불과했다. 같은 기간 미국이 GDP 대비 25.4%, 싱가포르와 호주가 각각 18.4%, 일본 16.5%, 독일 13.6%를 각각 국민을 보호하는 데 썼다. 이데올로기보다 실용주의가 필요한 시대임에도 불구하고, 재정을 추가로 얼마나 투입하느냐를 놓고 국내 정치적 공방이 유달리 더 거칠었던 탓일까? 각국이 전쟁 시기에 버금갈 만큼 막대한 재정을 쏟아붓던 무렵, 우리만 주저한 이유는 무엇일까?

OECD와 IMF는 한국의 재정수지 적자가 주요 선진국 중에 압도적으로 낮은 수준인 만큼 추가로 재정을 더 투입하라고 권고했으나 우리 정부는 가급적 재정을 덜 쓰며 버텼다. 그래 놓고도 당시 정부가 재정을 방만하게 운영해 곳간을 거덜냈다는 식의 공격이 현 정부에서 이어지는 상황을 보면 정부가 국민을 보호하는 데 주저한 이유가 정치에 있다는 생각을 거둘 수 없다. 국가와 사회가 어떤 방식으로 적극적 공공정책을 통해 국민을 보호해야 하는지, 아직 사회적 논의가 턱없이 부족한 탓일 수도 있다. 정부의 존재 이유, 그 의미에 대해 조금 더 진지하고 생산적인 논의가 필요하다.

안전하고 안녕한 감각을 위해 필요한 일들

불평등을 비롯해 다양한 고통을 개인 탓으로 돌리는 경우가 있다. 능력주의가 과도하게 받아들여져서 그렇다. 출발선이 다른 현실을 고려하지 않고, 개인이 노력을 덜 했으니 힘든 것이 당연하다는 식이다. 경쟁에서 밀려나는 것도 모두 개인 탓이고 그 대가를 감수해야 한다. 그렇게 매몰찬 사회가 가져오는 폐해는 끔찍하다. 통계청이 발표한 '2021년 사망원인통계'를 보면, 한국 자살자는 총 1만 3,352명으로 10대부터 30대까지 사망원인 1위가 자살이다. 10만 명당 자살한 이가 23.6명으로 OECD 회원국 중에 가장 많다. 한국은 자살률에서 OECD 국가 중 독보적 1위를 10년 넘게 유지하고 있다.

90년대 이후 주요국 중 10만 명당 30명대를 기록해본 나라도, 2012년 이후 20명 이상을 유지하는 나라도 한국이 유일하다. 이 정도면 우리나라는 전시 상황과 다름없다. 생존을 위해 서로 보듬고 위로할 겨를도 없는 사회다. 다양한 현안이 해결되기보다 갈등이 증폭되는 국면을 맞이하고 있고, 사회적 대립은 시간이 갈수록 더 심각해지고 있다.

이런 이유로 사회적 모성주의는 사회적 약자에 대한 돌봄과 배려 수준을 넘어서야 한다. 경쟁보다 상생을 통해 서로를 보듬고 포용하는 사회까지 목표로 해야 한다. 우리 사회가 워낙 힘들고 고단하다면, 아픔을 인정하고 공감하는 노력이 각별히 더 필요하다. 이것은 정부가 혼자 다 해결할 수 있는 일은 아니다. 《다정한 조직이 살아남는다》라는 책은 사람들이 안전하게 보호받고 있다는 느낌을 갖도록 하는 기업 사례를 다루고 있다.

2020년 미국 미니애폴리스 경찰 데릭 쇼빈은 용의자 조지 플로이드를 체포하는 과정에서 7분 46초 동안 무릎으로 목을 눌러 그를 살해했다. 경찰의 과잉 진압과 인종차별에 대한 분노가 미국 전역으로 퍼져나갔다. 특히 흑인들은 충격과 분노로 인해 일이 손에 잡히지 않는다며 괴로움을 호소하는 사람들이 많았다. 이런 괴로움은 개인의 문제가 아니었다. 미국 정부와 사회적 대응 외에 기업도 이런 문제를 간과하지 않았다.

메신저 및 프로젝트 협업 툴을 만드는 회사 슬랙Slack 의 CEO 스튜어트 버터필드Stewart Butterfield는 당시 흑인과 유색인종 직원을 대상으로 사내 성명을 내고 공감과 애도를 표현하며 심리상담 기회와 '감정 휴가'라는 유급 휴가를 제공했다. 팀장은 팀원들에게 '감정 휴가'를 쓰라고 권고할 수 있었고, 누구든 감정적으로 취약해 제대로 업무를 하지 못한다는 낙인을 우려하지 않아도 괜찮았다.

정부가 없다

그는 여기에 머물지 않고 인종 평등 문제에 회사가 무엇을 더 개선할 수 있을지 직원들에게 계속 의견을 올려달라고 했다. 소통이었다. CEO가 이렇게 앞장서면 직원들은 온전하게 감정을 느낄 수 있는 안전지대를 실감하게 된다.

로라 모건 로버츠Laura Morgan Roberts 버지니아대 경영대학원 교수는 이 책의 저자인 조직 심리학자 엘라 F 워싱턴Ella F. Washington과 함께 '미국 기업은 인종차별에 맞서 의미 있는 조치를 취해야 한다'는 〈하버드 비즈니스 리뷰〉 기고를 통해 기업이 사회 문제를 외면하지 않는 것이 조직에 이롭다고 주장했다.* 기업 구성원들의 조직적 역량을 키우고, 기업이 다양성, 형평성, 포용성을 확대하는 방향을 모색해왔다면 이제는 기업이라는 울타리 바깥일도 외면할 수 없다는 것이 이들의 판단이다. 이를 위해 기업이 저지르지 말아야 할 세 가지 실수가 있다.

첫 번째는 기업과 그 조직이 사회적 현안에 대해 침묵하는 것이다. 예컨대 어떤 백인들은 편견과 오해를 피해 아예 인종 이야기를 하지 않고 '전략적 색맹'을 택하는 편인데, 불의의 상황에 중립을 표방하는 것은 가해자 편을 든 것과 마찬가지다. 사회개혁가 마틴 루터 킹 목사는 "결국에 가서는, 적들의 말이 아니라 친구들의 침묵을 기억하게 될 것"이라고 말했다. 우리 사회에 적용해본다면, 10·29 참사 등 사회적 문제에 대해 침묵하는 대신 함께

---

* U.S. Businesses Must Take Meaningful Action Against Racism.
Laura Morgan Roberts and Ella F. Washington. Harvard Business Review(2020.6.1)

애도하는 데 부담 갖지 않도록 기업도 조직을 챙겨야 한다는 얘기다.

두 번째 실수는 지나치게 방어적인 태도다. 참사에 대해 연민과 공감을 드러내기보다, 피해자에게 문제가 있었을 것이라는 식으로 그 증거를 찾기 위해 애쓰는 사람들을 막아야 한다. 기업의 리더는 이런 분위기가 조성되지 않도록 신경 쓸 책무가 있다.

세 번째 실수는 과도한 일반화다. 사건이 발생했을 때, 다들 비슷하게 생각하려니 단정하지 말고 구성원 개인의 개별성을 존중해 다양한 관점을 들어보려는 자세가 필요하다. 이것이 기업이 해야 할 일이라는 주장이 혹시 낯설게 받아들여질 수 있다. 이렇게까지 해야 하는 것인지 놀라웠지만, 경영대학원의 전문가들이 기업의 미래에 도움되는 방향에서 모색했다는 점을 잊지 말자. 실제 사례들이 적지 않다. 전자제품 유통업체 베스트바이 CEO 코리 베리는 조지 플로이드 사건 이후 경영진과 공동 성명서를 내고 문제 인식을 공유했다. 거리에 쓰러진 이가 베스트바이 동료 혹은 그 친구 중의 한 사람일 수도 있다는 점을 분명하게 직시하고 공감에 집중했다.

사회적 재난과 참사 피해자가 구성원으로 있을 때, 혹은 그렇지 않아도 사회적으로 충격이 클 때, 기업과 조직이 직접 나서서 애도와 공감을 전하는 모습은 그리 낯선 것이 아니다. 보통 재난 앞에 기업들은 발 빠르게 기부하고 목소리를 낸다. 마찬가지로 인종 차별 등 사회 구조적 현안이라도 기업이 나설 수 있어야 한다는 것은 한끝 차이지만 큰 변화다. 리더는 구성원들의 신체적 정신적 안전에만 신경 쓰는 수준을 넘어서야 한다는 주장도 인상적이다. 그들은 변화를 주도할 수 있는 힘과 플랫폼을 갖고 있기 때문에 리더 그룹 모두 더 적극적으로 공감하고 정의로운 조치들을 취해야 한다는 주장인데, 구체적 실천요령도 내놓는다. 동료나 친구, 혹은 사회 구성원의 피해를 인정하는 것이 첫걸음이다. JP모건 같은 투자은행의 CEO부터 조지타운 대학 총장까지 다들 인종차별의 피해를 인정하는 메시지를 내놓았다. 피해 사실을 인정하는 데 이른바 사회 지도층 인사들이 구체적으로 말을 보태는 것은 힘이 있다.

그다음은 사람들이 안심할 수 있도록 확인해주는 일이다. 다들 자신의 안전과 인격에 대한 권리를 확인하고 보호받는다는 느낌을 주는 리더를 찾는다. 그것이 대통령이나 지자체장일 수도 있지만 기업이나 대학, 비영리단체 리더도 그 역할을 할 수 있다. "오늘 어때요?"라는 질문은 뻔한 대답을 유도하지만, "도울 수 있는 일을 지금 이야기하지 않더라도 괜찮다, 다만 문이 열려 있고, 관심을 갖고 있다는 것은 알아달라"는 식으로 리더가 접근하면 신뢰를 쌓는 데 도움이 된다고 한다. 너무 모범적인 이야기처럼 들릴지도 모르지만, 이게 실제 각 조직에서 실행되는 사회를 원한다.

대체 왜 기업들이 저런 일들에 앞장서는 것일까? 사람을 자원으로 보던 'HR human resources'의 시대에서 이제는 인적 자본,

HC ^{human capital}의 시대로 움직인다는 글을 만났다.* 직원에게 주인의식을 요구하지만 실제로는 소모품, 하나의 자원으로 여겨왔던 과거와 달리 최근 몇 년 사이 ESG 경영 트렌드는 주주자본주의에서 이해관계자 자본주의로 넘어가면서 직원이 '중요한 이해관계자'로 등장했다. 그동안 주주 이익만 최우선으로 봤다면, 이제는 △직원에게 투자하고 △직원에게 공정한 보상과 혜택을 제공하고 △직원을 존엄한 존재로 인정하고 존중하고 △다양하고 평등하며 포용적인 직장을 만들고 △직원의 의견을 경영에 반영하는 것이 중요한 일로 떠올랐다. 1950년대 미국의 노동경제학자들이 쓰던 단어 '인적 자본'이 ESG 시대에 부활한 셈이다.

사회와 마찬가지로 직장 역시 유토피아가 아니다. 하지만 어디에서든 인간이 본연의 자기 모습으로 영혼을 지키고 살 권리가 있다. 언제든 일어날 수 있는 재난과 참사에서 서로를 끌어안는 온기가 없다면 공동체가 어떻게 지속가능할 수 있을까? 기업들도 하는 일을 정부는 다르게 더 잘할 수 있지 않나? 무엇보다 기업이 다양한 포용적 정책을 확대하도록 독려하는 것도 한국 정부가 가장 잘하는 일이다. 기업이 노동자를 존중하도록 규제하는 것도 정부가 잘할 수 있는 일인데 하지 않는다고? 정부가 좀 더 잘하도록, 유능해지도록 하려면 어떤 채찍과 당근이 필요할까?

* HR의 시대에서 HC의 시대로, 커리어리, 윤성원(2022.12.9). https://careerly.co.kr/comments/73309

정부가 없다

유능한 정부를 갖는 길

"나쁜 정부와 무능한 정부는 달라요. 우리가 지금 보고 있는 것은 나쁜 정부입니다. 이전 정부는 나쁜 정부까지는 아니지만 썩 유능하지도 않았어요.

유능함은 주로 정책에서 나오는데, 대통령도, 정치인도 '유능하게 일을 하면 언론이 안 써준다'고 해요. 헌법적 과제니, 뭐니 중요한 가치에도 다들 관심이 없다는 거죠. 그런데 언론에게 물으면, '그런 거 써봤자 아무도 안 읽는다'고 해요. 정치인은 언론 핑계 대고 언론은 독자 핑계를 대죠. 그럼 국민이 가장 후진가요? 사실 국민이 가장 훌륭한데. 핑계는 어디선가 끊어야 합니다. 그 돌파구는 정치인들이 만들어야 합니다. 혼자 못하겠으면 팀을 짜든지 해야죠."

정치권과 정부를 오가며 일했던 전직 참모 Z의 말이다. 정부의 역할, 공무원의 일하는 방식에 대해 질문을 던지다 보면 정치권과 언론이 다 얽혀있다. 당연하다. 그게 우리 사회니까. 서로 핑계만 대고 뒤로 숨는 시간은 이제 끝내야 한다. 그는 그 고리를 끊어야 할 주체로 정치인을 먼저 꼽았다.

"축적의 시간이 필요합니다. 실패를 포함해서요. 정치인들은 선거 때마다 좋은 공약 좀 가져와보라는 식으로 말하는데, 필요한 일은 몇 년에 걸쳐서 자꾸 발언하고, 관철하려고 노력하고, 욕도 먹고, 축적이 되어야 정책이 됩니다. 좋은 공약 발표만 한다고 해서 누가 믿어주는 것도 아니잖아요. 예컨대 전국민 고용보험에 진지했다면, 실제 어떻게 할 것인지, 어려운 이야기 자꾸 던져야 합니다. 증세하자고 해도 난리 날 테고, 보험료 올리자고 해도 난리일 테지만 계속 해봐야죠. 하다 보면 대부분의 이들은 못 버티고 쓰러질 겁니다. 그런데 역사란 원래 그래요. 그 외중에 살아남는 이들이 또 축적의 시간을 쌓는 겁니다."

임종석 전 비서실장도 유능한 정부에 대한 로망을 정치에서 답을 찾았다.

"일 잘하는 정부를 어떻게 만드냐고요? 어려운 질문입니다. 요행을 바라는 것이 아니라면 정당정치가 잘 자리 잡는 게 우선 중요하다고 봐요. 정당 활동을 바탕으로 준비해서 집권하는 것이 중요하고, 리더도 그 과정에서 검증된 리더십으로 선출되어야 하죠. 말은 간단해도 역시 어려워요. 국회를 불신하니까 국민들은 매번 새로운 사람을 찾아요. 세상 모든 것이 전문성이 필요하지만 정치는 특히 그래요.

어떻게 좋은 정치인이 하늘에서 뚝 떨어지겠어요? 국민을 탓할 게 아니라 정당이 잘해야죠. 지지율 낮은 대통령이 마음대로 다한다고 하지만, 민주주의 원리에 따라 주도권을 쥐고 국가 의제를 선택할 권리가 주어지는 겁니다. 다만 속도는 철저히 타협해야 합니다. 속도가 틀리면 의제 선택, 가치와 철학의 정당성이 틀릴 수 있어요. 그러다가 어느 세월에 개혁하냐고요? 복리로 이자 늘리듯 해야죠. 국정운영이 가능한 인력이 준비되어야 하고, 의견 다른 국민들과 끝없이 타협하고 속도 조절하면서 가는 게 좋은 정치죠. 사실 대한민국은 굉장히 훌륭한 나라이고, 국민들 전체 수준이 워낙 높아서 까먹지만 않아도 괜찮은 정치입니다.

그의 눈에 요즘 정치 풍토는 아쉬운 점들이 분명 적지 않다. 정치가 까먹지만 않으면 된다는 말이 내게 가시처럼 걸렸다. 여야는 적대적 공생관계로 보인다. 넌더리가 난 국민들은 점점 정치 냉소에 빠진다. 공화국 시스템 자체가 한계에 부딪친 게 아닌지 의심하면 어느 순간 개인은 무력해지고, 시민의 역할은 부질없어 보인다. 이걸 또 관료가 좋아한다. 용산 대통령실에서 근무했던 이의 말이다.

"어떤 관료들은 지금 일하기 좋다는 분들도 있어요. 뭘 시키는
것이 없거든요. 야당과 잘해보려는 마음도 없고, 국회에서도
건드리지 않고, 용산 관심만 안 받으면 돼요. 이런저런 지시가
오면 투명하게 남겨놓으면 된다고 하더라고요. 그 결과 리스크
가 적은 페이퍼만 나와요. 중요한 대외비라고 해도 내용이 별
로 없어요. 리스크가 있는 것을 쓰려면 진심이어야 하는데, 지
금은 아니거든요."

국민들이 일일이 관심 갖지 않아도 잘 돌아가는 것이 최고겠지
만, 자칫 망할 수 있다는 생각도 들지 않나?
  윤건영 의원은 "정치의 중요성이 인식되는 과정인 것 같다"고
했다. 김대중, 노무현 정부에서, 이명박근혜 정부로, 국정농단과
촛불 이후 문재인 정부에서 윤석열 정부로, 정치가 무엇인지, 권력
이 바뀐다는 것이 어떤 의미인지 알게 되는 과정이다. 사실 대통
령이 바뀌면 뭐가 바뀌냐고 묻는데, 안전에 문제가 생기고 건강보
험이 흔들리고 그게 정치다. 지난 대선 윤 후보의 당선을 확인한
아침, 20대 여자인 딸은 "여성 혐오를 내걸고 당선됐다는 것이 무
섭다"고 말했다. 20대 남자인 아들은 "정치가 내 삶에 별로 영향을
미치지 못하는 것 같다"고 했다. 정치를 바라보는 온도가 저마다
다를 수 있지만, 경계선 너머 약자가 더 예민한 것이 아닐까?

정부가 없다

정부를 욕하는 것은 쉽지만, 그 정부를 우리가 선택했다. 종종 후보가 마음에 들지 않을 수 있다. 그렇다면 더욱 뾰족하게 정책을 살펴야 한다. 초능력자 같고, 위인전 주인공 같은 지도자가 나타나 모든 문제를 해결해주기를 바라면 곤란하다. 원래 보통 사람들인 우리가 신경 덜 쓰고 살아도 잘 굴러가도록 대리인으로 정치인을 선출하는데, 그들이 잘하지 못하면 어쩔 수 없다. 우리가 더 신경 쓰는 수밖에 없다.

왜 다정함이 필요한가

우리는 하루 221차례 스마트폰을 확인한다. 주변 사람에게는 관심을 닫으면서 가상 세계 친구들의 근황을 살핀다. 개인적 차원에서 우리는 고립되어 있고, 행복하지 않다. 국가적 차원에서 보면 적대감으로 분열되어 있다. 시민으로서 책임감은 약화되고, 공동체란 말은 어색하기만 하다. 그러나 민주주의가 제대로 작동하려면, 국가와 시민 간 유대, 시민들 간의 유대가 필요하다. 각자 자신의 폰만 보면서 팬데믹으로 격리를 경험한 시대에 사회적 고립은 정치에 해로운 영향을 미친다.

《고립의 시대》에서 영국 경제학자 노리나 허츠는 사람들이 서로 신뢰하지 못하고 단절된 채 버림받았다고 느낄 때 사회는 분열되고 양극화되며 정치에 대한 신뢰를 잃는다고 지적했다.* 그 과정에서 외로움이 문제가 된다는 것이 책의 핵심 주장이다. 정치경제

---

* 《고립의 시대》, 노리나 허츠, 웅진지식하우스(2021)

학은 정치와 경제가 하나라는 것을 보여준다더니, 이분은 경제 얘기하다 말고 민주주의 걱정이다. 이게 다 연결되는 이야기인 게, 21세기 외로움의 위기는 유난히 가혹한 형태의 자본주의, 자유가 최우선시되는 신자유주의가 득세한 1980년대에 이미 토대가 만들어졌다고 한다.

소득과 부의 불평등 심화는 승자독식 각자도생의 지옥문을 열었고, 주주들 중심 금융시장이 게임의 규칙과 고용 조건을 재편하도록 허용했다. 이기주의에 기반한 과열된 경쟁이 우리가 서로를 보는 방식과 서로 간의 의무를 근본적으로 바꾸어놓았다. 이후 긴축재정을 이유로 공동체 인프라도 붕괴됐다. 영국에서는 2008~2018년 청년센터와 공공도서관 3분의 1인 약 800개가 폐쇄됐고, 미국에서는 2008~2019년 도서관 연방지원금이 40% 삭감됐다. 일상적 만남의 기회와 공간이 축소됐다.

외로움은 여러모로 해롭다. 하루 담배 15개비 피우는 정도로 해롭고, 비만보다 2배 정도 몸에 나쁘다는 신체적 피해, 기업 생산성을 떨어뜨린다는 경제적 피해는 넘어가자. 정치적 위기도 외로움 탓이다. 분열을 조장하고 극단주의를 부채질한다. 외로움이 우파 포퓰리즘과 긴밀하고 광범위한 관계가 있다는 연구들이 이어진다. 이 문제에 대해 진지한 이들은 연결, 다정함, 공동체에서 답을 찾는다. 《그럴수록 우리에겐 친구가 필요하다》, 《다정한 것이 살아남는다》, 《우리는 다시 연결되어야 한다》, 이런 책들이 왜 줄줄이 쏟아지겠나?

외로움은 내가 남에게 보이지 않는 존재라는 느낌이다. 투명인간이 됐고, 내 말을 듣고 있지 않는다는 자각이다. 무엇보다, "우리의 우려와 절규에 귀 기울이지 않는 정치 지도자들이 우리가 절대 동의하지 않을 의사결정을 우리 이름으로 내리고 있다는 느낌"이 외로움의 근본적 이유 중 하나다. 우리가 뽑은 정치인인데, 시민의 목소리가 정부와 정치권에 닿지 않는다. 그나마 국민의 뜻을 모아내던 청와대 국민청원 같은 플랫폼도 이제는 찾아볼 수 없다.

국민청원에 대한 아쉬움, 유감, 비판들도 많았지만 그래도 있는 것이 없는 것보다 낫다고 확신한다. 언론과의 전쟁을 불사하는 검찰 정부라 그런지, 언론도 기세가 꺾이는 가운데 국민이 원하는 어젠다에 힘을 실어주는 청원이라는 플랫폼의 부재가 더 아쉽다. 뿔뿔이 흩어져 각자 보고 싶은 것만 보는 미디어와 커뮤니티에서 고립되는 시대라, 국민의 목소리를 결집시키는 공론장의 부재도 외로움을 부추긴다. 오프라인이든, 온라인이든 여론을 결집시키는 마당이 없어지면서 시민으로서 개인은 무력감이 커질 수밖에 없다. 저마다 뉴스를 끊어버리고 현실에서 눈을 돌리는 것이 가장 손쉬운 해결책처럼 보이기도 한다. 이 꼴 저 꼴, 이놈 저놈 다 보기 싫은 마음, 서로 마음이 통한다. 하지만 다들 알고 있다. 잠시 마음은 편해질 수 있어도 그렇게 현실의 현안을 피하면 점점 더 나빠질 가능성이 높다는 것을. 은근 마음이 뜨거운 시민의 딜레마다.

우리가 지금보다 더 연결되는 방식 중 하나가 바로 민주주의다. 사람들이 외로움으로 고립되는 대신 생각을 나누고 마음을 포개도록 이끄는 것이 사실 민주주의의 기본 기능이다. 어쩌다 투표 한 번 하고, 효능감 떨어지는 선거제도에 툴툴거리는 대신 서로 연결되는 공동체를 복원하는 노력이 필요하다. 도서관이나 카페, 공원 등 서로 다양한 사람들이 만나서 교류할 수 있는 인프라를 정부와 지자체가 만들어야 한다는 노리나 허츠의 결론은 어찌 보면 소소하지만, 한편으로는 실용적이고 실질적이다. 정치를 어려운 말로 포장해 멀고 먼 '그들만의 리그'로 만들고, 지저분해서 상종 못할 동네처럼 만드는 이들을 경계해야 한다. 만약 정부 역시 내 삶과 별다른 관계가 없다고 여겨진다면, 주권자로서 정부 서비스를 제대로 누리지 못하고 있다는 증거다.

뉴질랜드의 저신다 아던 전 총리는 몇 년 전 국가의 예산과 정책 목표를 수립할 때, 성장률, 생산성 같은 경제 지표뿐 아니라 친절과 온정 등 사회적 인식, 삶의 질도 함께 반영해야 한다고 주장했다. 정부가 환경을 보호하고, 제대로 된 교육을 제공하고, 기대수명, 외로움, 동료 시민과 정부에 대한 신뢰, 전반적인 소속감을 제공하면서 관련 수치를 얼마나 개선했는지 여부로 평가 받겠다고 했다. 대기업 덕분에, 반도체 덕분에 평균값은 올라갔지만 대다수 국민의 살림살이와 거리가 있는 경제 지표만 신경 쓰는 것보다 조금 더 실용적으로 보인다. 정부는 어렵고 딱딱한 얼굴만 하고 있는 게 아니라, 마땅히 우리의 안녕, 삶의 질을 최우선으로 챙겨야 하는 방향이 맞다.

이게 꼭 가야만 하는 당위라면, 현실은 사뭇 처참하다. 어쩌다 보니 우리는 대다수 관계를 대립 구도로 본다. 진영 간 갈등은 기본이고, 문제가 생기면 정부와 유가족이 부딪치게 하고, 경찰과 소방이 서로 책임을 따지게 하고, 교사와 학생을 대립하게 만들고, 노동자와 노동자가 다투게 한다. 약자와 약자끼리 싸우도록 하고 기득권은 조용히 관망한다. 이런 전략을 고대 로마 황제들은 '분할 정복'이라고 불렀다고 하니, 역사가 오래된 만큼 실제 잘 통하는 전략이다.

미국의 정신과 의사 제임스 길리건은 《왜 어떤 정치인은 다른 정치인보다 위험한가》라는 책에서 유권자의 99%가 전체 인구의 1%에게 나라 전체 재산의 40% 이상을 몰아주면서도 저항하지 않는 이유로 분할 정복 전략을 소개했다.[*] 중하류층과 극빈층을 이간질해서 내 지갑을 얇게 만드는 주범이 상류층과 그들을 대변하는 정당이라는 사실을 알아차리지 못하도록 하는 전략이다. 미국에서는 못사는 백인이 더 못사는 흑인을 깔보면서 우월감을 느껴야 훨씬 잘사는 백인에게 질투나 앙심을 품지 않는다는 이유로 인종 차별을 정치적으로 이용한 사례가 수없이 많다. 이런 전략은 온갖 문제의 책임을 엉뚱한데 미룬다. 즉 싸울 대상이 틀렸다. 문제를 파고들면 근본적 원인이 보일 텐데 찬찬히 따질 겨를도 없다. 분열된 시대에 분노만 커진다. 누구 좋으라고.

---

[*] 《왜 어떤 정치인은 다른 정치인보다 위험한가》 99쪽, 제임스 길리건, 교양인(2023)

외로움을 극복하고, 분노와 절망을 근절하기 위한 근본적 방법은 좀 진부하게 느껴지겠지만 소통과 공감이다. 서로를 돌보지 않는 사회에서 상대방에게 귀를 기울이는 것이다. '당신도 다 이유가 있었구나', 들어볼 기회를 만들고 제대로 토론한다면 해법에 다가갈 가능성이 높아진다. 토론은 싸워서 이기는 것이 아니라, 상대의 말을 충분히 듣고 내가 주장하는 바의 논리를 더 탄탄하게 만드는 길이라고 했다. 양쪽 극단에 있는 사람과 말이 통할 것이라는 기대는 적지만, 그 중간에 나처럼 어중간하게 고민 많은 이들을 만난다면, 분명 오늘보다 나은 내일이 어떤 것이라고 각자 떠들며 대화를 시작할 수 있다고 믿는다. 만약 이런 순진한 생각이 틀렸다고 한다면 나 역시 희망을 붙잡을 길이 없다. 지구별은 망했다, 인류애가 바스러진다고 번번이 자조하며 디스토피아적 상상이 현실이 되어가는 과정에 좌절만 거듭할 수는 없지 않은가?

당근과 채찍 중에 채찍 소리만 날카로운 시절이다. 이전 정부를 악마처럼 비난해서도, 일만 터졌다 하면 수사로 때려잡아서도 일이 해결되지 않는다. 일을 제대로 하게 만드는 시작과 끝이 모두 리더십이라는 것은 분명하다. 시스템을 제대로 작동하게 만드는 것은 결국 리더다. 우리 이제 권위주의 시대의 독선적 리더십 정도는 제발 졸업하자. 공무원들이 신나서, 혹은 소명에 소소하게 으쓱하며 일할 수 있는 조건을 구체적으로 상상해야 한다. 평창올림픽 당시 조직위원회가 일을 제대로 안 하고 있었다고 한탄하더니, 그 조직위원회를 움직여 하나하나 일이 돌아가도록 만든 이가 내게 해준 말이 문득 떠올랐다.

"공무원들도 다 똑같아요. 감사하고 수사한다고, 책임을 묻겠다고 할 게 아니라, '당신 일 잘하고 있다, 당신이 이렇게 하면 어떤 의미다, 당신이 변화를 만들었다'고 하면 되요. 그러면 다들 일 잘합니다."

각자 제 일을 하게 만드는 마법의 주문은 저렇게 단순하다. 저마다 그 자리에서 갑질 대신 조금 더 다정해진다면 무엇이 어떻게 바뀔까?

내 평생의 모토는 "내겐 절망할 권리가 없다, 나는 희망을 고집한다"는 미국의 역사학자 하워드 진의 말이었다. 절망에 머무르지 않기 위해 내가 아는 최선의 방법은 주변 이들과 공감을 나누며 무엇이든 유쾌한 작당모의를 이어가는 것이다. 이 책도 절망하지 않기 위해 시작했다. 왜 정부가 그렇게밖에 못했는지, 정부에 무슨 일이 생긴 것인지, 원래 정부가 무엇인지, 탐색이라도 해서 참사 희생자들에게 미안함을 덜고 싶었다. 그러나 여전히 미안한 것 투성이다. 우리가 여기까지밖에 못 와서 미안하다. 다음 세대에게 희망보다 냉소를 남기는 것은 아닌지 역시 늘 미안하다. 미안한 마음을 달래려면 뭐라도 하지 않을 도리가 없어서 계속 탐색한다.

정부가 없다

요즘 일제식민지 시절 독립운동가들을 가끔 생각한다. 현실은 답답하고 언제 해방될지 모르는 불확실한 시대를 어떻게 견뎠을까? 어떻게 부끄럽지 않게 무려 36년을 버텼을까? 그분들도 날마다 비장하고 비통하지는 않았을 것 같다. 뜻 맞는 이들끼리 계절 별미도 즐기고, 여행도 다니면서 분노와 울분을 삼키고 새로운 작당을 모색했을 것 같다. 당장 다리를 완성하지는 못했겠지만, 징검다리의 돌 하나는 놓겠다는 마음으로 애쓰지 않았을까? 그렇게 각자 쌓은 돌이 결국 다리가 되어 세상을 이었다. 그들도 다정한 동지들과 함께했기 때문에 미치지도 않고, 외면하지도 않고 무엇이든 힘 보태면서 36년을 보냈다고 생각한다.

영화 〈에브리씽 에브리원 올앳원스〉(다니엘 콴 감독, 2022)에서 좌충우돌 정신 없는 평행 우주의 대혼돈에서 남편이 여주인공에게 남긴 대사를 한동안 만병통치약 마냥 떠들고 다녔다. "혼란스럽고 무슨 일이 벌어지고 있는지 모를 때일수록, 서로에게 다정해야 한다."

기왕이면 정부가 좀 더 다정했으면 좋겠다. 우리만 바라보고, 우리를 보호해주는 다정한 정부. '정부가 없다'고 분개해도 우리에게는 끝내 정부가 필요하니까 어쩔 수 없다.

정부가 없다
이태원 참사가 우리에게 남긴 이야기

정혜승 지음

© 정혜승, 2023

초판 1쇄 2023년 10월 23일 인쇄
초판 1쇄 2023년 10월 29일 발행

ISBN 979-11-5706-310-9 (03300)

만든사람들

기획편집	배소라
책임편집	이병렬
디자인	올디자인
홍보 마케팅	최재희 신재철 김예리
인쇄	예인미술

펴낸이	김현종
펴낸곳	(주)메디치미디어
경영지원	이도형 이민주 김도원
등록일	2008년 8월 20일 제300-2008-76호
주소	서울시 중구 중림로7길 4, 3층
전화	02-735-3308
팩스	02-735-3309
이메일	editor@medicimedia.co.kr
페이스북	facebook.com/medicimedia
인스타그램	@medicimedia
홈페이지	www.medicimedia.co.kr